1

l'énorme chambrée

ŒUVRES D'E. E. CUMMINGS
EN FRANÇAIS

EN TRADUCTION, 23 poèmes, traduits et présentés par D. Jon Grossman.
Ed. Seghers, Paris, 1960 (*épuisé*).

E.E. CUMMINGS, par D. Jon Grossman, avec choix de textes.
Ed. Seghers, Paris, 1966 (*épuisé*).

58 POEMES, traduits par D. Jon Grossman.
Ed. Christian Bourgois, Paris, 1968 (*épuisé*).

LE PERE NOEL, adaptation française par D. Jon Grossman, avec neuf eaux-fortes de Calder.
Ed. de l'Herne, Paris, 1974 (*épuisé*).

INDIGNES PAQUETS D'EXPRESSION, Lettres 1899-1962, traduits par Patrice Repusseau.
Mercure de France, Paris, 1975.

58 + 58 POEMES, traduits par D. Jon Grossman.
Ed. Christian Bourgois, Paris, 1979.

A paraître:

EIMI (morceaux choisis), traduit par D. Jon Grossman.

LE PERE NOEL, adaptation française par D. Jon Grossman, avec un frontispice par E. E. Cummings.

E. E. CUMMINGS

l'énorme chambrée

traduit de l'américain
par
D. JON GROSSMAN

CHRISTIAN BOURGOIS, EDITEUR
8, rue Garancière, PARIS-6ᵉ

Copyright © 1922 by Boni & Liveright, Inc.
Copyright © renewed 1950 by E. E. Cummings
Copyright © 1978 by Nancy T. Andrews
Copyright © 1978 by Christian Bourgois Editeur
ISBN 2-267-00147-0

Imprimé en Italie

l'énorme chambrée

NOTE DU TRADUCTEUR

En 1917 Cummings se porte volontaire dans le corps américain d'ambulanciers Norton-Harjes. Son meilleur ami, Slater Brown, ayant écrit du front des lettres qui déplaisent au censeur français, est arrêté, et on embarque Cummings du même coup (20 septembre). Interrogé par une commission d'enquête sur les raisons qui l'avaient amené à s'enrôler (« C'est que vous détestez les Boches ? »), il lui suffirait d'un mot pour se faire libérer, mais « Avec soin je façonnai cette réponse: « Non. C'est que j'aime beaucoup les Français. » Que le meilleur endroit en 1917 pour un Américain qui aime beaucoup les Français ait été une prison française, c'est l'évidence même. Il est envoyé dans un camp de concentration à la Ferté-Macé (Orne), où il passera trois mois avant d'être libéré, sur l'intervention de la Maison Blanche, le 19 décembre.

*A la demande de son père, Cummings s'isole dans la ferme familiale du New Hampshire pendant l'été de 1920, en compagnie de Brown, afin d'écrire ses souvenirs sur son « voyage du pèlerin ». C'est l'époque où les écrivains d'avant-garde s'appuyent sur les classiques pour donner à leurs ouvrages une structure, d'*Ulysse *au* Chiendent. *Pour Cummings ce sera l'œuvre (1678) de John Bunyan, que le* Grand Larousse encyclopédique *résume ainsi:*

« Le héros, Chrétien, fuit la cité de la Destruction pour éviter le feu divin qui doit détruire la ville maudite. Il se dirige avec un ami vers la Cité céleste, guidé par Evangéliste. Sagesse-Mondaine essaie en vain de le retenir. Au marais de Découragement, son ami l'abandonne; Chrétien continue d'avancer. Il passe devant la Croix, et le lourd fardeau de ses péchés tombe; il gravit la colline de Difficulté, lutte contre le terrible dragon Apollyon et le tue; il traverse la vallée obscure de l'Ombre de la Mort, la ville de Vanité, les cachots infects du Géant-Désespoir; enfin, il atteint les Délicieuses-Montagnes, le Beau-Palais, la Porte de la Cité céleste, qui s'entrouvre un instant, mais se referme bien vite sur un spectacle qu'aucune plume humaine ne saurait décrire... L'histoire de Chrétien est le symbole de l'âme humaine née dans le péché et sanctifiée par la grâce.»

Le livre achevé en trois mois, Cummings part en Europe, laissant à son père le soin de lui trouver un éditeur et de faire sortir l'ouvrage, qui paraît enfin en 1922 chez Boni et Liveright, chapeauté d'un long avant-propos de Cummings père où celui-ci raconte les démarches qu'il a dû faire pour obtenir la libération de son fils. Mais lorsque les premiers exemplaires du volume parviennent à Cummings, dès lors installé à Paris, l'auteur est consterné. Les éditeurs ont supprimé de longs passages, en ont expurgé d'autres, ont fait traduire (mal) des passages que Cummings avaient rédigés en (mauvais) français... Bref, le livre ne répond plus aux intentions de l'auteur.[1]

Pourtant, l'Enorme chambrée rencontre un succès notable. Les bien-pensants se récrient, bien entendu, pour un turd (étron) qu'ils déterrent à la page 26, et pour un shit qu'ils reçoivent en pleine figure à la page 219, et qui crée un drame dans « le seul pays qui ait jamais ne serait-ce que fait semblant de se battre pour la liberté d'expression ». Les critiques professionnels, eux, se trouvent dans l'embarras:

« J'ai l'impression, écrit l'un d'eux, d'avoir passé de longues heures désespérées à fouiller dans un dépotoir, retournant avec irritation mais assiduité toutes les espèces d'ordures étranges et innommables, des boîtes en fer-blanc pourrissantes, des squelettes de hibou, des bouts empoisonnés d'organes humains qui passent en se rouillant par des verts, des jaunes, des oranges morbides — et pourtant, à force de tâter parmi ces objets, et parmi d'autres qu'il vaut mieux ne toucher qu'avec un bâton, d'en avoir retiré à la fin quelques masses de métal curieuses, décolorées, mais néanmoins précieuses... »

En revanche, le monde des lettres, John Dos Passos en tête, est enthousiaste. En Angleterre, Lawrence d'Arabie découvre le

---

[1] Voir sa lettre « aux intéressés » du 14 mai 1922, *in* Cummings: *Indignes paquets d'expression, Lettres 1899-1962*, (très bien) traduites par Patrice Repusseau, Mercure de France, 1975.

livre, et pendant six ans remuera ciel et terre pour lui trouver un éditeur anglais. En France, Valery Larbaud lui consacre un article — qui ne paraîtra jamais — pour la N.R.F., *et fait traduire par George Duplaix le chapitre 10 du livre, qui paraîtra en 1926 dans le* Navire d'argent.

Si, au début, le public boude le livre, et si l'éditeur cherche un instant à solder l'édition, une réimpression devient nécessaire en 1927, et une autre en 1929. Entre-temps, en 1928, les efforts de Lawrence avaient porté leurs fruits, et une édition anglaise, revue, corrigée et correspondant mieux aux intentions primitives de Cummings, avait vu le jour; quatre tirages seront nécessaires en deux ans. Enfin, l'édition « définitive » paraîtra dans la collection de la « Modern Library » en 1934; une traduction allemande paraît en 1954, suivie de traductions en italien et en japonais.

L'Enorme chambrée *est ainsi devenue un classique sans jamais avoir été ce qu'il est convenu d'appeler un « best-seller ». C'est une de ces œuvres, comme* Tristram Shandy *et* Bouvard et Pécuchet, *que les « experts » négligent systématiquement parce qu'elles les dépassent, mais qui survivent grâce à un cercle toujours grandissant d'admirateurs intelligents et sensibles.*

* * *

Les « horreurs » du livre, qui avaient tellement dérangé en 1922, ne nous dérangent plus, nous en avons vu d'autres. Depuis trente-cinq ans l'expression « camp de concentration » a pris un sens qu'elle n'avait pas en 1917: à cette époque, c'était simplement — si l'on peut dire — un « camp de triage », lieu de rassemblement de « suspects de toute espèce, en attendant qu'une commission décide de leur culpabilité », comme la France en connaît encore aujourd'hui à Arenc. La Ferté-Macé, a dit Paul Rosenfeld, était un camp de concentration « qui est à ceux d'Hitler comme la France est à l'Allemagne, comme la civilisation de 1914 était à celle de 1940 ». Peut-être était-ce un peu plus que cela: peut-être faut-il y voir le premier tâtonnement d'une civilisation se disant « imbue de liberté » vers une « solution finale »... Quoi qu'il en soit, La Ferté-Macé n'était point Buchenwald.

Mais les conditions du camp ne sont pas à proprement parler le sujet de l'Enorme chambrée: *« Lorsque ce livre s'est écrit, dit Cummings dans son introduction à l'édition de 1934, j'observais un fragment négligeable d'une chose incroyablement plus lointaine* que tout soleil; une chose plus inimaginablement énorme que le plus prodigieux des univers: l'individu.» L'individu face à l'autorité absolue, définitive, et donc souverainement injuste. La créature minable qui plie l'échine, l'homme — ou, souvent, la femme — qui résiste, et surtout l'être inlassablement humain qui passe outre aux horreurs, qui les domine, soit par sa simplicité même, soit par grandeur d'âme. L'unique sujet de ce livre est donc la lutte non pas de l'individu contre la société, mais de la société contre l'individu. C'est d'ailleurs un thème essentiel de l'œuvre de Cummings tout entière: le poète prend invariablement la défense de l'individu contre la société. Son parti pris est évident, il s'en vante même: si l'historien est tenu d'observer une belle neutralité, un détachement absolu, un souci d'objectivité, l'artiste, lui, n'en a cure. L'historien n'a peut-être pas le droit de juger: l'artiste en a le devoir, puisqu'en dernier ressort c'est lui le gardien de la moralité de son temps.

A chaque ligne donc, à chaque instant l'auteur s'engage pour l'homme contre les hommes. Parfois — trop souvent même — on sent l'exagération: en fait, la principale faiblesse de l'Enorme chambrée, œuvre de jeunesse tout de même, réside en l'abus du superlatif, abus systématique qui pour cette raison rate souvent son effet. Il n'en reste pas moins que l'exagération dans le détail sert puissamment à souligner le bien-fondé du réquisitoire cummingsien dans ses grandes lignes. Et notons bien qu'il ne s'agit nullement ici de révolte, que le poète ne se soucie point de renverser le système capitaliste en lançant des bombes — ni d'ailleurs de le maintenir par le même moyen. L'Enorme chambrée nous présente tout simplement des individus auxquels la société a déclaré la guerre, en même temps que certains membres très représentatifs de cette société — d'une part une collection hétérogène mais vivante de maquereaux, artistes peintres, balayeurs, prostituées, professeurs de danse, matelots, nègres, et le reste, et d'autre part une ronde infernale de directeurs, surveillants, embusqués, membres de commissions d'enquête et d'instruction, et quelques personnages un peu moins sadiques.

* * *

Traduire un tel livre n'est point chose aisée. En 1920, âgé de vingt-six ans, Cummings, est déjà maître d'un style très personnel, qui use et abuse de mots chargés de sens et d'émotion, d'une *façon originale mais, on l'a déjà vu, souvent excessive; qui révolutionne l'ordre des mots dans la phrase; qui se sert de la ponctuation d'une manière délirante; bref, où règne l'hyperbole. Style dont l'esprit est l'antithèse même de la démarche de la langue française, qui se ressent à chaque pas de ses fers cartésiens. Aussi, en traduisant j'ai dû souvent renoncer à communiquer la vivacité du texte sans, je l'espère, tomber pour autant dans une platitude totale. J'ai supprimé ou allégé certaines contradictions et obscurités qui résultent de la façon dont l'édition américaine définitive a été mise au point; j'ai inventé de temps en temps un mot, lorsque les besoins du texte l'exigeaient; et j'ai introduit de propos délibéré quelques solécismes qui permettront au lecteur de saisir la propre voix de Cummings, qui connaissait moins bien le français qu'il ne le croyait.*

Enfin, comme toujours, j'ai profité d'une manière éhontée de l'aide de nombreux collaborateurs — volontaires ou non — que je ne nommerai pas ici afin de leur éviter d'être blâmés pour les défauts encore nombreux d'une traduction impossible. Je tiens cependant à remercier ici tout particulièrement ma femme, M. Christian Bourgois, et Mlle Denise Chastellain, et à saluer la mémoire de Dominique de Roux: à eux quatre, ils m'ont obligé à achever un travail que j'avais moi-même cru au-dessus de mes forces.

* * *

Un dernier mot sur les notes du traducteur: en dehors de celle-ci, il n'y en a pas, et ceci pour plusieurs raisons.

— « En français dans le texte » *est proprement insupportable. Pourquoi les Français, seuls parmi les nations du monde, doivent-ils attirer immanquablement l'attention du lecteur sur le fait qu'un auteur sait écrire « raison d'être » ou « tripes à la mode de Caen » en la langue de Voltaire? Dans le cas particulier de* l'Enorme chambrée, *d'ailleurs, il n'y aurait que peu de pages où la note ne figurât, ce qui est normal dans la mesure où l'auteur raconte ses expériences en milieu francophone. En outre, que faire lorsque le traducteur a dû, presque à chaque page, redresser des erreurs involontaires dans le texte « en français »?*

— « Jeu de mots intraduisible en français ». *Pourquoi le traducteur, à la différence du teinturier ou de médecin, devrait-il afficher son incompétence? (S'il est en même temps incompétent et honorable, il choisira un autre métier, me dira-t-on — mais l'on*

ne constate pas de pénurie de médecins ni de teinturiers.) Neuf
jeux de mots sur dix sont intraduisibles, mais la plupart peuvent,
l'invention aidant, être remplacés par d'autres. Parfois, les ressour-
ces de la langue vers laquelle on traduit permettent d'insérer un jeu
de mots qui, sans se trouver dans l'original, est bien dans son esprit.
Voir Larbaud.

     — Les « explications de texte ». Pourquoi le lecteur saurait-il
gré au traducteur de l'informer, tout en interrompant le fil de sa
pensée, que la bataille de Morat était une bataille importante qui
eut lieu à Morat ? Lorsque quelques mots d'explication suffisent, on
peut sans dommage les introduire directement dans le texte; lorsque
l'obscurité nécessite une explication particulièrement longue et qui
n'apporte rien à la compréhension globale de l'ouvrage, le traducteur fait en général mieux de trouver dans la culture de la langue
vers laquelle il traduit un équivalent, fût-il approximatif. Dans le
cas particulier de l'Enorme chambrée, une seule explication était
effectivement indispensable: il s'agit du parallèle entre le livre
lui-même et le Voyage du pèlerin de Bunyan. Or, cette note-là,
le lecteur l'a déjà lue ci-dessus.

                                        D. JON GROSSMAN

INTRODUCTION

N'ayez pas peur.

— Mais je n'ai jamais vu un seul de vos tableaux, ni lu un seul de vos livres —

Et alors?

Et alors, vous avez trente-huit ans?

C'est exact.

Et vous venez d'achever votre deuxième roman?

Soi-disant.

Intitulé euh-i-emme-i?

C'est juste.

Et prononcé?

Et comme et, mi comme mi, accent sur le mi.

Et ça signifie?

Je Suis.

Comment est-ce que Je Suis se compare à l'Enorme chambrée?

Favorablement.

Ils ne se ressemblent pas du tout, n'est-ce-pas?

Quand l'Enorme chambrée parut, il y en avait qui voulaient un livre sur la guerre; ils ont été déçus. Quand Eimi parut, il y en avait qui voulaient Une Autre Enorme chambrée; ils ont été déçus.

L'Enorme chambrée ne traite vraiment pas de la guerre?

Mettons plutôt qu'elle se sert de la guerre, afin d'explorer une immensité inconcevable, si invraisemblablement lointaine qu'elle en paraît microscopique.

Lorsque vous avez écrit ce livre, vous regardiez à travers la guerre vers quelque chose de très grand et de très loin?

Lorsque ce livre s'est écrit, j'observais un fragment négligeable d'une chose plus incroyablement vaste que le plus prodigieux des univers —

A savoir?

L'individu.

Ah! Et Eimi?

Certains venaient de décider que l'Enorme chambrée était un livre non pas sur la guerre tout court, mais sur la guerre des classes, quand voilà Eimi — Tiens! disaient certains, voici qu'il porte un autre coup bas au capitalisme.

Et ils ont été déçus.

Sic.

Croyez-vous que ces gens déçus haïssaient réellement le capitalisme?

Je sens que ces gens déçus irréellement se haïssaient —

Et vous, vous haïssiez réellement la Russie.

La Russie, je le sentais, était plus mortelle que la guerre; lorsque des nationalistes haïssent, ils expriment leur haine simplement: ils tuent, ou ils estropient, des êtres humains; lorsque des internationalistes haïssent, ils expriment leur haine en plaquant des êtres humains dans des catégories et des classeurs.

Vos deux romans, donc, étaient inattendus.

Eimi, de nouveau, c'est l'individu; un individu plus complexe, une plus énorme chambrée.

En tant que — qu'est-ce que vous vous appelez? peintre? poète? auteur dramatique? satiriste? essayiste? romancier?

Artiste.

Mais non pas un artiste à succès, dans le sens usuel du mot?

Ne soyez pas grotesque.

Mais vraisemblablement vous considérez que votre art est d'une importance vitale —

Invraisemblablement.

— Pour le monde?

Pour moi-même.

Et le monde, M. Cummings?

J'en habite tant: duquel vous parlez?

Je parle du monde ordinaire de tous les jours, où il y a moi et vous et des millions et des millions d'hommes et de femmes.

Ah?

Vous n'avez jamais pensé que les gens dans ce soi-disant monde que nous habitons ne s'intéressent pas à l'art?

Da da.

Dommage.

Pourquoi?

Si les gens s'intéressaient à l'art, vous, en tant qu'artiste, vous seriez mieux connu —

Mieux?

Bien sûr.

Pas plus profondément.

Plus profondément?

L'amour, par exemple, va plus profond que la flatterie.

Ah — mais (puisque vous en parlez), l'amour n'est-il pas un tout petit peu vieillot?

J'ose dire.

Et vous, vous n'êtes pas censé être ultramoderniste?

J'ose dire.

Mais j'ose dire que vous n'osez pas dire exactement pourquoi vous considérez que votre art est d'une importance vitale —

Grâce à j'ose dire mon art je suis capable de devenir moi-même.

Tiens! Tiens! Est-ce que ça ne veut pas dire que les gens qui ne sont pas artistes ne peuvent pas devenir eux-mêmes?

Et après?

Que pensez-vous qu'il arrive aux non-artistes? Que pensez-vous que les non-artistes deviennent?

Je sens qu'ils ne deviennent pas: je sens que rien ne leur arrive; je sens que la négation leur devient.

La négation?

Vous l'avez dit vous-même tout à l'heure.

Comment?

« Ce soi-disant monde que nous habitons. »

Ah! vous vous efforcez toujours de conserver l'illusion juvénile que les forces économiques n'existent pas?

Je m'efforce.

Répondez-moi: les forces économiques, existent-elles ou non? Vous croyez aux fantômes?

J'ai dit: forces économiques.

Et alors?

Tiens! Tiens! Tiens! Qui rien ne sait... Ecoutez-moi, Monsieur Haut-de-front-et-bas-de-casse —

Allez-y.

— J'ai bien peur que vous n'ayez jamais eu faim.

N'ayez pas peur.

New York   E. E. Cummings
1932

I

JE PARS EN PELERINAGE

Nous étions parvenus, mon ami B. et moi, à finir presque trois de nos six mois d'engagement en tant que conducteurs volontaires, Section Sanitaire Vingt-et-un, Ambulances Norton-Harjes, Croix-Rouge américaine, et à ce Moment-là, qui doit sa majuscule à nos aventures ultérieures, nous venions d'achever le boulot peu appétissant qui consistait à laver et à graisser («nettoyer» était le mot consacré) le tacot tout personnel du chef de section, un monsieur au nom commode de Mr. A. J'emprunte à notre glorieux président Wilson une tournure caractéristique: la vive satisfaction qu'on eût pu nous soupçonner d'avoir retirée de l'accomplissement d'une tâche tellement essentielle à la sauvegarde d'une civilisation menacée par la griffe du tyrannique Prussien était malheureusement quelque peu tempérée par l'absence totale de relations cordiales entre nous-mêmes et l'homme que le destin avait placé au-dessus de nous. Ou, pour parler en clair, B. et moi, on ne s'entendait pas avec Mr. A. Entre nous il existait un désaccord fondamental quant à l'attitude à prendre, en tant qu'Américains, envers les poilus que nous étions venus aider. Mr. A. insistait: «Vous, les gars, vous devriez éviter ces sales Français» et: «Nous, on est là pour faire voir à ces connards comment on fait les choses en Amérique», ce à quoi nous répondions en fraternisant à tout bout de champ. Etant donné que huit sales Français occupaient diverses fonctions à la section (cuisinier, maréchal des logis, chauffeur, mécanicien...), et que la section elle-même était rattachée à une unité de l'armée française, la fraternisation n'était pas difficile. Or, devant notre refus d'épouser sa façon de penser, Mr. A. (en même temps que le sous-lieutenant qui lui servait d'interprète — car les connaissances de français du chef, acquises au cours d'un service héroïque portant sur plusieurs

années, consistaient essentiellement en Sar var, Sar marche et
Dite dunque mône viou) se contentait de nous refuser le droit
de servir comme conducteurs, sous prétexte que notre tenue personnelle faisait honte à la section. En cela, je dois dire, Mr. A.
ne faisait que maintenir une tradition qui remontait à son prédécesseur, un Mr. P., Harvardien qui, jusqu'au jour de son départ
de Vingt-et-un, avait réussi à rendre ma vie et celle de B. absolument misérables. Avant de quitter ce chapitre déplaisant je
voudrais faire remarquer que, du moins en ce qui me concerne,
la tradition reposait solidement sur ma prédisposition au débraillé,
renforcée par ce que le *Matin* (si j'ai bonne mémoire) avait in-
génieusement dénommé: la Boue héroïque.

Ayant accompli le nettoyage (où nous étions devenus experts,
puisque Mr. A. avait l'habitude de nous affecter au lavage de
toutes les voitures que son chauffeur et son aide estimaient trop
sales pour leurs mains), nous partîmes à la recherche d'un peu
d'eau à usage personnel. B. termina vite ses ablutions. Je me ba-
ladais, insouciant et seul, entre les cuisines et l'une des deux tentes
(qui de nuit abritaient à leurs corps défendant une quarantaine
d'Américains entassés), un morceau de chocolat historique à
la main, lorsqu'un monsieur tiré à quatorze épingles et vêtu
d'un uniforme français d'une discrétion louche permit à deux
militaires bien propres, avec des chapeaux-melon en fer-blanc,
de le conduire au bureau, dans une Renault dont la netteté pénible
éclipsait mes récentes prouesses en ce domaine. Ça doit être au
moins un général, me dis-je, regrettant ma tenue extrêmement
petite: pour tout uniforme je portais une salopette et une cigarette.

Ayant furtivement regardé le monsieur descendre et recevoir
un accueil cérémonieux de la part du chef et du dit lieutenant
français qui accompagnait la section à des fins traductionnelles,
je me portai en hâte vers l'une des tentes, où je trouvai B. occupé
à mettre tout son barda en un tas central de dimensions ahuris-
santes. Le groupe de compagnons en héroïsme qui l'entourait
salua mon arrivée avec un enthousiasme considérable. « Ton copain s'en va, dit quelqu'un. — A Paris, suggéra un homme
qui depuis trois mois essayait d'y arriver. — En prison, plutôt»
observa un optimiste incorrigible dont l'humeur se ressentait du
climat français.

Etonné que j'étais de l'éloquence du silence inébranlable
de B., j'eus vite fait d'établir un rapport entre sa situation actuelle

et l'apparition de l'Etranger mystérieux, et je partis en trombe demander à l'un des chapeaux-melon-en-fer-blanc la haute identité
et la mission sacrée du personnage en question. Je savais bien
qu'à l'exception de nous deux, tous les hommes de la section
avaient eu leur permission de huit jours, même deux qui, arrivés
après nous, auraient donc dû partir après nous aussi. Je savais
également qu'au Q.G. des Ambulances, 7, rue François Ier, trô-
nait Monsieur Norton, chef suprême de la confrérie Norton-Harjes,
qui avait dans le temps connu mon père. Faisant le rapproche-
ment, je me convainquis que ce potentat avait mandé un émis-
saire auprès de Mr. A., afin qu'il se justifiât des insultes et bri-
mades diverses et variées auxquelles nous avions été exposés,
mon ami et moi, et plus particulièrement afin d'obtenir notre
permission trop retardée. C'était donc avec le moral au plus
haut que je courais vers le bureau.

Je n'eus pas loin à aller. Le Mystérieux, s'entretenant avec
monsieur le sous-lieutenant, me rencontra à mi-chemin. Je saisis
les mots: « Et Cummings (pour la première et la dernière fois,
un Français prononçait mon nom comme il faut), où est-il?

— Présent, fis-je, exécutant un salut auquel ni l'un ni l'autre ne prêtèrent la moindre attention.

— *Ah yes*, remarqua le Mystérieux en un anglais absolument stérilisé. *You shall put all your baggage in the car, at once.*
(Puis, à cm-en-fb numéro 1, qui s'était matérialisé aux côtés
de son maître:) Allez avec lui chercher ses affaires, tout de
suite. »

Mes « affaires » se trouvaient pour la plus grande partie du côté
des cuisines, où habitaient les cuisinier, mécanicien, menuisier, etc.:
quelque dix jours auparavant ils m'avaient fait de la place de leur
propre chef, m'épargnant ainsi l'humiliation d'avoir à dormir
en compagnie de dix-neuf Américains sous une tente toujours
aux deux tiers inondée de boue. J'y menai donc le chapeau-melon-
en-fer-blanc, qui scruta tout avec un intérêt surprenant. Je réunis
hâtivement mes affaires (dont certains accessoires mineurs que
j'allais laisser, mais que le cm-en-fb m'ordonna d'inclure) et
lorsque j'émergeai, ballot sous un bras, sac d'ordonnance sous
l'autre, je rencontrai mes excellents amis les sales Français, sur-
gis tous ensemble d'une porte, l'air plutôt épatés. Quelques paroles d'explication aussi bien que d'adieu étant de rigueur, je leur
fis un discours en mon meilleur français:

« Messieurs, amis, camarades: je pars sur-le-champ et serai guillotiné demain.

— Oh, pas guillotiné, je dirais, moi » observa cm-en-fb, d'une voix qui me glaça jusqu'à la moelle malgré ma bonne humeur. Le cuisinier et le menuisier restèrent bouche bée, tandis que le mécano, lui, prit appui sur un carburateur irrémédiablement démoli.

L'une des voitures de la section, une Fiat, se tenait prête. Le général Némo m'interdit sévèrement de m'approcher de la Renault (où on avait déjà installé les bagages de B.) et me fit signe de monter dans la Fiat, lit, ballot et tout; sur quoi cm-en-fb sauta dedans et s'assit en face de moi dans une pose d'indécontraction parfaite qui, malgré mon exultation de quitter la section en général et Mr. A. en particulier, me parut presque menaçante. A travers le pare-brise je vis mon ami démarrer en compagnie de cm-en-fb numéro 2 et Némo; puis, ayant fait un rapide geste d'adieu à tous les Américains que je connaissais — trois — et ayant échangé un salut affectueux avec Mr. A., qui avoua qu'il regrettait vraiment de nous perdre, je ressentis le coup de l'embrayage, et nous voilà partis à la poursuite de la Renault.

Tous les pressentiments que pouvait m'inspirer l'attitude de cm-en-fb numéro 1 s'évanouirent devant ma joie exaltante de perdre de vue la section maudite et les crétins qui l'habitaient — devant l'exaltation indiscutable et authentique d'aller quelque part et nulle part sous les auspices miraculeux de quelqu'un et de personne, d'être arraché, par un *deus ex machina* en uniforme gris-bleu et une paire de chapeaux-melon-en-fer-blanc, aux banalités pourrissantes d'un non-être officiel pour vivre une aventure haute et claire. Je sifflotai et chantai et criai à mon vis-à-vis: « A propos, qui est ce monsieur distingué là-bas qui a bien voulu nous emmener, mon ami et moi, faire cette petite promenade?» A quoi, entre les cahots de la Fiat gémissante, cm-en-fb répondit avec superbe, s'agrippant à la portière dans l'intérêt de son équilibre: «Monsieur le Ministre de la Sûreté de Noyon.»

Sans savoir le moins du monde ce que cela pouvait bien signifier, je montrai les dents en un grand sourire. Un grand sourire de retour, visitant informellement les joues fatiguées de mon compagnon de voyage, finit par unir franchement ses oreilles dignes et énormes, comprimées à néant par le casque démesuré. Mes yeux, sautant de ces oreilles, se posèrent sur ce casque et y

découvrirent un emblème, une espèce de petite déflagration fleu-
rie, ou queue de cheval flamboyante. Cela me parut très jovial et
un peu absurde.

« Nous sommes donc en route vers Noyon ? »

Cm-en-fb haussa les épaules.

A ce moment la casquette du chauffeur s'envola. Je l'entendis
jurer et vis la casquette planer dans notre sillage. A l'arrêt brusque
de la Fiat je bondis sur les pieds et me mis à descendre, mais,
l'élan brisé en plein vol, j'atterris sur le siège, complètement
ahuri : le revolver de cm-en-fb, qui avait sauté de sa gaine dès mon
premier mouvement, réintégra son nid, le propriétaire du revolver
marmonnant quelque chose de plutôt désagréable. Puisque le
chauffeur était un Américain de Vingt-et-un, il fit reculer la voiture plutôt que d'aller chercher la casquette à pied. Mon esprit
avait l'impression d'être passé subitement, lui aussi, de quatrième
vitesse en marche arrière : je méditais et me tus.

En avant — plus vite, pour rattraper notre retard. Croyant
avec raison que cm-en-fb ne comprenait pas l'anglais, le chauffeur
me jeta quelques bribes à travers l'étroite vitre :

« Pour l'amour de Dieu, Cummings, qu'est-ce qui se passe ?

— Je n'en sais rien, dis-je, riant de la naïveté délicate de
la question.

— T'as fait quelque chose pour t'faire pincer ?

— Sans doute, je répondis, important et vague, me découvrant une dignité nouvelle.

— En tout cas, si c'était pas toi, c'était peut-être B.

— Peut-être » répliquai-je, essayant de cacher mon excès
d'enthousiasme. En effet, jamais je n'avais été aussi excité et fier.
Bien sûr, j'étais un criminel ! Eh bien, Dieu merci, voilà un problème réglé une fois pour toutes : finie la Section Sanitaire, fini
Mr. A. avec ses homélies quotidiennes sur la propreté, le comportement, et tout ce qui s'ensuit ! Malgré moi, je me mis à chanter.
Le chauffeur m'interrompit :

« Je t'ai entendu demander quelque chose au casque en fer-
blanc. Qu'est-ce qu'i dit ?

— Que le type dans la Renault est le flic-en-chef de Noyon,
je répondis à tout hasard.

— CRENOM. Vaut mieux peut-être qu'on la boucle, pour
pas qu'on ait des histoires avec — » il indiqua cm-en-fb, d'un geste
de la tête qui communiqua à la voiture un dérapage magnifique,

et le chapeau-melon de cm-en-fb sonna lorsque le dérapage jeta cm-en-fb de tout son long à travers la Fiat.

Je le félicitai: « Bien joué. (Puis, à cm-en-fb:) Voiture épatante pour transporter des blessés » j'observai poliment. Cm-en-fb ne répondit rien...

Noyon.

Nous nous arrêtons devant quelque chose qui ressemble désagréablement à un donjon moyenâgeux. On ordonne au chauffeur d'être à tel endroit à telle heure, et entre-temps d'aller déjeuner avec le flic-en-chef, qu'il trouvera au coin (c'est moi qui traduis pour cm-en-fb), et, ah oui! il paraît que le flic-en-chef a insisté pour que l'Américain distingué lui fasse le plaisir de déjeuner avec lui.

« C'est moi qu'il veut dire? le chauffeur demanda innocemment.

— Bien sûr » je lui dis.

De B. et de moi, pas un mot.

Puis nous descendîmes, d'abord et précautionneusement cm-en-fb, ensuite et lentement moi. La Fiat s'ébranla lourdement; la tête de « l'Américain distingué » en sortait d'au moins un mètre et regardait en arrière avec, sur la figure distinguée, une expression si totalement subjuguée par le mystère que je partis d'un grand éclat de rire.

« Vous avez faim? »

C'était le naguère féroce qui parlait. Un criminel, il me souvint, est un homme contre lequel tous ses actes et paroles sont utilisés très habilement. Ayant pesé la question pendant quelques instants, je pris la résolution de dire la ¡vérité coûte que coûte, et je répondis:

« Je pourrais bouffer un éléphant.»

Sur quoi cm-en-fb m'amena à la Cuisine Même, m'installa sur un tabouret, et somma le cuisinier d'une voix de soudard:

« Au nom de la République, donne à manger à ce grand criminel.»

Et pour la première fois depuis trois mois, je goûtai à de la Nourriture.

Cm-en-fb enleva son chapeau-melon-en-fer-blanc, desserra sa ceinture, s'assit à côté de moi, ouvrit un monstrueux couteau de poche, et s'attaqua lui aussi au déjeuner.

Un de mes souvenirs les plus agréables de ce repas irrévocable est celui d'une femme grande, douce et forte, qui entra d'un air affairé et s'écria en me voyant: « Qu'est-ce que c'est que ça?

— C'est un Américain, grand'mère, répondit cm-en-fb, à travers des pommes frites.

— Pourquoi qu'il est ici? (Elle me toucha à l'épaule et s'assura de ma réalité.)

— Le bon Dieu le sait sans doute, dit cm-en-fb gentiment. N'étant pas moi-même le —

— Ah, mon pauvre, dit cette femme admirable, tu vas être prisonnier ici. Tous les prisonniers ont une marraine, tu comprends? C'est moi, leur marraine. Je les aime, je m'occupe d'eux. Eh ben, écoute: moi, je serai ta marraine aussi.»

Je m'inclinai et cherchai de quoi boire à sa santé. Cm-en-fb regardait. Mon œil tomba sur un immense verre de pinard. « Oui, buvez » fit mon gardien en souriant. Je levai le verre.

« A la santé de ma charmante marraine.»

Cet acte de galanterie m'acquit tout à fait le cuisinier, un Français assez petit et vif, qui entassa plusieurs portions de pommes de terre dans mon assiette déjà vide. Le cm-en-fb approuva aussi: « C'est ça: mangez, buvez, vous en aurez sans doute besoin plus tard.» Et son couteau guillotina de nouveau ce bon pain blanc.

Puis, rassasié, je fis mes adieux à ma marraine et permis à cm-en-fb de me conduire (passant le premier, comme toujours) en haut dans un espèce de réduit dont l'intérieur s'enorgueillissait de deux matelas, d'un homme assis à une table, et d'un journal entre les mains de l'homme.

« C'est un Américain » dit cm-en-fb, en fait de présentations. Le journal se détacha de l'homme, qui dit: « Qu'il soit donc le bienvenu. Faites comme chez vous, Monsieur l'Américain», tira sa révérence et sortit. Mon gardien s'effondra immédiatement sur l'un des matelas.

Je demandai l'autorisation d'en faire autant sur l'autre, faveur qui me fut accordée d'un ton endormi. Les yeux mi-clos, mon moi gisait et ruminait: le délicieux repas dont il venait de jouir... ce qui allait arriver... la joie d'être grand criminel... Puis, n'ayant aucune envie de dormir, je lus le *Petit Parisien* d'un bout à l'autre, même les *Voies urinaires*.

Ce qui me rappelait — et je réveillai cm-en-fb pour lui demander: « On peut aller aux cabinets?

— En bas » répondit-il dans le coton, et il se réinstalla dans son sommeil.

Il n'y avait personne dans la petite cour. Je traînaillai en remontant. Les marches étaient anormalement sales. Quand je rentrai, cm-en-fb ronflait de plus belle. Je relus le journal en entier. Il devait être vers trois heures.

Soudain cm-en-fb se réveilla, se redressa, boucla sa personnalité et murmura: « C'est l'heure: venez.»

Le bureau de Monsieur le Ministre s'avéra être juste au coin. Devant la porte la Fiat patientait. Il fut annoncé cérémonieusement par cm-en-fb que nous attendrions sur les marches.

Alors, est-ce qu'il y avait du nouveau? le chauffeur américain voulut savoir.

M'étant satisfait de ce que mes doigts savaient encore rouler une assez bonne cigarette, je répondis: « Non » à travers des bouffées de fumée.

L'Américain se rapprocha et murmura spectaculairement: « Ton copain est en haut. Je crois qu'on est en train de l'interroger.» Cm-en-fb surprit cela, et bien que sa dignité rétablie eût accepté de son prisonnier de quoi faire une cigarette, elle se rebiffa immédiatement:

« Assez » dit-il durement.

Et il m'entraîna tout-à-coup en haut, où je trouvai B. et son cm-en-fb à la porte du bureau. B. paraissait étrangement en verve. « Je crois que nous allons bel et bien en prison » m'assura-t-il.

Fortifié par cette nouvelle, aiguillonné par mon cm-en-fb et appelé de la main par Monsieur le Ministre lui-même, je me laissai vaguement flotter jusqu'à une salle de proportions modestes, très bien lavée, en ordre, sérieuse, tout à fait américaine, dont la porte fut immédiatement fermée et gardée de l'intérieur par mon escorte.

Monsieur le Ministre dit:

« Levez les bras.»

Alors il fouilla mes poches. Il y trouva des cigarettes, des crayons, un couteau de poche, et un peu d'argent. Il posa ses trouvailles sur une table vide, disant: « Vous n'avez pas le droit de conserver tout ceci. J'en serai responsable.» Puis il me regarda froidement dans les yeux et me demanda si je n'avais rien d'autre.

Je lui dis que je croyais avoir un mouchoir.

« Vous n'avez rien dans les chaussures?

— Mes pieds, répondis-je doucement.

— Venez par ici » dit-il, glacial, ouvrant une porte que je n'avais pas remarquée. Je m'inclinai devant sa courtoisie et pénétrai dans la salle numéro 2.

Je regardais dans six yeux assis derrière un bureau.

Deux appartenaient à une personne genre avocassier, en civil, muni d'un air indifférent et de moustaches aux proportions admirables, dont le propriétaire se servait constamment pour imiter le geste d'un monsieur qui sonnerait un maître d'hôtel. Deux autres étaient l'apanage d'un superbe vieux gâteux, figure toute en pistes de ski et montagnes russes, qui arborait une poitrine où la rosette s'accroupissait pompeusement. Les numéros cinq et six se référaient à Monsieur, qui s'était assis avant que j'aie eu le temps de réadapter mes yeux légèrement déroutés.

Ainsi que je l'ai déjà dit, Monsieur parlait un anglais sanitaire.

« Quel est votre nom? — Edward E. Cummings. — Votre deuxième nom? — Je le lui épelai: E-s-t-l-i-n. — Comment dites-vous ça? (Je ne comprenais pas.) Comment prononcez-vous votre nom? — Oh » dis-je, et je le prononçai. Il expliqua en français aux moustaches que mon prénom était Edouard, mon deuxième nom « Euh-esse-thé-elle-hyène » et mon nom de famille « Ces-hue-d'euzème-hyène-j'ai-esse », et les moustaches couchèrent le tout par écrit. Puis Monsieur se retourna vers moi:

« Vous êtes irlandais? — Non, américain. — Vous êtes irlandais d'origine? — Non, écossais. — Vous êtes sûr qu'il n'y a jamais eu d'Irlandais dans votre ascendance? — Pour autant que je sache, dis-je, jamais. — Peut-être, il y a cent ans? il insista. — Absolument pas » affirmai-je. Mais Monsieur en voulait à tout prix. « Votre nom est bien irlandais? — Cummings est un très vieux nom écossais, répondis-je patiemment. Autrefois on disait Comyn. Un Ecossais, nommé Comyn le Rouge, fut tué par Robert Bruce dans une église. Il fut parmi mes ancêtres, et d'ailleurs un homme très célèbre. — Mais votre deuxième nom, d'où sort-il? — D'un Anglais, un ami de mon père.» Cette affirmation parut produire une impression très favorable du côté de la rosette, qui murmura plusieurs fois: « Un ami de son père, un Anglais, bon!» Monsieur, très visiblement déçu, dit aux moustaches, en français, d'écrire que je niais mes origines irlandaises; ce que les moustaches firent.

« Que fait votre père en Amérique? — Il est ministre de l'Evangile, répondis-je. — De quelle église? — Unitarienne.» Il n'y comprenait rien. Au bout d'un moment il fut inspiré: « C'est comme un libre-penseur?» J'expliquai en français que non, et que mon père était un homme de Dieu. A la fin, Monsieur dit aux moustaches d'écrire: Protestant, et les moustaches obtempérèrent.

A partir de ce moment, notre entretien se poursuivit en français, au grand dam de Monsieur, mais à la joie de la rosette et avec l'approbation des moustaches. En réponse à leurs questions, je les informai que j'avais fait mes études à Harvard pendant cinq ans (« Comment? vous n'avez jamais entendu parler de Harvard?»); que j'étais descendu à New York, où j'avais étudié la peinture; que là je m'étais engagé comme conducteur volontaire, m'embarquant pour la France aussitôt après, vers la mi-avril.

Monsieur demanda: « Vous avez rencontré B. sur le bateau?» Je dis que oui.

Monsieur regarda autour de lui d'un air entendu. La rosette hocha plusieurs fois la tête. Les moustaches sonnèrent.

Je compris que ces aimables personnes comptaient faire de moi le jouet innocent d'un machinateur rusé, et ne pus m'empêcher de sourire. C'est marrant, me dis-je. Ils auront du mal.

« Vous et votre ami étiez ensemble à Paris? — Oui. — Combien de temps? — Un mois, à attendre nos uniformes.»

Regard entendu de Monsieur, auquel ses collègues firent écho.

Se penchant en avant, Monsieur demanda froidement et clairement: « Qu'est-ce que vous avez fait à Paris?» ce à quoi je répliquai brièvement et chaleureusement: « On s'en est bien payé.»

Cette réponse fit un immense plaisir à la rosette. Elle secoua tellement la tête que je voyais le moment où celle-ci allait tomber. Même les moustaches semblèrent s'amuser. Monsieur le Ministre de la Sûreté de Noyon se mordilla les lèvres. « Pas la peine d'écrire cela » ordonna-t-il à l'avocat. Puis, revenant à la charge:

« Vous avez eu beaucoup d'histoires avec le lieutenant A.?» J'éclatai de rire à cette appellation flatteuse. « En effet.»

Il demanda: «Pourquoi?» et je fis le portrait du «lieutenant» A., en termes colorés, à l'aide de certaines expressions choisies dont un des «sales Français» de la section, Parisien passé maître en argot, m'avait pourvu. Mon vocabulaire étonna mes examinateurs, dont l'un (probablement les moustaches) observa ironiquement que je n'avais pas perdu mon temps à Paris.

Monsieur le Ministre demanda: Etait-ce vrai que B. et moi (1°) étions toujours ensemble et (2°) préférions la compagnie des Français de la Section Sanitaire à celle de nos camarades américains?, ce à quoi je répondis par l'affirmative. Pourquoi? il voulut savoir. Aussi j'expliquai notre détermination d'apprendre le plus de français possible, et de connaître les Français autant que possible; dissertant un peu sur la nécessité d'une totale compréhension entre les races latines et anglo-saxonnes, condition essentielle de la victoire tant souhaitée.

Encore une fois la rosette hocha la tête avec approbation.

Monsieur le Ministre devait penser qu'il perdait la partie, car il abattit son as sans plus tarder. « Vous n'ignorez pas que votre ami a écrit à des amis en Amérique et à sa famille de très mauvaises lettres. — Si, je l'ignore » dis-je.

En un éclair je compris ce qui avait amené Monsieur à Vingt-et-un: la censure française avait intercepté certaines lettres de B., et avait averti Mr. A. et son interprète, qui avaient témoigné avec soulagement du mauvais caractère de B. et (souhaitant très naturellement se débarrasser de nous deux à la fois) avaient par ailleurs indiqué que nous étions toujours ensemble et que de ce fait je pouvais avec raison être considéré comme un individu louche. Sur quoi ils avaient reçu l'ordre de nous garder à la section jusqu'à ce que Noyon puisse venir nous prendre en charge — ce qui expliquait pourquoi nous n'avions pas eu droit à notre permission.

« Votre ami, dit Monsieur en anglais, est ici, il n'y a pas longtemps. Je lui demande s'il est dans l'aéroplane volant au-dessus des Allemands est-ce qu'il fait tomber bombes sur les Allemands et il dit non, il ne fait pas tomber bombes sur les Allemands.»

J'avoue que ce mensonge (car c'en était un) me confondit. Tout d'abord, à ce moment-là j'ignorais tout des méthodes policières. Ensuite, je savais très bien que, huit jours plus tôt, nous avions, B., moi-même et un autre Américain de la section, sur le conseil du sous-lieutenant interprète, adressé une lettre au Sous-secrétaire d'Etat français à l'aviation: puisque le gouvernement américain allait reprendre en charge la Croix-Rouge et que toutes

les sections sanitaires seraient donc reprises à l'armée française
et rattachées à l'armée américaine, nous avions demandé l'autorisation de maintenir nos liens avec les Français en nous enga-
geant dans l'escadrille Lafayette. Un des « sales Français » nous
avait rédigé la lettre, d'après nos indications, dans le plus beau
style que l'on puisse imaginer.

« Vous écrivez une lettre, vous et votre ami, pour l'aviation
française ? »

Je le repris : nous étions trois, et pourquoi donc n'avait-on
pas arrêté le troisième coupable ? si on permettait que je le demande. Mais il passa outre à cette petite digression, et voulut
savoir : « Pourquoi pas l'aviation américaine ?

— Ah, mais, comme mon ami me l'a si souvent dit, les
Français, après tout, sont les meilleures gens du monde.»

Ce coup double arrêta Noyon net, mais pas pour longtemps.

« C'est votre ami qui a écrit la lettre ? — Non, répondis-je
franchement. — Qui l'a fait, alors ? — Un Français attaché à la
section. — Comment s'appelle-t-il ? — Je n'en sais rien » je dis,
jurant en moi-même que, quoi qu'il pût m'arriver, le rédacteur
n'en pâtirait pas. « Sur ma demande expresse » ajoutai-je.

Retombant dans le français, Monsieur me demanda si j'aurais quelque hésitation à jeter des bombes sur les Allemands ?
Je dis que non. Et pourquoi croyais-je que je ferais un bon aviateur ? Parce que, je lui dis, je pèse 61 kilos et sais conduire n'importe quelle espèce d'auto ou de motocyclette. (J'espérais qu'il
exigerait que je fasse la preuve de cette affirmation, auquel cas je
me promettais bien de ne m'arrêter qu'à Munich ; mais non.)

« Est-ce que vous cherchez à me dire non seulement que
mon ami voulait éviter le service dans l'armée américaine, mais
qu'il avait l'intention de trahir par-dessus le marché ? je demandai.

— Eh bien, ce serait plutôt ça, non ? » répondit-il tranquillement.

Alors, se penchant en avant une fois de plus, il me lança :
« Pourquoi avez-vous écrit à une aussi haute personnalité ? »

Cela me fit rire de bon cœur. « Parce que l'excellent sous-
lieutenant qui traduisait quand Monsieur le Lieutenant A. n'était
pas fichu de comprendre nous l'a conseillé.»

Après cette riposte, je m'adressai aux moustaches : « Consi-
gnez ceci dans votre procès-verbal : que moi, ici présent, je me
refuse entièrement à croire que personne au monde puisse plus

sincèrement aimer la France et le peuple français que mon ami. Dites-lui de l'écrire » j'ordonnai à Noyon durement. Mais Noyon secoua la tête et dit : « Nous avons les meilleures raisons de croire que votre ami n'est pas un ami de la France.

— Ça ne me regarde pas, répondis-je. Je veux que l'opinion que j'ai de mon ami soit enregistrée. Vous comprenez ? — C'est raisonnable » la rosette murmura; et les moustaches l'écrivirent.

« Pourquoi donc qu'on se serait engagés ? » je demandai, sarcastique, quand la déposition fut terminée.

Monsieur le Ministre était visiblement mal à l'aise; il se tortillait sur sa chaise, et se pinça le menton trois ou quatre fois. La rosette et les moustaches échangèrent des phrases animées. A la fin, Noyon, invitant au silence et parlant d'un ton presque désespéré, demanda :

« C'est que vous détestez les Boches ? »

J'avais gagné mon procès. La question était de pure forme. Pour sortir libre de cette salle, je n'avais qu'à dire oui. Mes examinateurs étaient sûrs de ma réponse. La rosette se penchait en avant, m'encourageant d'un sourire. Les moustaches faisaient des petits *oui* en l'air avec son porte-plume. Et Noyon avait perdu tout espoir de prouver ma culpabilité. J'étais peut-être imprudent, mais j'étais innocent, la dupe d'une intelligence supérieure et maligne. On me conseillerait probablement de mieux choisir mes amis la prochaine fois, et ce serait tout...

Avec soin je façonnai cette réponse :

« Non. C'est que j'aime beaucoup les Français. »

Vif comme une fouine, Monsieur le Ministre me sauta dessus : « Il n'est pas possible d'aimer les Français sans haïr les Boches. »

Son triomphe ne me dérangeait pas le moins du monde. L'embarras de la rosette ne fit que m'amuser. La surprise des moustaches me fut bien agréable.

La pauvre rosette! Elle ne cessait de murmurer, découragée : « Tient à son ami, c'est normal. Se trompe, bien sûr, dommage, voulait bien faire. »

Avec une expression suprêmement désagréable sur sa face immaculée le victorieux ministre de la sûreté talonna sa victime avec une assurance retrouvée : « Mais vous n'êtes pas sans connaître les atrocités commises par les Boches ?

— J'en ai entendu parler, répliquai-je allégrement.

— Vous n'y croyez pas?

— C'est pas exclu.

— Et si c'est vrai, et ça l'est, bien entendu (ton de profonde conviction), vous ne détestez pas les Allemands?

— Ah, dans ce cas-là, naturellement, tout le monde devrait les détester » affirmai-je avec une parfaite politesse.

Et ma cause fut perdue, irrémédiablement. Cela me soulageait. Toute mon inquiétude avait disparu. La tentative des trois messieurs en face d'assurer à mon ami et à moi des sorts divers avait irrévocablement échoué.

A l'issue d'une brève conférence, Monsieur m'annonça:

« Je suis navré, mais à cause de votre ami vous serez détenu pendant quelque temps.

— Plusieurs semaines?

— C'est possible » dit Monsieur.

Cela mit fin au procès.

Monsieur le Ministre me reconduisit à la salle numéro 1. « Puisque j'ai pris vos cigarettes et que je vais vous les garder, je vous donnerai un peu de tabac. Vous préférez l'anglais ou le français? »

Parce que les Gauloises sont les plus fortes et qu'il s'attendait à ce que je dise l'anglais, je dis: « Le français.»

Avec une expression peinée, Noyon alla vers une sorte de bibliothèque et en sortit un paquet bleu. Je crois que je demandai des allumettes, ou bien il m'a rendu les quelques-unes qu'il avait trouvées sur ma personne.

Puis Noyon, cm-en-fb et le grand criminel que j'étais descendirent solennellement jusqu'à la Fiat. Le conducteur, toujours plus mystifié, nous fit faire le court trajet qui nous séparait d'une indiscutable cour de prison. Monsieur le Ministre me surveilla tandis que je descendais mes volumineux bagages.

Monsieur les examina minutieusement au bureau de la prison. Monsieur me fit tourner tout ça sens dessus dessous. Monsieur manifesta son vif étonnement en découvrant une immense douille: où l'avais-je trouvée? Je dis qu'un soldat français me l'avait donnée comme souvenir. Et plusieurs têtes d'obus? Aussi des souvenirs, je l'assurai gaiement. Monsieur se figurait-il qu'il m'avait pris en train de faire sauter le gouvernement français? Qu'est-ce qu'il se figurait enfin? Mais voici une douzaine de cahiers de dessins. « Qu'est-ce qu'il y a dedans? — Oh, Monsieur, vous me flattez: des dessins. — De fortifications? — Guère: de poilus, d'enfants, et d'autres ruines. Hmmm...» Monsieur examina les dessins et découvrit que j'avais dit la stricte vérité. Monsieur mit toutes ces bagatelles dans une petite sacoche, dont j'avais été muni (en même temps que l'énorme sac d'ordonnance) par la généreuse Croix-Rouge, et les étiquetta: «Objets découverts dans les bagages de Cummings et estimés étrangers à l'affaire en cours.» Restèrent dans le sac d'ordonnance: ma pelisse que j'avais amenée de New York, mon lit de camp, mon ballot, mes frusques, et environ dix kilos de linge sale. «Vous pouvez amener le ballot et le lit pliant dans votre cellule.» Mes autres affaires resteraient en sûreté au bureau.

«Suivez-moi» croassa sinistrement une maigre créature porte-clefs.

Ballot et lit sous le bras, je le suivis.

Nous n'avions pas loin à aller: en fait, quelques pas. Je me rappelle qu'après un tournant, on apercevait une espèce de square près de la prison. Une musique militaire s'exécutait pour le plaisir impassible de quelques poignées de civils déchiquetés. Mon nouveau gardien s'arrêta un moment; peut-être sa fibre patriotique en était-elle remuée. Puis nous longeâmes un passage avec des portes cadenassées de chaque côté, s'arrêtant devant la dernière porte à droite. Une clef l'ouvrit. On entendait toujours clairement la musique.

La porte ouverte découvrit une pièce, courte de cinq mètres et étroite d'un mètre vingt, avec un tas de paille à l'autre bout. Mes esprits se remettaient progressivement de la banalité de l'interrogatoire, et c'était avec une excitation réelle et inoubliable que je m'écriai, en franchissant ce qui passait pour être un seuil: «Mais, on est bien ici!»

Un tintamarre horrible coupa net le dernier mot. J'aurais pu croire que toute la prison avait été démolie par un tremblement de terre, mais ce n'était que ma porte qui se fermait...

II

EN ROUTE

Je posai le ballot. Je me redressai.

J'étais moi-même.

Une joie incontrôlable me prit aux tripes, après trois mois d'humiliations, après avoir été trois mois dirigé, surveillé, malmené, insulté. J'étais moi-même: je ne dépendais que de moi.

Dans ce délire de soulagement, et sachant à peine ce que je faisais, j'inspectai l'amas de paille, décidai contre, installai mon lit de camp, y posai le ballot, et me mis à examiner ma cellule.

J'en ai déjà signalé la longueur et la largeur. Elle était ridiculement haute: de trois mètres, peut-être. Curieux, le mur de la porte: on avait ménagé celle-ci non pas au milieu mais dans un coin, laissant sur le côté la place à une immense poubelle en fer qui m'arrivait à la ceinture. Par-dessus la porte, sur toute la largeur du mur, s'étendait une grille. On pouvait à tout moment apercevoir un liseré de ciel.

Sifflant joyeusement pour moi-même, je fis trois pas, qui m'amenèrent à ce mur. La porte était massive, toute en fer ou en acier, à ce que je crois; elle me ravit. La poubelle piqua ma curiosité. Je jetai un coup d'œil par-dessus le bord; au fond gisait paisiblement un étron humain et frais.

J'ai la manie secrète des gravures sur bois, surtout celles qui illustrent l'indispensable crise psychologique de quelque feuilleton désuet. Je possède en ce moment une magistrale représentation d'un grand barbu horrifié — vêtu d'un anonyme accoutrement de peaux de chèvres et tenant, faiblement serré dans une énorme patte, un parapluie fantastique — qui se penche afin d'examiner une trace d'humanité dans le désert quelque peu cubiste dont il s'était imaginé l'unique propriétaire...

Ce fut alors que je remarquai les murs, couverts, à hauteur de bras, de dessins, graffiti, images, tous au crayon. Je pris la résolution de demander un crayon à la première occasion.

Des Allemands et des Français avaient été enfermés dans cette cellule. Sur la droite, près de la porte, on avait laborieusement recopié une longue citation de Goethe. A l'autre bout du même mur se déroulait un paysage satirique, dont la technique m'effraya. Il y avait des maisons, des hommes, des enfants. Et des arbres. Me demandant comment est fait un arbre, je me mis à rire copieusement.

Le portrait grand et minutieux d'un officier allemand décorait le mur de droite.

Le mur de gauche était orné d'un yacht, battant un numéro : 13, avec au-dessous, en allemand, l'inscription : « Mon bateau bien-aimé.» Puis venait un buste de soldat allemand, très idéalisé, rempli de non-crainte. Après, une naïveté magistrale : un cavalier au corps de beignet, glissant avec une rapidité affolante sur l'échine aiguisée d'un cheval-saucisse complètement transparent qui galopait dans cinq directions à la fois. Avec l'air de s'ennuyer, le cavalier tenait sur un seul poing les rênes raides. Sa jambe de dehors l'aidait dans son vol. Il portait le képi allemand, et il fumait. Je décidai de copier cheval et cavalier immédiatement, c'est-à-dire, dès que j'aurais un crayon.

En dernier lieu, je découvris un dessin entouré d'une devise enjolivée. On y voyait une plante en pot avec quatre fleurs épanouies et minutieusement mortes. Leur mort était dessinée avec un soin effrayant. La représentation de leurs pétales affaissés reflétait une application obscure. Le pot chancelait, bien boiteux, sur ce que je pris pour une espèce de table. Tout autour flottait une banderole funéraire. Je lus : « Mes derniers adieux à ma femme aimée, Gaby.» Une main féroce, totalement différente de l'autre, avait écrit au-dessus, en lettres orgueilleuses : « Puni pour désert. Six ans de prison, dégradation militaire.»

Il devait être cinq heures. Des pas. Un grand fracas de l'autre côté de la porte. Qui ? Vlan ! ouvre la porte. La créature porte-clefs tend un morceau de chocolat avec une prudence extrême et revêche. Je dis : « Merci » et m'en empare. Pan ! ferme la porte.

Je m'allonge sur le dos. Le crépuscule fait des miracles brumeusement bleuâtres par le liseré au-dessus de la vlan-pan. J'entrevois des feuilles, ce qui signifie arbre.

Puis, venant de la gauche, loin, faible, éclate un sifflement lisse, frais comme une branche de saule écorcée, et j'entends un air de *Pétrouchka*, *Pétrouchka* que nous avons vu à Paris, au Châtelet, mon ami et moi...

La voix s'arrête au milieu — et j'achève l'air. Ces signaux se poursuivent pendant une demi-heure.

Il fait noir.

J'avais mis un bout de mon bout de chocolat sur le rebord de la fenêtre. Pendant que je me repose sur le dos, une petite silhouette court le long du rebord et mange ce bout de bout, mettant quatre minutes environ à le faire. Puis elle me regarde, puis je lui souris, et puis nous nous séparons, chacun plus satisfait qu'auparavant.

Ma cellule est fraîche, et je m'endors facilement.

(Pensant à Paris.)

... Réveillé par une conversation, dont je sens nettement les vibrations à travers le mur de gauche.

Créature porte-clefs: « Quoi? »

Une moite voix moisissamment moisissante qui évoque des voies et orifices en putréfaction répond avec une patience de toile d'araignée indescriptiblement au-delà du désespoir: « La soupe.

— Ben, la soupe, je viens de vous la donner, Monsieur Savy.

— Il me faut un petit quelque chose de plus. Mon argent est chez le directeur. Je vous en prie, prenez mon argent qui est chez le directeur et apportez-moi n'importe quoi.

— Très bien, la prochaine fois que je viens vous voir aujourd'hui, je vous porte une salade, une bonne salade, Monsieur.

— Merci bien, Monsieur » moisit la voix.

Pan ! et tandis qu'elle verrouille la porte de Monsieur Savy, la c-p-c dit à quelqu'un, se donnant la peine d'élever la voix pour que Monsieur Savy n'en manque pas un mot à travers la fente de sa vlan-pan:

« Ce vieil imbécile ! I veut toujours quéqu'chose. Quand est-ce que tu penses qu'i va s'rend'e compte qu'i va jamais rien avoir ? »

Tâtonnements derrière ma porte. Vlan !

Les figures se tiennent sur le seuil, me dévisageant. Des figures identiquement porte-clefs, c'est-à-dire stupidement malignes, lourdement et imperturbablement réjouies. Voyez moi ça, d'où ça sort.

Le corps de droite s'effondre suffisamment pour déposer un bol juste à l'intérieur.

Je souris et dis: « Bonjour, Messieurs. Les chiottes puent.»

Ils ne sourient pas et disent: « Bien sûr. » Je souris et dis: « S'il vous plaît, donnez-moi un crayon; j'aimerais passer le temps. » Ils ne sourient pas et disent: « Tout de suite. »

Je souris et dis: « Je voudrais un peu d'eau, s'il vous plaît. »

Ils ferment la porte, disant: « Tout à l'heure. »

Pan ! et des pas.

Je contemple le bol, qui me contemple. Une croûte de graisse verdâtre scelle le mystère de son contenu. Je décide deux doigts à briser les scellés. Ils me repêchent une lamelle de chou et un grand, dur, pensif, solennel haricot mal cuit. Afin de décanter l'eau tiédasse et collante sans souiller le sol, enlever le couvercle de Ça Pue. Je le fais.

Demeurent haricots et lamelles de chou. Que je mange en vitesse, craignant une défaillance stomacale.

Je passe un bon bout de temps à me maudire à cause du crayon et à regarder mes murs, mon unique intérieur.

Soudain je ressens l'intraitable puissance de la poigne comique de la nature. Dans ce cas, évidemment, on se tient debout sur Ça Pue. Ayant fini, pantelant de puanteur, je m'effondre sur le lit et organise ma prochaine manœuvre.

La paille fera l'affaire. Aïe, qu'elle est Sale. — Plusieurs heures passent...

Pas-et-tâtonnements. Vlan ! Répétition de la promesse à Monsieur Savy, et ainsi de suite.

Porte-clefs et porte-clefs. Expressions identiques. Un corps s'effondre suffisamment pour déposer un quignon de pain et un fragment d'eau.

« Faites passer le bol. »

Je le fais passer, souris et dis: « Alors, et mon crayon?

— Crayon? » C-p-c regarde c-p-c. Ils récitent alors le mot suivant: « Demain. »

Pan-et-pas.

Alors je brûle des allumettes, et à l'aide de soixante exactement j'écris la première strophe d'une ballade. Demain j'écrirai

la deuxième. Après-demain, la troisième, puis l'envoi. Puis —
oh, et puis...

Ce soir, quand je siffle *Pétrouchka* il n'y a aucune réponse.

Alors je grimpe sur Ça Pue, que je vois maintenant
d'un œil tout à fait amical; la nouvelle lune défait ses ailes
collantes dans le crépuscule, bruit éloigné venant de choses
proches.

Je chante une chanson que les « sales Français » nous
avaient enseignée, à mon ami et moi. La chanson dit: « *Bon-
soir, Madame la Lune*... » Je ne chante pas fort, parce que la
lune est une demoiselle que je ne veux pas offenser. Mes amies :
la silhouette et la lune, sans compter Ça Pue, que je considère
presque comme une part de moi-même.

Puis je m'allonge, et j'entends (je ne peux pas voir) la
silhouette manger quelque chose ou quelqu'un... et je vois (je
ne peux pas entendre) l'encens de Ça Pue monter précautionneusement dans l'air grisant du crépuscule.

Le jour suivant. — Promesse à Monsieur Savy. Vlan! « Mon
crayon? — Vous n'avez pas besoin de crayon, vous partez. —
Quand? — Tout de suite. — Comment, tout de suite? — Dans
une heure ou deux. Votre ami est déjà parti. Préparez-vous. »

Pan-et-pas.

Tout le monde bien irrité à mon sujet. Je m'en fous pas
mal, d'ailleurs.

Une heure, à ce que je crois.

Des pas. Coup de porte soudain. Un temps.

« Sortez, l'Américain. »

En sortant, trimballant lit de camp et ballot, j'observe:
« Navré de vous quitter », ce qui amène porte-clefs à mastiquer
furieusement l'insignifiance de sa moustache.

Escorté au bureau, où l'on me remet à un très gras gendarme.

« Voilà l'Américain. » Le t-g-g me scrute, et je lis mes péchés
dans ses orbites porcines. « Vite, il faut marcher » il se risque à
dire, renfrogné et impératif.

Lui-même se penche en haletant pour soulever le sac qu'on
avait mis à part. Je place mes lit, ballot, couvertures et ample
pelisse sous un bras, mes soixante-dix kilos de sac d'ordonnance
sous l'autre; ensuite je m'arrête. Puis je dis: « Où est ma
canne? »

Ce qui provoque chez le t-g-g une sorte de crise, qui lui sied parfaitement.

Je répète gentiment: «Quand je suis arrivé au bureau, j'avais une canne.

— Je me fous de ta canne!» glousse mon nouveau gardien, écumant, ses yeux mauvais et rosâtres enflés de fureur.

«Je reste» je réponds avec calme, et je m'assieds sur une marche, au milieu de mes affûtiaux pesants.

Une foule de gendarmes se forme. On n'emporte pas une canne en prison (je suis content de savoir où je vais, et je remercie ce bavard monsieur); ou bien: les criminels n'ont pas droit aux cannes; ou bien: mais où donc que je me figure que je suis? aux Tuileries? demande un personnage péquenot-flic-de-cinéma.

«Très bien, Messieurs, je leur dis. Vous me permettrez de vous dire ceci: (Je suis couleur de betterave.) En Amérique, on ne fait pas comme ça.»

Cette inexactitude arrogante produit un effet remarquable, à savoir: la disparition prestidigitatoire du t-g-g. Ses nombreux collègues paraissent effrayés et se tortillent les barbiches.

Je demeure assis sur les marches et me mets à bourrer une feuille de quelque chose que j'ai trouvé dans mes poches, sûrement pas du tabac.

Bafouillant, bredouillant, postillonnant, le t-g-g est de retour, brandissant ma grosse branche de chêne, dégringolant d'opprobre et surtout s'écriant: «C'est ce gros bout d'bois que tu appelles une canne? C'est ça? Non? Quoi? Comment? Qu'est-ce que tu —» et cétéra.

Rayonnant, je le remercie, expliquant qu'un «sale Français» me l'a donnée comme souvenir, et qu'à présent je me mettrais en route.

Hissant le vaste paquet sous mon bras, je tords la manche de la canne dans la boucle du sac et essaye par deux fois de l'installer sur mon dos. Accompagné de: ViteViteViteViteVite-ViteVite... Au troisième essai je me mets debout, titubant, transpirant, complètement carapaçonné.

La route. La ville. Regards curieux de quelques piétons. Un paysan arrête sa charrette pour contempler l'araignée et sa drôle de mouche. Je ris en moi-même: depuis quand je ne me suis ni lavé ni rasé? Puis je manque de tomber, fais quelques pas en titubant, et pose mon double fardeau.

C'est peut-être grâce au régime strictement végétarien. Quoi qu'il en soit, impossible de faire un pas de plus avec mes ballots. Le soleil fait couler la sueur le long de mon nez en ondées chatouillantes. Je suis aveuglé.

Sur quoi je suggère que le t-g-g m'aide à porter un de mes ballots. Je reçois la réponse: « Je t'en fais déjà trop. Le gendarme n'est pas censé porter les bagages du prisonnier. »

Alors je dis: « Je n'en peux plus. »

Il répond: « Tu peux laisser ici tout ce que tu n'veux pas emporter. J'm'en occuperai. »

Je regarde le gendarme. Je le crible du regard. Ma lèvre manifeste le mépris. Mes mains manifestent des poings.

A ce moment critique, voici venir un petit garçon. Que Dieu bénisse tous les petits mâles de France âgés de sept à dix ans.

Le gendarme formula une suggestion: « Est-ce que t'as quelques sous sur toi? » Il savait, bien entendu, que le premier geste du fonctionnaire désinfecté avait été de me déposséder de tout ce que j'avais. Les yeux du gendarme étaient parfaits. Ils me faisaient penser à... mais, passons. « Si t'avais quelques sous, dit-il, tu pourrais payer ce gosse pour te porter quéqu'chose. » Puis il alluma une pipe faite à son image, et sourit obèsement.

Mais là le t-g-g s'était foutu le doigt dans l'œil. Son criminel a un gousset ménagé dans son uniforme, à droite, complètement recouvert par la ceinture qu'il n'abandonne jamais. Ainsi avait-il pu bafouer la flicaille tout entière.

Le gosse tenait à peine en équilibre mon plus petit paquet, mais il finit, après trois arrêts, par le déposer sur le quai de la gare. Là je lui donnai quelque chose comme deux *cents* (tout ce que j'avais); il s'en saisit, les yeux ronds comme des dollars, et se sauva.

Un apache costaud, gominé, sentant l'eau de Cologne et les oignons, salua mon t-g-g avec la complicité propre aux gendarmes. Moi, il me contempla avec cynisme, puis me méprisa ouvertement.

Avec un petit cri pointu de tut-tut, le drôle de train entra en gare en boitillant. Mes gardiens s'étaient donné bien du mal pour s'établir au mauvais bout du quai. Maintenant ils m'encourageaient à faire ViteViteVite.

Je parvins à m'installer sous le fardeau et titubai tout le long du train vers une voiture réservée. Il y en avait un autre, de criminel, un homme assez petit au sourire magnifique, qui portait avec lui une très belle couverture enveloppée dans une housse en toile cirée. Nous nous sourîmes (au fait, le plus cordial salut que jamais j'aie échangé avec un être humain) et nous nous mîmes l'un en face de l'autre — lui, avec mes bagages qu'il m'avait aidé à installer, sur l'une des banquettes, et le sandwich: gendarme-moi-gendarme, sur l'autre.

Après plusieurs faux départs l'engin se mit en route, ce qui ravit tellement les Allemands qu'ils envoyèrent sept avions de reconnaissance sur la gare, sur le train, sur nous et sur tout. Toute la D.C.A. partit ensemble en signe de sympathie; les gardiens de la paix louchèrent prudemment de leurs vitres respectives et se mirent à discuter du nombre de l'ennemi, tandis que leurs prisonniers se souriaient avec satisfaction.

« Il fait chaud » dit cet homme merveilleux — prisonnier, criminel, tout ce que vous voulez — m'offrant du vin dans un quart qu'il remplit à ras bord de son bidon, d'une main raffinée qui tremblait. C'est un Belge. Volontaire au début de la guerre. Permission à Paris. Rentré avec un jour de retard. Quand il se présente à son lieutenant, ce dernier lui annonce qu'il est déserteur. « Je lui dis: « C'est drôle, c'est drôle que je sois revenu de moi-même à la compagnie. J'aurais cru qu'étant déserteur, j'aurais préféré rester à Paris. » Le vin était terriblement frais, et je remerciai mon hôte merveilleux.

Jamais je n'ai goûté un tel vin.

Au départ de Noyon on m'avait donné un quignon de pain de soldat, en guise de bénédiction. J'y mordis avec une force renouvelée. Mais l'homme merveilleux d'en face sortit aussitôt un saucisson dont, avec simplicité, il posa une moitié sur mon genou, ayant fait le partage avec un grand et brillant couteau de poilu.

Depuis, je n'ai pas goûté à un vrai saucisson.

Les porcs de chaque côté avaient fini par triompher de leurs inerties respectives et broyaient sans broncher des morceaux mirobolants. Ils avaient tout un gueuleton, un véritable panier-déjeuner digne d'un roi, voire d'un président. Le t-g-g en particulier me tapait sur les nerfs par les claquements et rots alternés qu'il émettait. Il gardait les yeux mi-clos tout le temps qu'il mangeait, et une brume s'étendait sur les prés sensuels de sa figure bestiale. Ses yeux rougeâtres lorgnaient goulûment la couverture dans sa housse de toile cirée. Ayant pris une énorme lampée de vin, il dit épaissement, son énorme moustache encroûtée de bribes de nourriture trempée de salive: « Tu n'auras pas b'soin d'ce machin là-bas. On va tout t'prendre en arrivant, tu sais. Je pourrais bien m'en servir, moi. Ça fait longtemps que j'me cherche un bout de caoutchouc comme çui-là pour m'faire un imper, tu comprends? » (Goulée. Lampée.)

Là-dessus, j'eus une heureuse inspiration. En m'attirant l'attention de ces brigands je sauverais la housse, en même temps que j'assouvirais mon goût inné du ridicule. « Vous avez un crayon? demandai-je. Je suis peintre chez moi, et je ferai votre portrait. »

Il me donna un crayon. Je ne sais plus d'où est sorti le papier. Je lui fis prendre une pose porcine, et le dessin lui fit mâcher sa moustache. L'apache le trouva bien drôle. Que je fasse son portrait à lui aussi, tout de suite. Je protestai qu'il était bien trop beau pour mon crayon, mais il vissa sa moustache d'un autre cran et murmura: « T'en fais pas. Essaie. » Ah, que oui: j'essayerais. Je fis de mon mieux. Le nez lui déplut.

Le merveilleux déserteur se tordait déjà de joie. « S'il vous plaît, Monsieur, il murmura, rayonnant, ce serait me faire trop d'honneur, mais si vous vouliez bien... je serais confus... »

Je ne sais pas pourquoi, des larmes me vinrent aux yeux.

Tenant son dessin avec révérence, il l'apprécia avec précision et soin, et finalement le logea dans sa poche intérieure. Nous bûmes. Le train vint à s'arrêter, et l'apache voulut bien descendre, faire remplir le bidon de son prisonnier. Nous rebûmes.

Souriant, il me dit qu'il en avait pour dix ans, dont trois, à ce que je crois, de réclusion et sept de travaux forcés. Ce ne serait pas terrible. Il aurait préféré ne pas être marié, ne pas avoir un petit garçon. « Les célibataires ont de la chance, dans cette guerre. » Il sourit.

Puis les gendarmes se mirent à se nettoyer la barbe, à se taper le ventre, à se tirer les jambes, à se ramasser les bagages. Les yeux rougeâtres, petits, cruels, sortirent de leur transe digestive et fixèrent leur proie avec une véritable férocité: « T'auras pas b'soin... »

En silence, les mains douces et sensibles du merveilleux prisonnier défirent la housse. En silence, les bras longs, fatigués,
bien faits la passèrent au brigand sur ma gauche. Grognant de
satisfaction, le brigand la fourra dans une grande poche, attentif à ce qu'elle ne se voie pas. En silence, les yeux merveilleux dirent aux miens: Qu'est-ce que nous pouvons, nous autres criminels? Et nous nous sourîmes pour la dernière fois, ses
yeux et mes yeux.

Une gare. L'apache descend. Avec mes nombreuses affaires,
je le suis. Puis l'homme merveilleux, et après lui, le t-g-g.

Le ballot qui contient mon grand manteau de fourrure se
défait de plus en plus; finalement je ne peux plus le tenir. Il
tombe. Pour le ramasser, je devrai descendre le sac de dessus
mon dos.

Alors une voix: « Permettez, s'il vous plaît, Monsieur » et
le sac a disparu. Aveugle et muet, j'avance avec le ballot, titubant, et ainsi, enfin, nous arrivons dans la cour d'une petite
prison, l'homme merveilleux plié sous le grand sac... Je ne l'ai
même pas remercié. Quand je me suis retourné, ils l'avaient
déjà emmené, et le sac se tenait là, accusateur, à mes pieds.

Des pointes de parlers étranges filtrent à travers le désordre
total de mon esprit abruti. Une voix claire de gamin me supplie
en flamand, en italien, en polonais, en espagnol — et en un
anglais divin: « *Hey, Jack, gimme a cigarette, Jack...* »

Je lève les yeux. Je me trouve dans une espèce de courette
rectangulaire. Tout autour, des baraquements en bois à deux
étages. Des petits escaliers rudimentaires conduisent à des portes
lourdement verrouillées et immensément cadenassées. Des échelles,
plutôt que des marches. Des fenêtres curieusement taillées, relativement plus petites que les brèches d'une maison de poupée.
Derrière les brèches, est-ce vraiment des visages? Les portes
gonflent sans cesse sous les secousses de corps qui se précipi-
tent contre elles du dedans. Toute cette sale pompe de pacotille
sur le point de s'écrouler.

Aperçu numéro un.

Aperçu numéro deux: directement devant moi. Un mur avec
une unique ouverture, minuscule, à laquelle sont fixés de nombreux barreaux. Dans l'ouverture: douze, quinze grimaces. Aux
barreaux: des mains, décharnées, blanches, bleuâtres. A travers
les barreaux: des étirements de bras, des étirements incessants.

Les grimaces sautent dans les fenêtres, des mains leur appartenant s'accrochent, des bras appartenant aux mains s'étirent vers
moi... pendant un moment; puis de nouvelles grimaces sautent
derrière, faisant tomber les premières, qui dégringolent en un
fragile vacarme de verre fracassé: des mains se dessèchent et se
cassent, des bras se perdent de vue, happés de l'intérieur.

Dans cet immense amalgame de misère s'accroche une figure
centrale, secouée mais inébranlable. S'accroche aux barreaux
centraux comme un singe. S'accroche comme un ange à sa harpe.
Et crie gentiment, d'une voix claire de gamin: « *Oh, Jack; gimme
a cigarette.* »

Un beau visage: sombre sourire latin, doigts forts et musicaux.

A travers un groupe de gendarmes qui se tenaient autour
de moi, épiant mes réactions avec une curiosité méchante, je pa-
taugeai soudain jusqu'à la fenêtre, à grandes enjambées féroces.

Des trillions de mains.

Des quadrillions de doigts avides.

L'ange-singe reçut les cigarettes poliment et disparut avec
le paquet dans l'obscurité hurlante. J'entendis la voix claire de
gamin qui les distribuait. Puis il reparut, en équilibre gracieux
contre deux barreaux centraux, disant: « *Thank you, Jack, good
boy... Thanks*, merci, *gracias* » — un assourdissant tapage de
reconnaissance s'exhala de dedans.

« Mets tes bagages là, dit une voix coléreuse. Non, tu pren-
dras qu'une seule couverture dans ta cellule, compris? » Evi-
demment le maître de céans. J'obtempérai. Un soldat corpulent
me conduisit dignement à ma cellule, à deux portes de l'ange-
singe, du même côté. La voix claire de gamin, encadrée d'une
auréole torrentielle d'étirements, me suivait. Le maître lui-même
ouvrit une serrure. J'entrai, froidement. Le gros soldat verrouilla
la porte et la cadenassa. Quatre pieds s'en allèrent. Cherchant
dans mes poches, je trouvai quatre cigarettes. Je regrettai de ne
pas les avoir données, elles aussi, au singe — à l'ange. Puis je
levai les yeux et aperçus ma harpe à moi.

III

LE VOYAGE D'UN PELERIN

Par les barreaux je regardai la sale petite ruelle où j'étais passé, et qu'une sentinelle, arme sur l'épaule, énorme revolver à la hanche, arpentait d'une façon monotone. Sur la droite: un vieux mur enseveli dans la mousse. Quelques plantes, aux feuilles d'une couleur rafraîchissante, poussaient dans ses crevasses. Je me sentais singulièrement heureux et, me jetant avec soin sur les planches nues, je chantai l'une après l'autre toutes les chansons françaises que j'avais apprises pendant mon séjour aux ambulances: je chantai *La Madelon,* je chantai *AVec avEC DU,* et *Les godillots sont lourds dans l'sac* — et j'achevai sur une interprétation inspirée de *La Marseillaise,* sur quoi le garde (qui avait plusieurs fois interrompu sa ronde, frappé, j'aime à le croire, d'étonnement) mit l'arme au pied et proféra un juron de satisfaction. Divers officiers de la prison passèrent devant moi et mes chansons enthousiastes; cela m'indifférait. Deux ou trois se mirent à parlementer, m'indiquant du doigt, aussi je chantai un peu plus fort afin d'ajouter à leur embarras. Enfin, à bout de souffle, je me tus.

Crépuscule.

Couché avec volupté sur le dos, j'aperçus à travers les barreaux de ma porte, fermée au moyen de deux cadenas, un garçon et une fillette d'une dizaine d'années. Je les vis grimper sur le mur et jouer ensemble, oublieux et exquis, dans l'air qui s'obscurcissait. Je les regardai pendant longtemps, jusqu'à ce que le dernier instant de lumière eût disparu et qu'eux et le mur se fussent fondus en un mystère partagé, ne laissant que la silhouette ennuyée du soldat [qui [se mouvait d'une façon imperceptible et lasse contre un fragment encore plus sombre de ciel d'automne.

Enfin je me rendis compte que j'avais très soif, et sautant sur les pieds je me mis à crier derrière mes barreaux: « A boire, s'il vous plaît. » A la suite d'un long débat avec le sergent de la garde, qui dit furieusement: « Donne-le-lui », un garde reçut ma demande et disparut, revenant avec un autre garde encore plus lourdement armé et un quart rempli d'eau. L'un de ces messieurs surveillait l'eau et moi-même tandis que l'autre se débattait avec les cadenas. La porte à peine entrouverte, un garde et l'eau entrèrent péniblement. L'autre garde demeura devant la porte, l'arme parée. On déposa l'eau, et l'entrant assuma une position perpendiculaire qui méritait, me sembla-t-il, d'être reconnue; aussi je dis poliment: « Merci » sans me lever des planches. Immédiatement il entreprit de me faire une conférence peu amène concernant la possibilité que j'aurais de me servir du quart en fer-blanc pour scier les barreaux et m'évader, et, en des termes qui ne laissaient pas de place au doute, il me recommanda la célérité. Je souris, demandai pardon de ma stupidité innée (discours qui parut lui déplaire) et lampai la soi-disant eau sans la regarder: j'avais appris quelque chose à Noyon. Ayant longuement et dangereusement contemplé leur prisonnier, ces messieurs se retirèrent, mettant à recadenasser la porte des précautions inconcevables.

Je ris et m'endormis.

Après ce que j'estimai à quatre minutes de sommeil, je fus réveillé par une demi-douzaine d'hommes qui m'entouraient. Le noir était intense, il faisait extraordinairement froid. Je les regardai furibond, cherchant à comprendre de quel nouveau crime je m'étais rendu coupable. L'un des six répétait: « Levez-vous, vous partez. Quatre heures. » Après plusieurs essais infructueux, je réussis à me mettre debout. Ils se rangèrent en cercle autour de moi, et ensemble nous fîmes quelques pas jusqu'à une espèce de magasin, où on me rendit mon grand sac, ma sacoche et ma pelisse. Un garde à la voix plutôt agréable me donna ensuite une demi-plaque de chocolat, disant (d'un ton bourru mais compatissant): « Vous en aurez besoin, croyez-moi. » Je retrouvai mon bâton, « meuble » qui les fit sourire jusqu'à ce que je leur en montrasse le mode d'emploi, passant le bout courbé du bâton dans l'anneau du fermoir du sac et hissant le tout sur mon dos sans aide. On confia officiellement ma personne à deux nouveaux gardes — ou plutôt des gendarmes — et tous les trois nous descendîmes la ruelle; notre départ intéressa fort la sentinelle, à laquelle j'adressai un adieu vif qui ne me fut point rendu. Je la vois parfaitement, forme étrange dans l'obscurité, qui nous contemple, stupide, avant de faire demi-tour.

Nous nous dirigeâmes vers la gare où, quelques heures auparavant, j'avais débarqué en compagnie du déserteur belge et de ma première escorte. J'étais raide de froid et je dormais à moitié, mais je ressentais une émotion particulière. Les gendarmes qui m'encadraient avançaient inexorablement, sans parler, répondant par monosyllabes aux rares questions que je posais. Oui, nous devions prendre le train. J'allais donc quelque part? « Bien sûr. — Où? — Vous le saurez à temps. »

Après quelques minutes nous atteignîmes la gare, que je ne reconnus pas. Les feux jaunes des lampes, énormes et flous dans la brume nocturne, quelques silhouettes courant sur un petit quai, un bruissement de conversation: tout semblait ridiculement supprimé, magnifiquement anormal, délicieusement fou. Chaque silhouette s'entourait d'un air spectral bien à elle: nombre de spectres, chacun faisant sa promenade tout seul, mais tous, qui sait pourquoi, ayant choisi pour la faire ce coin sinistre de la terre, cette obscurité putrescente et inquiète. Mes gardes eux-mêmes parlaient à voix basse. « Occupe-toi d'lui, j'm'en vais voir pour l'train. » L'un d'eux partit dans la brume. Pris de vertige, je laissai tomber mes bagages, m'appuyai au mur le plus proche, et regardai le noir rempli d'ombres parlantes. Je reconnus des officiers anglais qui erraient désemparés sur le quai, soutenus de leurs cannes; ici et là des lieutenants français qui se parlaient; un peu plus loin le chef de gare, extraordinaire, hors de lui, avec un air de lutin mâtiné de pantin; des groupes de permissionnaires qui juraient avec lassitude, plaisantant entre eux sans espoir ou arpentant le quai avec des gestes imprécatoires. « C'est d'la blague. Tu sais qu'y a plus d'trains? — L'conducteur est mort, j'connais sa sœur. — J'suis foutu, mon vieux. — On est tous foutus, dis-donc. — Quelle heure est-il? — Y a plus d'heures, l'gouvernement les a interdites. » Soudain, de cette opacité loquace surgit une douzaine de poignées de Sénégalais, aux pieds qui se pavanaient de fatigue, aux yeux qui semblaient brûler tout seuls — sans figures dans le brouillard tout aussi noir. Par groupes de trois et cinq ils assaillirent le lutin, qui gémissait et secouait son poing desséché dans leurs figures. Il n'y avait pas de train. Le gouvernement l'avait supprimé. « Comment regagner vos régiments à temps? Qu'est-ce que j'en sais, moi? D'accord, vous serez tous déserteurs, mais qu'est-ce que vous voulez que je fasse? » (Je pensai à mon ami le Belge, claquemuré dans cette prison que je venais par miracle de quitter...) L'un de ces êtres merveilleux, venu d'un Sénégal barbare, ignorant et peu belliqueux, était soûl et s'en rendait compte; s'en rendaient compte aussi deux de ses très merveilleux amis, qui proclamèrent que puisqu'il n'y avait pas de train il devait faire un bon somme dans une ferme tout près, ferme que l'un d'entre eux prétendait apercevoir à travers la nuit impénétrable. Aussi ils escortèrent leur compagnon ivre dans le noir, hors de portée de la voix, leurs pas abrupts corrigeant son progrès large et peu martial... Plusieurs des Gens Noirs s'assirent près de moi et se mirent à fumer. Leurs figures énormes, bourres vitales de ténèbre, fondaient de fatigue. Leurs mains, vastes et douces, gisaient bruyamment sur leurs genoux.

Le gendarme disparu émergea du noir à l'improviste. Le train pour Paris arrivait tout de suite. Nous étions bien à l'heure, jusqu'alors nos mouvements avaient été tout à fait méritoires. Tout allait bien. Faisait froid, hein?

Puis, avec le rugissement miniature et effroyable d'un jouet fou, le train pour Paris, tâtonnant précautionneusement, entra en gare...

Nous y montâmes, mon escorte prenant toutes mesures voulues pour m'empêcher de m'évader. En fait, je retardai les voyageurs impatients pendant près d'une minute à essayer, sans qu'on m'aide, de hisser à bord mon attirail désordonné. Puis, avec mes ravisseurs, je pénétrai lourdement dans un compartiment où avaient pris place un Anglais et deux Françaises. Mes gendarmes s'établirent de chaque côté de la porte, opération qui réveilla l'Anglo-Saxon et occasionna une petite pause dans la conversation chuchotée des deux femmes. Un cahot — le départ.

Je me trouve avec une Française à gauche et l'Anglais à droite. Ce dernier, ne se doutant de rien, s'est déjà renfoncé dans le sommeil. La première, une femme d'une trentaine d'années, bavarde avec son amie, assise en face de moi. Elle a dû être très jolie avant de prendre le deuil. Son amie, elle aussi, est veuve. Elles parlent gentiment, de la guerre, de Paris, de ce qu'on est mal servi, leurs voix agréablement modulées; elles se

sont penchées un peu en avant l'une vers l'autre, afin de ne pas
déranger le butor à ma droite. Le train se précipite au ralenti.
Les gendarmes se sont endormis tous les deux, mais une main
serre machinalement la poignée de la porte. Pour pas que je
m'évade. J'essaye toutes les positions, car je me sens très fatigué. Ce que je trouve de mieux, c'est de me passer la canne
entre les jambes et d'y reposer le menton, mais cela aussi est
inconfortable, parce que maintenant l'Anglais s'est presque
couché sur moi, ronflant d'une façon tout à fait digne d'éloges.
Je l'inspecte: d'Eton, on dirait. Un certain air de bien-élevé-
bien-nourri. Sauf la tenue — eh bien, c'est la guerre. Les femmes parlent doucement: « Et vous savez, ma chère, que Paris
a été de nouveau bombardé? Ma sœur me l'a écrit. — Dans
une grande ville il se passe toujours des choses excitantes, ma
chére... »

Cahot, ralentissement. CAHOT-CAHOT.

Dehors il fait clair. On voit le monde. Le monde existe
toujours, le gouvernement ne l'a pas confisqué, et l'air doit être
magnifiquement frais. Dans le compartiment il fait chaud. C'est
les gendarmes qui sentent le plus fort. Je sais l'odeur que j'ai.
Ce qu'elles sont bien élevées, ces femmes.

Enfin nous voilà. Mes gardiens se réveillent et bâillent osten-
siblement. Pour pas que je pense qu'ils ont dormi. C'est Paris.

Quelques permissionnaires s'écrient: « Paris. » La femme en
face dit: « Paris, Paris. » Un grand cri monte de tous les cerveaux fous et ensommeillés qui nous ont accompagnés — un
cri féroce et beau qui court tout le long du train... Paris où
l'on oublie, Paris qui est Plaisir, Paris que nos âmes habitent,
le beau Paris, Paris enfin.

L'Anglais ouvrit les yeux et me dit lourdement: « *I say,
where are we?* »

« Paris » répondis-je, lui écrasant soigneusement les panards
tandis que, chargé de mes bagages, je sortais du compartiment.
C'était Paris.

Mes gardiens me firent traverser la gare en vitesse. Je remarquai pour la première fois que le plus âgé des deux était
assez beau, avec une barbe noire et frisée à la Van Dyck.
C'était trop tôt pour prendre le métro, dit-il, c'était fermé. Il
faudrait prendre un tram jusqu'à une autre gare, d'où partait
un autre train. Il faudrait se presser. Nous émergeâmes de la

gare et de sa foule d'insensés. Nous montâmes à bord d'un tram
marqué quelque chose. La receveuse, une fille forte aux joues
roses, assez belle, en deuil, me monta les bagages avec un geste
qui me fit déborder de joie. Je la remerciai, et elle me sourit.
Le tram partit à travers le matin.

Nous en descendîmes. Nous repartîmes à pied. On s'était
trompés de ligne. Il faudrait aller à la gare à pied. Je défaillais,
presque mort de fatigue, et lorsque ma pelisse tomba pour la
deuxième fois de mon bras engourdi je m'arrêtai: « C'est loin
encore? » L'aîné des gendarmes répondit brièvement: « Vingt
minutes. » Je lui dis: « Voulez-vous bien m'aider à porter ces
affaires? » Il réfléchit, et puis dit au cadet de porter le petit
sac rempli de papiers. Ce dernier grogna: « C'est interdit. » Nous
allâmes un peu plus loin et de nouveau je m'effondrai. Je m'arrêtai net, disant: « Je n'en peux plus. » Mes gardiens voyaient
bien que c'était impossible, aussi je ne me donnai pas la peine
de m'expliquer. D'ailleurs, je n'aurais pas pu.

L'aîné se caressa la barbe. « Eh bien, dit-il, voudriez-vous
prendre un fiacre? » Je me contentai de le regarder. « Si vous
voulez appeler un fiacre je tirerai sur votre argent, que j'ai sur
moi mais que je ne dois pas vous donner, la somme nécessaire,
et j'en prendrai note, soustrayant du montant primitif une somme
suffisante pour nous faire porter à la gare. Dans ce cas-là, nous
n'irons pas à pied à la gare: en effet, nous irons en fiacre.

— S'il vous plaît » fut la seule réponse que je sus faire à
toute cette éloquence.

Pendant le discours du représentant de l'ordre public, il
était passé plusieurs fiacres libres, mais ensuite plus aucun ne
s'offrit. Après quelques minutes, cependant, il en parut un, et
on le héla. D'un air nerveux (la grande ville l'impressionnait)
l'aîné demanda si le cocher savait où était la gare. « Laquelle? »
demanda le cocher, furieux. On le lui dit. « Naturellement que
je connais, qu'est-ce que vous croyez? » Nous montâmes; on me
mit au milieu, entassant sur nous trois mes deux sacs et ma
pelisse.

Ainsi nous roulâmes dans le frais du petit matin, à travers
les rues, des rues pleines de quelques gens sublimes qui me re-
gardaient en se poussant du coude, les rues de Paris... Les sabots
du cheval réveillaient les voies ensommeillées, les gens levaient
la tête pour regarder.

Nous arrivâmes à la gare, que je reconnus vaguement. La gare d'Orléans? Nous descendîmes du fiacre, et l'aîné se tira de cette opération immense, qui consistait à payer la course, d'une façon apparemment très honorable. Le cocher me jeta un regard et marmonna ce que les cochers parisiens marmonnent toujours aux chevaux de fiacre parisiens, tirant pesamment sur les rênes.

Nous entrâmes dans la gare et je m'effondrai confortablement sur un banc; le cadet, s'asseyant à côté de moi, énormément pompeux, ajusta sa tunique d'un geste parfaitement féminin qui exprimait à la fois son orgueil et son état de nerfs. Peu à peu je voyais plus clair. Dans la gare la foule grandit à chaque instant. Beaucoup de filles. Je suis dans un nouveau monde, un monde de féminité chic. Mes yeux dévorent les détails inimitables des costumes, les nuances inexprimables des attitudes, la démarche indescriptible des midinettes. Elles ont une autre façon de se tenir. Elles portent même un peu de couleur vive par endroits, sur la jupe ou sur la blouse ou au chapeau. Elles ne parlent pas de la guerre. Incroyable. Elles me paraissent très belles, ces Parisiennes.

Et en même temps que j'apprécie cette vivacité exacte autour de moi, je commence pour la première fois à apprécier mon état personnel de débraillé. Mon menton informe ma main de l'existence de cinq bons millimètres de barbe, chaque poil raide de crasse. Je me sens des mares de crasse sous les yeux. Les mains rugueuses de crasse. L'uniforme taché et fripé dans tous les sens. Les jambières et chaussures d'un aspect préhistorique...

Je demandai tout d'abord l'autorisation de rendre visite aux toilettes. Le cadet ne voulait pas prendre une responsabilité qui ne lui incombait pas: je devais attendre le retour de l'aîné. Le voilà maintenant. Je pouvais lui demander. L'aîné m'accorda cette faveur avec bienveillance, faisant de la tête un geste lourd de sens à l'adresse de son compagnon qui, en conséquence, m'accompagna à ma destination et ensuite de nouveau au banc. A notre retour, les gendarmes se consultèrent sur une question d'importance primordiale: en somme, le train qui devait partir à ce moment même (un peu après six heures) ne circulait pas ce jour-là. Il faudrait donc attendre le prochain, qui devait partir à midi bien passé. Puis l'aîné me regarda et dit, presque gentiment: « Ça vous dirait, une tasse de café? — Beaucoup, je répondis assez sincèrement. — Venez avec moi, ordonna-t-il

reprenant immédiatement son air officiel. Toi (au cadet), sur-
veille ses bagages. »

De toutes les très belles femmes que j'aie vues, la plus belle
était la dame large et circulaire qui, tout en bavardant gaiement
avec sa nombreuse clientèle, vendait du café, parfaitement chaud
et vrai, pour deux sous, juste à côté de la gare. De toutes
les boissons que j'aie bues, la sienne était la plus saintement
délicieuse. Je me rappelle qu'elle portait une robe noire très
serrée, dans laquelle des seins énormes et bienveillants sans cesse
s'élevaient et retombaient. Je m'attardai sur ma petite tasse, à
regarder ses grandes mains rapides, sa figure ronde et dansante,
son grand sourire soudain. Je bus deux tasses et insistai pour
que le prix de nos consommations soit prélevé sur mon argent.
De toutes les consommations que j'aurai à offrir, celle que j'ai
offerte à mon ravisseur m'aura donné un plaisir unique. Lui-
même appréciait quelque peu l'humour de la situation, bien que
sa dignité ne lui permît point de le manifester extérieurement.

Madame la vendeuse de café, vous vivrez dans mon souvenir pendant plus que quelque temps.

Ayant ainsi consommé le petit déjeuner, mon gardien suggéra une promenade. D'accord. Presqu'à jeun, il est vrai: mais
aux âmes bien nées le courage renaît après un bon café. Et
d'ailleurs, ça me changerait de me promener sans soixante-dix
kilos de bagages sur le dos. Nous nous mîmes en route.

Tandis que nous déambulions dans les rues du quartier,
plus peuplées maintenant, mon gardien s'octroya le plaisir d'une
conversation de salon. Est-ce que je connaissais bien Paris? Lui
le connaissait par cœur. Mais ça faisait plusieurs années (huit?)
qu'il n'y était pas venu. C'était formidable, une vraie grande
ville. Mais toujours changeant. J'avais passé un mois à Paris
en attendant mon uniforme et mon affectation à une section
sanitaire? Avec mon ami? H-mmm-mm.

Un avorton, parfaitement typique de la flicaille parisienne,
nous contemplait. L'aîné le salua avec cette déférence infinie
d'un mesquin petit diacre de province pour un cambrioleur
bien habillé. Ils échangèrent quelques brèves paroles: « Qu'est-ce
que c'est que ça? — Un Américain. — Qu'est-ce qu'il a fait?
— H-mmm — » haussement mystérieux des épaules, suivi de
deux ou trois mots chuchotés à l'oreille du dur de la ville. Ce
dernier se contenta d'un: « Aa-aah » et d'un regard qui était

censé me faire disparaître sous terre, mais moi, je faisais semblant d'étudier le matin. Puis nous repartîmes, suivis du regard féroce du flicard. Je devenais sans doute plus criminel à chaque instant: on me fusillerait demain, et non pas après-demain, comme j'avais pensé. Je bus du matin avec une vigueur renouvelée, remerciant le ciel du café et de Paris et me sentant complètement sûr de moi. Je ferais un grand discours, en un français du Midi. Je dirais au peloton d'exécution: « Messieurs, c'est d'la blague, vous savez. Moi, je connais la sœur du conducteur. »... On me demanderait à quelle heure je préférerais mourir. Je riposterais: « Pardon: vous devriez me demander à quelle heure je préfère entrer dans l'immortalité? » Je répondrais: « Qu'importe? Ça m'est égal, parce qu'il n'y a plus d'heures — le Gouvernement Français les a interdites. »

Mon éclat de rire surprit considérablement l'aîné. Il eût été encore plus étonné que je cédasse à la tentation presque irrésistible qui me saisit: de lui donner une bonne tape dans le dos.

Tout était de la blague: le cocher, le café, les policiers, le matin, et en tout dernier lieu l'excellent Gouvernement Français.

On s'était promenés pendant une bonne demi-heure. Mon guide et protecteur demanda, à un ouvrier qui vint à passer, où trouver une charcuterie. « Tout droit, tout de suite » lui dit-on. Justement, à moins de cinquante mètres. Je ris de nouveau. Ça devait bien faire huit ans, en effet.

Au cours des cinq minutes qui suivirent, l'aîné fit des emplettes copieuses: saucisson, fromage, pain, chocolat, pinard... Une bourgeoise revêche avec une bouche qui annonçait sur cinq colonnes sa méfiance à mon égard nous servit avec des gestes laconiques. Sa gueule ne me revenant pas, je rejetai le conseil de mon ravisseur d'acheter un peu de tout (vu qu'on n'aurait rien d'autre à manger pendant un bon bout de temps), me contentant d'une plaque de chocolat — un chocolat assez mauvais, mais rien à côté de ce que j'allais manger pendant les trois prochains mois. Puis nous rebroussâmes chemin, nous perdant deux ou trois fois et nous trouvant dans l'obligation de demander le chemin. Parvenus à la gare, nous trouvâmes le cadet qui veillait fidèlement sur mes deux sacs et ma pelisse.

Nous nous installâmes, l'aîné et moi, sur un banc, et le cadet partit prendre l'air à son tour. Je me levai pour acheter le *Fantasio* chez le marchand de journaux, à dix pas de là, et

l'aîné sauta du banc pour me faire faire l'aller-retour. Je crois
que je lui demandai ce qu'il voulait lire, et qu'il répondit:
« Rien. » Peut-être que je lui achetai un journal. Alors nous
attendîmes, observés par tout le monde à la gare, nargués par
les officiers et leurs marraines, montrés du doigt par des dames
tendineuses et des bonshommes décrépits — le point de mire
de la gare toute entière. J'avais beau lire, je me sentais très
nettement mal à l'aise. Midi n'arriverait-il jamais? Voici venir
le cadet, tiré à quatre épingles, l'air stérilisé. Il s'assied à ma
gauche. On consulte des montres avec ostentation. C'est l'heure.
En avant. Je me mets sous mes sacs.

« Où allons-nous maintenant? » demandai-je à l'aîné. Tordant les bouts de ses moustaches, il répondit: « Mâ-sé. »

Marseille ! J'étais de nouveau heureux. J'avais toujours eu
envie de voir ce grand port de la Méditerranée, aux couleurs
neuves et aux coutumes bizarres, où les gens chantent en parlant. Mais comme c'était extraordinaire qu'on soit venus jusqu'à
Paris! et quel voyage il nous restait encore à faire! Je n'y comprenais rien. J'allais sans doute être expulsé du pays. Mais pourquoi Marseille? Et au fond, Marseille, où c'était? Je me trompais probablement sur sa situation géographique. Mais quelle
importance, après tout? Au moins nous quittions les doigts
pointus et les ricanements et les petits rires à demi étouffés...

Deux bonshommes gras et respectables, les deux gendarmes,
et moi-même, occupions le compartiment. Les premiers déver-
saient un fleuve animé de paroles; les gardes et moi, on se tai-
sait la plupart du temps. Je contemplais le paysage qui s'écoulait,
et somnolais très content. Les gendarmes, eux aussi, somnolaient,
chacun devant une portière. Le train se précipitait paresseusement à travers le monde, entre des maisons de ferme, dans des
champs, le long des forêts... Le soleil frappait mes yeux et secouait de ses couleurs mon esprit ensommeillé.

Un bruit de gens qui mangent me réveilla. Mes protecteurs,
couteaux en main, consommaient leur viande et leur pain, renversant de temps en temps leurs bidons et absorbant les filets
de vin qui en coulaient. Je m'essayai au chocolat. Les bonshommes s'affairaient aussi à leur repas. L'aîné des gendarmes me
regarda mâcher mon chocolat et ordonna: « Prenez du pain. »
J'avoue que cela m'étonna plus que tout ce qui m'était arrivé
jusqu'alors. Je le fixai, muet, me demandant si le Gouvernement

Français l'avait privé de toute sa tête. Il s'était détendu d'une façon incroyable: son képi était posé à côté de lui, sa tunique était déboutonnée, il s'était effondré en une attitude totalement anti-réglementaire — il semblait avoir troqué son visage pour celui d'un paysan, d'une expression presque ouverte et presque entièrement à l'aise. Je saisis le quignon qui m'était offert et le mâchonnai vigoureusement. Le pain, c'est le pain. L'aîné semblait content de constater l'étendue de mon appétit: sa figure s'adoucissait encore davantage et il fit remarquer: « Le pain sans vin, c'est pas bon » et me tendit son bidon. Je bus autant que j'osais, et le remerciai: « Ça va mieux. » Le pinard me monta tout droit à la tête, je sentais mon esprit pelotonné en une chaleur agréable, mes pensées empreintes d'une belle sensation de bien-être. Le train s'arrêta et le cadet descendit en vitesse, portant son bidon vide et celui de son collègue. Lorsqu'ils revinrent, j'eus droit à un autre coup. Dès ce moment, et jusqu'à ce que nous parvînmes à destination vers huit heures, nous nous entendîmes à merveille, l'aîné et moi. Lorsque les messieurs furent descendus, il devint presque familier. J'étais d'une humeur excellente; plutôt ivre; extrêmement fatigué. Maintenant que je me trouvais seul dans le compartiment avec les deux gardiens, la curiosité, étouffée jusqu'alors par les convenances et la fierté de la prise, se faisait rapidement jour. Et puis, pourquoi que j'étais ici? Je leur semblais assez bien. — Parce que mon ami avait écrit certaines lettres, je leur dis. — Mais je n'avais moi-même rien fait? — J'ai expliqué que nous étions toujours ensemble, mon ami et moi. C'était la seule raison que je voyais. — C'était drôle de voir comment cette explication arrangeait les choses. L'aîné en particulier s'en trouvait immensément soulagé. — Sans doute, dit-il, que je serais libéré aussitôt arrivé. Le Gouvernement Français ne retenait pas en prison des gens comme moi. — Ils me bombardèrent de questions sur l'Amérique, auxquelles je répondis avec beaucoup d'imagination. Je crois avoir raconté au cadet que la hauteur moyenne des buildings en Amérique était de neuf cents mètres. Il ouvrit grand les yeux et secoua la tête d'un air de doute, mais je finis par l'en convaincre. Puis à mon tour je posai des questions, dont la première fut: Où était mon ami? — A ce qu'il paraissait, il avait quitté Creil le matin du jour où j'y étais entré. — Savaient-ils où il allait? — Ils ne pouvaient pas dire. On leur avait dit qu'il était dangereux. —

Et ainsi on parlait et parlait: Pendant combien de temps avais-je étudié le français? Je le parlais très bien. Etait-ce difficile d'apprendre l'anglais?

Et pourtant, lorsque je descendais me soulager le long de la voie, l'un ou l'autre m'emboîtait le pas.

Enfin on consulta les montres, on reboutonna les tuniques, on remit les képis. D'un ton bourru je reçus l'ordre de me préparer: nous arrivions à destination. Je reconnaissais à peine mes anciens interlocuteurs: ils avaient repris, avec leurs képis, un port absolument féroce. Je commençais à croire que j'avais rêvé les heures précédentes.

Nous descendîmes dans une gare minuscule et sale qui semblait être sortie par erreur de la bonde du Gouvernement Français. L'aîné partit à la recherche du chef de gare qui, n'ayant rien à faire, faisait la sieste dans une salle d'attente en miniature. L'allure générale de l'endroit était déprimante à l'excès, mais j'essayais de garder le moral en me disant que ceci n'était après tout qu'une gare de jonction d'où nous nous embarquerions à destination de Marseille. Je trouvai plutôt morne le nom de la gare: Briouze. Enfin l'aîné revint, portant la nouvelle que notre train ne circulait pas aujourd'hui, et que le prochain ne devait arriver qu'au matin, et si nous allions à pied? Je pourrais laisser mon grand sac et ma pelisse à la consigne. Je ferais mieux d'emporter la sacoche — après tout, c'était juste la porte à côté.

Vu la désolation de Briouze, j'acceptai la promenade. C'était une nuit superbe pour une petite balade: pas trop frais, avec une promesse de lune collée sur le ciel. L'aîné porta donc sac et pelisse à la consigne; le chef de gare me lança un coup d'œil et grogna avec hauteur (ayant appris que j'étais américain); et avec mes protecteurs je me mis en route.

Je voulus qu'on s'arrête au premier café venu afin que je puisse nous offrir un verre. Cette proposition recueillit l'assentiment de mon escorte, qui m'obligea pourtant à la précéder de dix pas et attendit que j'eus fini avant de s'approcher du bar — non pas par politesse, bien entendu, mais parce que (j'eus vite fait de le comprendre) les gendarmes n'étaient pas très bien vus par là, et que le spectacle de deux gendarmes accompagnant un prisonnier aurait pu inspirer les habitués de le délivrer. Par ailleurs, en quittant le café (un endroit abandonné de Dieu si jamais il y en eut, avec une patronne épouvantable) je reçus

l'injonction sèche de ne pas trop m'éloigner mais en aucun cas
de ne me mettre entre eux, car on rencontrerait sans doute des
villageois avant de rejoindre la grand-route pour Marseille. Grâce
à leur esprit de prévoyance et à ma docilité, la libération n'eut
pas lieu; en fait, notre groupe ne souleva même pas la curiosité
de l'habitant rare et pâteux du village disgracieux de Briouze.

   Parvenus à la grand-route, nous nous détendîmes considérablement. La sacoche remplie de lettres suspectes que je portais
à mon épaule n'était pas aussi légère que je l'avais cru, mais le
coup de fouet conféré par le pinard briouzain me permit d'avancer
à une bonne vitesse. La route était tout à fait déserte; la nuit
flottait autour, déchirée par-ci par-là d'un rayon de lune hésitant.
La route était accidentée, et par endroits franchement mauvaise;
et pourtant l'aventure inconnue qui m'attendait, et le silence
délicieux de la nuit (au sein de laquelle nos paroles cliquetaient
bizarrement comme des soldats de plomb dans une boîte mol-
letonnée) me portaient à un état de bonheur mystérieux. Nous
discutâmes, l'aîné et moi, de sujets étranges. Ainsi que je m'en
doutais, il n'avait pas toujours été gendarme. Il avait servi chez
les Arabes. Il avait toujours été doué pour les langues et avait
appris très facilement à se débrouiller en arabe, ce dont il était
très fier. Par exemple, la phrase arabe pour dire « Donne-moi
à manger » était ceci; lorsque l'on voulait du vin on disait cela;
« Bonjour » était quelque chose d'autre. Il pensait que je m'y
débrouillerais moi aussi, vu que j'avais fait si bien en français.
Il était convaincu que l'anglais était bien plus facile à apprendre
que le français, et rien ne l'aurait fait changer d'opinion. A quoi
ressemblait la langue américaine? J'expliquai que c'était une
espèce d'anglais mâtiné d'argot. Lorsque je récitai quelques
phrases il s'étonna: « On dirait de l'anglais ! » s'écria-t-il, et il
repassa son stock de phrases anglaises à mon intention. J'imitai
de mon mieux son intonation de l'arabe, et il m'aida pour les
sons difficiles. Il croyait que l'Amérique devait être un endroit
très étrange...

   Après deux heures de marche il fit halte, disant qu'il fallait
se reposer. Nous nous couchâmes dans l'herbe au bord de la
route. La lune luttait toujours contre les nuages. Le noir des
champs environnants était total. Je me traînai à quatre pattes
vers un bruit d'eau argentine et découvris un petit ruisseau ali-
menté d'une source. A plat ventre, mon poids porté sur les

coudes, je bus profondément sa noirceur parfaite. Elle était glacée, bavarde, infiniment vive.

A la fin l'aîné émit un « alors » péremptoire; nous nous levâmes; je hissai mes déclarations suspectes sur l'épaule, qui prit acte de la reprise des hostilités par un lancement névralgique. Je clopinai de l'avant, les pieds toujours plus gros. Un oiseau effrayé me vola presque dans la figure. Parfois un bruit nocturne perçait un trou inutile et minuscule dans le rideau énorme de l'obscurité détrempée. Une montée maintenant. Tous les muscles endoloris, la tête qui tournait, je redressai à demi un corps qui ne répondait plus; et sursautai: face à face avec un petit bonhomme de bois suspendu tout seul dans un bouquet d'arbres bas.

Le corps de bois, maladroit de souffrance, aboutissait à des jambes fragiles aux pieds grands jusqu'à l'absurde et des drôles d'orteils contorsionnés; les petits bras raides formaient avec la route des angles égaux abrupts, cruels. Ses reins étaient ceints d'un fragment pesant et risible de drap. L'excroissance curieuse qu'était sa tête sans cou demeurait d'une façon ridicule sur une épaule incroyablement frêle. Dans cette poupée complète et silencieuse habitait une vérité macabre d'instinct, une réussite de tragique inquiétant, une férocité surnaturelle d'émotion rectangulaire.

Pendant une minute environ la face presque oblitérée et la mienne se contemplèrent dans un silence d'automne intolérable.

Quel était cet homme en bois? Comme un cri aigu, noir, mécanique dans l'organisme spongieux des ténèbres se tenait la sculpture rude et soudaine de son tourment; de la grande gueule de la nuit jaillissait avec soin le langage angulaire et actuel de son corps martyrisé. Je l'avais déjà vu dans le rêve de quelque saint du Moyen-Age, un larron affaissé de chaque côté, entouré d'anges soudains. Ce soir il était seul, hormis moi-même et la fleur exiguë de la lune qui poussait entre des dalles éclatées de nuage.

J'avais tort: nous n'étions pas seuls, lui, la lune et moi... Un coup d'œil devant moi me révéla deux silhouettes à l'arrêt. Les gendarmes attendaient. Il fallut me dépêcher de les rattraper, sinon mon indolence les eût rendus soupçonneux. Je me pressai donc, jetant un dernier regard par dessus l'épaule... l'homme en bois nous contemplait.

Lorsque je les rejoignis, m'attendant à recevoir des injures, je fus étonné que l'aîné dît d'une voix calme: « Ce n'est pas loin » et plongeât imperturbablement dans la nuit.

Nous n'avions pas marché pendant une demi-heure que nous nous trouvions devant plusieurs formes noires et écrasées: des maisons. Je décidai que je n'aimais pas les maisons, d'autant plus que maintenant l'attitude de mes gardiens changea brusquement: encore une fois on reboutonna les tuniques et on ajusta les étuis à revolver, et je reçus l'ordre de marcher entre eux et de rester toujours à leur hauteur. Maintenant la route était entièrement affligée de maisons, nullement pourtant aussi grandes et vives que dans mes rêves de Marseille. En effet, il me semblait que nous pénétrions dans un village particulièrement mesquin et plutôt désagréable. Je me permis de demander comment il s'appellait. On me répondit: « Mâ-sé. » Cela m'étonna fort. Pourtant, la rue nous porta jusqu'à une place, et je vis les tours d'une église assises contre le ciel; entre elles la lune, ronde, jaune, semblait immensément et paisiblement consciente... personne ne bougeait dans les petites rues, toutes les maisons gardaient le secret de la lune.

Nous cheminâmes.

J'étais trop fatigué pour penser. Je ne ressentais le village qu'en tant qu'irréalité unique. Qu'était-il? je le savais: l'idée que la lune se fait d'un village. Ces rues avec leurs maisons n'existaient pas, elles n'étaient que la projection dérisoire de sa personnalité fastueuse. C'était une ville de Faire-Semblant, créée par le sortilège du clair de lune. — Et cependant, lorsque je scrutais la lune, elle aussi ne me paraissait être qu'une image de lune, et le ciel qu'elle habitait un écho frêle de couleur. Si je soufflais bien fort, tout le mécanisme craintif s'effondrerait doucement dans un fracas ordonné et silencieux. Il ne fallait pas: j'aurais tout perdu.

Nous prîmes un tournant, puis un autre. Mes guides se consultèrent sur l'emplacement de quelque chose, je ne saisis pas quoi. Puis l'aîné fit un signe de tête vers un tas long, morne, sale, à moins de cent mètres de là, qui faisait fonction (pour autant que je pouvais voir) d'église ou de mausolée. On s'y dirigea. Trop tôt je déchiffrai son extérieur infiniment lugubre. Des murailles de pierre, longues et grises, entourées du côté de la rue d'une clôture de proportions considérables et d'une uni-

forme grisaille. Je m'aperçus alors que nous nous dirigions vers
un portail, singulièrement étroit et menaçant, aménagé dans la
muraille longue et grise. Nulle âme ne semblait habiter cette
désolation.

L'aîné sonna au portail. Un gendarme muni d'un revolver
se présenta, et bientôt l'aîné entra, laissant le cadet et moi-même
dehors à attendre. Je commençai maintenant à me rendre compte
que nous étions devant la gendarmerie du village, et que l'on
m'y introduirait bientôt pour passer la nuit en sûreté. J'avoue
que mon cœur se serra à la pensée de dormir en compagnie
de cette variété d'humanité que j'en étais venu à détester au delà
de tout ce que contenaient l'enfer et la terre. Entre-temps le
portier était revenu avec l'aîné, et on m'ordonna, assez rudement, de prendre ma sacoche et d'avancer. Je suivis mes guides
le long d'un couloir, en haut d'un escalier, et dans une petite
salle obscure éclairée d'une seule bougie. Ebloui par la lumière,
aveuglé par la fatigue de ma promenade de quinze ou vingt
kilomètres, je laissai tomber ma sacoche, m'appuyai contre un
mur qui s'offrait, et cherchai à me fixer sur l'identité de mon
nouveau bourreau.

Me faisant face derrière une table se tenait un homme d'une
quarantaine d'années, ayant à peu près ma taille. Sa figure était
râpée, jaunie et longue, avec des sourcils broussailleux en forme
de demi-lune qui tombaient jusqu'à réduire ses yeux à de simples fentes clignotantes. Les joues étaient tellement sillonnées
qu'elles se penchaient en dedans. Pas de nez à proprement parler, mais un gros bec étroit à l'absurde, qui conférait à la figure
l'expression d'une solennelle dégringolade d'escalier et qui obli-
térait complètement un menton insignifiant. La bouche se com-
posait de deux longues lèvres incertaines dotées d'un tic nerveux. Les cheveux noirs étaient taillés en brosse mais sans
forme. La vareuse déboutonnée, à laquelle pendillait une croix
de guerre, bâillait de fatigue; et les jarrets sans molletières finis-
saient dans des savates. Pour le physique il me rappellait un
peu le maître d'école, héros décharné d'une vieille nouvelle
américaine, Ichabod Crane. Son cou ressemblait très exactement
à celui d'une poule: j'étais convaincu qu'en buvant il devait
lever la tête comme une poule pour que le liquide lui coule
dans la gorge. Mais sa façon de se tenir droit, ainsi que certaines contractions spasmodiques des doigts et le « euh-ah,

euh-ah » nerveux qui ponctuait ses phrases vacillantes comme
des virgules hésitantes, suggéraient plutôt un coq: un coq plutôt mité, se prenant énormément au sérieux et se pavanant
devant un groupe imaginaire de poules admiratrices qui se tien-
draient presque en dehors de son champ visuel.

« Vous êtes euh-ah l'Am-é-ri-cain? »

— Je suis américain, avouai-je.

— Eh bien, euh-ah, euh-ah — Nous vous attendions. » Il
me scruta, très intéressé.

Derrière ce personnage râpé et inquiet je remarquai son
double parfait qui ornait l'un des murs. Le coq était fidèlement
dépeint, en buste, à la Rembrandt, sous l'apparence émouvante
d'un escrimeur, fleuret à la main et portant des crispins énormes. L'exécution de ce chef-d'œuvre laissait à désirer; mais
l'ensemble communiquait chez le sujet un esprit et une verve
que je ne retrouvais guère chez l'être devant moi.

« Vous êtes euh-ah CUL-MINGUE-ZE? »

— Quoi? dis-je, abasourdi par ce vocable extraordinaire.

— Com-pre-nez-vous le fran-çais?

— Un peu.

— Bon. Alors, vous vous ap-pel-lez CUL-MINGUE-ZE,
n'est-ce-pas? Edouard CUL-MINGUE-ZE.

— Ah, dis-je, soulagé, oui. (Etonnante, sa façon de s'entor-
tiller autour du G.)

— Comment ça se pro-nonce en an-glais? »

Je le lui dis.

Bienveillant mais plutôt troublé il répondit: « Euh-ah euh-ah
— Pourquoi êtes-vous ici, CUL-MINGUE-ZE? »

Pendant un instant cette question me rendit plus furieux
que je ne l'avais jamais été. Puis, me rendant compte de l'ab-
surdité de la situation, je ris: « Sais pas.

— Vous étiez à la Croix-Rouge? — Bien sûr, aux Ambulances Norton-Harjes, Section Sanitaire Vingt-et-un. — Vous y
aviez un ami? — Bien entendu. — Il a écrit, votre ami, des
bê-tises, n'est-ce-pas? — On me l'a dit. Je n'en sais rien. —
Quel genre d'in-di-vi-du c'était, votre ami? — Un individu
magnifique, très gentil envers moi. — Plissant les lèvres d'une
façon bizarre l'escrimeur fit remarquer: Votre ami vous a créé
beau-coup d'en-nuis, pour-tant. — A quoi je répondis avec un
grand sourire: N'importe, nous sommes copains. »

Un flot de euh-ahs déconcertés accueillit cette réponse. Enfin l'escrimeur, coq ou je ne sais quoi, prenant la lampe et un cadenas, dit: « Alors, venez avec moi, CUL-MINGUE-ZE. » J'allais prendre la sacoche, mais il me dit qu'on la garderait au bureau (on était donc au bureau). Je dis que j'avais laissé un grand sac et ma pelisse à la consigne à Briouze, et il m'assura qu'on les ferait suivre par le train. Maintenant il renvoya les gendarmes, qui avaient suivi l'entretien avec curiosité. Tandis qu'il me conduisait hors du bureau je lui demandai de but en blanc: « Pendant combien de temps je dois rester ici? et reçus la réponse: — Oh, peut-être un jour, deux jours, je ne sais pas. »

Je me dis que deux jours de gendarmerie me suffiraient. Nous sortîmes.

Derrière moi le coq traînait ses savates en euh-ahant. Devant moi cabriolait une énorme imitation de moi-même. Elle aussi descendait les marches terriblement fatiguées. Elle tourna à droite et disparut...

Nous nous trouvions dans une chapelle.

La lumière craintive que portait mon guide devint soudainement dérisoire; de ses poings stridents elle se heurtait, insensée et futile, à une moiteur épaisse et énorme d'obscurité. A droite et à gauche, à travers des maigreurs oblongues de vitrail, éclataient des cambrioleurs crasseux de clair de lune. La distance gluante et stupide énonçait indistinctement un conflit mystérieux: le grondement culbuteur d'ombres bestiales. Un suintement envahissant luttait contre mes poumons. Mes narines résistaient à la vase atmosphérique monstrueuse qui resserrait une odeur douceâtre. Regardant devant moi je déterrai progressivement du noir sa charogne pâle: un autel, protégé par la laideur de cierges éteints, sur lequel se tenaient inexorablement les instruments efficaces de la théophagie.

Je devais donc alléger ma mauvaise conscience avant de me coucher? Demain promettait.

... les accents mesurés de l'Escrimeur dirent: « Pre-nez votre pai-llasse. » Je me retournai. Il se penchait sur une masse informe qui occupait un angle de la pièce, arrivant presque au plafond. Elle était faite d'objets en forme de matelas. Je tirai sur l'un — en jute, bourré d'une paille piquante —, le hissai sur mon épaule. « Alors. » Il m'éclaira jusqu'à la porte par laquelle nous étions entrés. (J'étais assez content de quitter l'endroit.)

Nous revînmes sur nos pas, longeâmes un couloir, montâmes un autre escalier; et échouâmes devant une paire de petites portes écaillées auxquelles étaient suspendus deux des plus gros cadenas que j'aie jamais vus. Dans l'incapacité d'avancer, je m'arrêtai. Il sortit un énorme trousseau de clefs, tripota les serrures. Aucun bruit de vie. Les clefs cliquetaient avec un tintamarre surprenant. Les serrures cédèrent de fort mauvaise grâce et les misérables petites portes s'ouvrirent.

Avec ma paillasse je titubai dans le noir rectangulaire. Il était impossible de juger des dimensions de la salle ténébreuse, d'où ne surgissait aucun bruit. Devant moi, un pilier. « Posez ça à côté du pilier et dormez là ce soir, demain matin on verra, dit l'Escrimeur. Vous n'aurez pas besoin de couverture » ajouta-t-il; les portes résonnèrent; lumière et Escrimeur disparurent.

Je n'avais nul besoin d'une deuxième invitation à dormir. Tout habillé, je tombai sur ma paillasse, fatigué comme jamais, ni avant ni après. Mais je ne fermai pas les yeux: car tout autour de moi s'élevait une mer de bruits tout à fait extraordinaires... la salle, jusqu'ici vide et comprimée, devint soudain une énorme chambrée: des cris, des jurons, des rires étranges la tiraient sur le côté et vers le fond, lui conférant une profondeur et une largeur inconcevable et la comprimant en une proximité affreuse. De tous côtés, et pendant vingt bonnes minutes, j'étais bombardé férocement par au moins trente voix parlant en onze langues (je distinguai le hollandais, le belge, l'espagnol, le turc, l'arabe, le polonais, le russe, le suédois, l'allemand, le français — et l'anglais) venues de distances allant de quelques centimètres à vingt mètres. Et ma perplexité n'était pas exclusivement auditive. Environ cinq minutes après m'être allongé j'aperçus (grâce à une pointe de lumière que je n'avais pas encore remarquée, brûlant près des portes) deux formes extraordinaires — l'une un homme fort avec une grande barbe noire, l'autre un poitrinaire à la tête chauve et aux moustaches maladives, tous les deux vêtus seulement de chemises qui leur descendaient jusqu'aux genoux, les jambes poilues et les pieds nus — qui parcouraient la chambrée pour venir uriner généreusement dans le coin tout très de moi. Ayant accompli cette action, les formes parcoururent de nouveau la chambrée, assaillies d'une volée d'injures ferventes provenant de mes co-locataires nouveaux et invisibles; et disparurent dans le noir.

Je me dis que les gendarmes dans cette gendarmerie étaient particulièrement forts en langues; et je m'endormis.

IV

LE NOUVEAU

« Vous voulez pas de café? »

La question menaçante, énoncée d'une voix rauque, me réveilla en sursaut. Etendu moitié sur la paillasse, moitié par terre, je vis tout d'un coup, au-dessus de moi, un visage jeune et boutonneux avec une houppe rouge qui lui dansait sur les yeux. Un garçon en uniforme belge était penché sur moi, tenant dans une main un énorme seau où clapotait un fond de vase liquide. Je dis férocement: « Au contraire, j'en veux bien. » Et retombai sur le matelas.

« Pas de quart, vous? le visage me jeta.

— Comprends pas, je répondis, me demandant que diable ces mots voulaient dire.

— Anglais?

— Américain. »

A ce moment une tasse en fer-blanc sortit mystérieusement de l'ombre et fut rapidement remplie, après quoi la mèche fit observer: « *Your friend here* » et disparut.

Je décidai que j'étais devenu complètement fou.

On avait posé le quart à côté de moi. N'osant pas m'en approcher, je soulevai mon cadavre douloureux sur l'un de ses coudes inutiles et regardai autour de moi, ahuri. Mes yeux, pataugeant péniblement dans une atmosphère humide, une obscurité lugubrement tactile, perçurent, par-ci par-là, des taches vives d'humanité vibrante. Mes oreilles reconnurent de l'anglais, de ce que je pris pour du bas-allemand et qui était du belge, du hollandais, du polonais et de ce qui pouvait être du russe.

Tremblante de ce chaos, ma main chercha le quart. Il n'était pas chaud; son contenu, que j'engloutis à la hâte, n'était

même pas tiède. Ça avait un goût fade, presque amer, collant,
épais, écœurant, mais lorsque la gorgée mortelle fut parvenue
à mon estomac, je retrouvai un certain intérêt à la vie, un peu
comme un suicidé qui change d'idée après avoir vidé la coupe
fatale. Je décidai que ce n'était pas la peine de vomir. Je me
mis sur mon séant. Je regardai autour de moi.

L'obscurité quittait rapidement cet air pesant, empuanti.
Je me trouvais sur ma paillasse au bout d'une espèce de salle
toute en piliers; une impression d'église. Je me rendais déjà
compte de sa longueur démesurée. Ma paillasse ressemblait
à une île: tout autour, à des distances variant de quelques
millimètres à trois mètres (la limite de la visibilité), gisaient
des identités effrayantes. Dans quelques-unes, du sang. D'autres consistaient en une croûte d'une matière bleuâtre qui
soutenait un noyau d'écume jaune. De derrière moi, un gla-
viot vola rejoindre ses frères. Je me décidai à me mettre debout.

A ce moment, à l'autre bout de la salle, il me sembla voir
surgir de nulle part une silhouette extraordinaire, genre vautour.
Ça se lança vers moi, criant d'une voix rauque: « Corvée d'eau »
— s'arrêta après quelques pas, se courba sur ce qui devait être
une paillasse comme la mienne, tira par les pieds ce qui en était
vraisemblablement l'occupant, le secoua, s'adressa au suivant,
et ainsi jusqu'au sixième. Puisqu'il semblait y avoir un nombre
incalculable de paillasses tout autour de moi, je me demandai
pourquoi le vautour s'en était tenu à six. Sur chaque paillasse
gisait une imitation approximative d'humanité, enveloppée jusqu'aux oreilles dans sa couverture, buvant dans un quart comme
le mien et crachant haut et loin dans la salle. La puanteur lourde
de corps ensommeillés voguait vers moi de trois directions. Dans
l'espèce de confusion folle qui s'élevait à l'autre bout de la salle,
je perdis de vue le vautour. On eût dit qu'il avait fait partir
six bâtons de dynamite. Des pauses occasionnelles dans ce tintamarre minutieusement dément étaient ponctuées avec précision
par des explosions intestinales, à la grande joie d'innombrables
individus dont l'obscurité dissimulait soigneusement l'emplacement exact.

J'avais le sentiment d'être le point de mire d'un groupe de
gisants flous qui me discutaient entre eux en plusieurs parlers
incompréhensibles. Je remarquai au pied de chaque pilier (y

compris celui contre lequel, la veille, j'avais innocemment jeté ma paillasse) un seau de bonne taille, débordant d'urine et entouré d'une flaque nauséabonde. Ma paillasse était à deux doigts de la flaque la plus proche. Ce que je pris pour un homme, dans le lointain, sortit d'un lit et réussit à atteindre, après l'avoir plusieurs fois raté, le seau le plus proche de lui, tandis que les gisants invisibles l'invectivaient en six langues.

Tout d'un coup une belle figure émergea des ténèbres à côté de moi. Je souris stupidement dans ses yeux clairs, un peu durs. Et il dit aimablement: « Ton copain est là, Johnny: il veut te voir. »

Une bosse de joie courut le long de mon corps, chassant les douleurs et l'engourdissement; mes muscles dansèrent, les nerfs me picotant dans une fête impérissable.

Je trouvai B. sur son lit de camp, emmitouflé comme un Esquimau dans une couverture qui n'en laissait voir que les yeux et le nez.

« *Hello*, Cummings, dit-il en souriant. Il y a un homme ici qui est ami avec Vanderbilt et qui a connu Cézanne. »

Je scrutai B. avec quelque soin. Je ne lui voyais rien de particulièrement déséquilibré, à part son excitation enthousiaste, qu'on eût pu attribuer à ma façon d'arriver comme un diable à ressort qui sort de sa boîte. Il dit: « Il y a des gens ici qui parlent anglais, russe, arabe. Il y a des gens épatants. Tu es allé à Creil? Je m'y suis battu toute la nuit contre les rats. Des énormes. Ils voulaient me manger. Et de Creil à Paris? J'ai eu droit tout le temps à trois gendarmes pour pas que je me sauve, et tous les trois ils se sont endormis. »

Je commençais à craindre de m'être moi-même endormi. « Je t'en prie, sois franc, je l'adjurai. Strictement entre nous, est-ce que je rêve, ou est-ce que c'est une maison de fous ici? »

B. rit et dit: « Moi aussi, je le pensais quand je suis arrivé, il y a deux jours. Je n'étais pas plus tôt en vue de l'endroit qu'un tas de filles m'ont fait signe de la fenêtre et m'ont crié après. J'étais à peine entré qu'un type avec une drôle de binette, que j'ai pris pour un dingue, s'est précipité sur moi pour me dire: « Trop tard pour la soupe! » — Nous sommes au Camp de Triage de La Ferté-Macé, Orne, France, et tous ces types épatants ont été arrêtés pour espionnage. Il n'y en a que deux ou trois qui sachent un mot de français, et ce mot-là, c'est « la soupe ».

— Mon Dieu, je dis, je croyais que Marseille était quelque part sur l'océan Méditerrané, et qu'on était ici dans une gendarmerie.

— Non: ici, c'est M-a-c-é. C'est un petit patelin mesquin où tous les gens se foutent de toi quand ils voient que tu es prisonnier. Je suis payé pour le savoir.

— Tu veux dire que nous aussi, on est des espions?

— Naturellement ! B. dit avec enthousiasme. Dieu merci ! Et dedans pour de bon! Chaque fois que je pense à la Section Sanitaire, et à A. et ses hommes de main, et à cette pourriture bureaucratique qu'on appelle une Croix-Rouge, je peux pas m'empêcher de rire. Cummings, je te le dis, ici, c'est le Paradis ! »

L'image du chef de la Section Sanitaire Vingt-et-un me vint à l'esprit. Tête pâteuse. Dégaine de faux officier anglais, grosses cuisses, jambières de cuir crissantes. La leçon quotidienne: « Sais pas c'que vous avez, vous deux. Z'avez l'air d'garçons très bien. Bien élevés et tout. Mais vous avez cette sale habitude d'n'êt' jamais proppes. Vous rouspétez tout l'temps pass'que j'vous mets pas ensemb' sur une voiture. J'en aurais honte, moi, voilà pourquoi. J'ai pas envie d'faire mal voir ma section, moi. Nott'devoir, c'est d'faire comprend'e à ces sales français c'que c'est que les Américains. Faut leur faire comprend'e que nous, on est supérieurs. Ces enculés, i savent pas c'que c'est que d'prend'e un bain. Et vous autt's, z'y êtes toujours à traîner par là, à t'nir le crachoir à ces mangeurs d'grenouilles qui sont bons qu'à faire la cuisine et l'sale boulot. Comment qu'j'pourrais vous donner vott'chance? J'aimerais vous mett' sur une voiture, moi: j'voudrais bien, moi, vous voir contents. Mais j'ose pas, voilà tout. Si vous voulez qu'j'vous laisse sortir, faut vous raser, faut vous t'nir proppes, et faut p'us qu'vous alliez vous frotter à ces sales français. Nous, Américains, on est ici pour apprend'e quéqu'chose à ces enculés. »

Je ris de pure joie.

Un tumulte terrible vint interrompre ma gaieté. « Par ici ! — Sors-toi de là, sale Polonais ! — M'sieu, m'sieu ! — Ici ! — Mais non ! — Gott-ver-dummer ! » Je me retournai, terrorisé, et vis ma paillasse entre les griffes de quatre hommes qui paraissaient vouloir la déchirer en autant de morceaux.

L'un était un homme assez jeune, alerte et musclé, rasé de frais, aux yeux vifs, que je reconnus pour celui qui m'avait appelé « Johnny ». Ayant empoigné la paillasse par un coin, il la tirait de son côté. Au coin opposé, un personnage incohérent, enveloppé d'une bouffonnerie de chiffons et raccommodages étonnante, avec une tête délabrée sur laquelle des mèches agitées de cheveux sales se tenaient raides d'excitation, et la taille haute, grotesque, extraordinaire, presque noble, d'un ours dansant. Un troisième coin de la paillasse se trouvait dans la poigne brutale d'un mètre quatre-vingts de cheveux jaunes, de tête rouge gouape et de pantalon bleu-ciel, secondé par le chenapan miniature à houppe rouge et uniforme belge, à la binette boutonneuse de voyou et à la façon de parler d'une insolence illimitée, qui m'avait réveillé en m'offrant du café. Bien que je fusse complètement ahuri par la sauvagerie de leur fracas vocal, je finis par me rendre compte que ces forces hostiles se battaient non pas pour la possession de la paillasse, mais seulement pour l'honneur de me la présenter.

Avant de pouvoir trancher cette question délicate, j'entendis une voix enfantine qui me criait énergiquement à l'oreille: « Met-tez la pail-lasse i-ci ! Qu'est-ce que vous al-lez faire? C'est pas la peine de dé-chi-rer une pail-lasse ! » Au même moment, la paillasse se précipita vers moi d'un pas cobaltique sous les efforts fructueux de l'uniforme belge et du visage gouape, le rasé-de-frais et l'ours incohérent s'accrochant encore désespérément à leurs coins respectifs; à son arrivée elle fut attrapée avec une force inattendue par le propriétaire de la voix d'enfant (un petit homme duveteux, façonné comme un gnome, au visage sensible d'un qui avait beaucoup souffert) qui, indigné, la déposa à côté de celle de B., dans un espace qui avait été mystérieusement déblayé pour la recevoir. Immédiatement le gnome s'agenouilla dessus et se mit soigneusement à lisser quelques faux plis issus du récent conflit, s'exclamant lentement, syllabe par syllabe: « Mon Dieu. Main-te-nant c'est mieux. Il ne faut pas faire des choses comme ça. » Le rasé-de-frais le contempla avec hauteur, les bras croisés, tandis que la houppe et le pantalon demandaient victorieusement si j'avais une cigarette? — et ayant reçu une chacun (ainsi que le gnome et le rasé-de-frais, qui accepta la sienne avec dignité) ils s'assirent sans façons sur le lit de B. — ce qui fit grogner le lit d'une façon inquiétante — et se mirent avidement à me questionner. L'ours arrangea d'un air satisfait son costume chiffonné et commença, le regard tranquillement lointain et les doigts singulièrement délicats, à fourrer dans une vieille pipe rabougrie ce qui semblait être un mélange de bois et de fumier.

J'étais encore en plein interrogatoire lorsqu'une voix raboteuse menaça soudain par-dessus nos têtes: « Balai? Vous. Tout le monde. Propre. Surveillant dit. Pas moi, n'est-ce pas? » Je sursautai, m'attendant à voir un perroquet.

C'était la silhouette.

Un vautour se tenait devant moi, serrant un balai démoralisé dans une griffe, ou un poing: il avait de maigres jambes enveloppées dans un pantalon misérable, des épaules musclées couvertes d'une chemise rugueuse ouverte au cou, des bras noueux et, enfoncée sous la visière d'une casquette, une figure grossière, démente: un nez rapide, des moustaches tombantes, des petits yeux féroces et larmoyants, un menton querelleur et des joues hâves qui souriaient hideusement. L'ensemble faisait à la fois brutal et ridicule, vigoureux et pathétique.

De nouveau, je n'eus pas le temps de parler; la gouape en pantalon azur lança son mégot aux pieds de l'ours, s'écriant: « En voilà un autre, Polack ! », sauta du lit, s'empara du balai, et déversa sur le vautour un torrent de Gottverdummer que ce dernier lui remboursa copieusement et en nature. Puis le visage rouge se pencha tout près du mien, et pour la première fois je m'aperçus que récemment il avait été jeune. « Je dis je ferai le balayage pour vous » il traduisit aimablement. Je remerciai, et le vautour, s'exclamant: « Bon, bon. Pas moi. Surveillant. Harrie faire pour tout le monde. Hi, hi », s'éloigna en vitesse, suivi de Harrie et la houppe. Du coin de l'œil j'observai la haute silhouette de l'ours, grotesque, extraordinaire, presque fière, se pencher avec une dignité tranquille, et les doigts musicaux se fermer avec une singulière délicatesse sur trois millimètres humides, indescriptibles, de tabac.

Je ne savais pas encore que c'était là une Délicieuse-Montagne...

Puis le rasé (que j'avais sans doute complètement conquis grâce à la cigarette) et le gnome pelucheux, ayant achevé d'ins-

taller ma paillasse, engagèrent une conversation avec B. et moi.
Le rasé prit la place de Harrie; le gnome (plaidant que le lit
était déjà suffisamment chargé) refusa d'occuper la place libérée
par le départ de la houppe et s'appuya contre le mur gris,
suintant, écœurant. Il parvint cependant à attirer notre attention sur une étagère près de la tête de B., qu'il avait construite
lui-même, et me promit que j'aurais droit à un luxe identique
« tout de suite ». C'était un Russe, et il avait sa femme et son
gosse à Paris. « Je m'ap-pelle Mon-sieur Au-guste à vo-tre
ser-vice » — et ses doux yeux pâles brillèrent. Le rasé parlait
un anglais net et absolument parfait. Il s'appelait Fritz: il était
norvégien, chauffeur à bord d'un navire. « Faut pas t'en faire
pour ce type qui voulait te faire balayer. Il est dingue. On
l'appelle Jean-le-Baigneur. Autrefois, c'était le baigneur. Maintenant c'est le chef de chambrée. On voulait que ce soit moi,
mais j'ai dit: « Merde, j'en veux pas. » Qu'il le fasse, lui. C'est
pas un travail, tout le monde qui rouspète, tout le monde sur
ton dos du matin au soir. « Que ceux qui en veulent le fas-
sent », que j'ai dit. Cet imbécile de Hollandais est ici depuis
deux ans. On lui a dit de foutre le camp, il a pas voulu, il
aimait trop la gnole (le mot d'argot américain: « *booze* » me
fit sursauter) et les filles. On l'a enlevé à lui pour le donner à ce
petit bonhomme Richard, ce docteur. C'était un bon boulot
qu'il avait, baigneur. Tout ce que tu peux boire, et une fille
toutes les fois que tu en veux. Lui, il a jamais eu une fille de
sa vie, ce Richard. (Son rire haut, clair, cynique.) Ce Pompon,
le petit Belge qu'était ici tout à l'heure, il est fort, question
filles. Lui et Harrie. Toujours au cabinot. J'y ai été, moi aussi,
deux fois, depuis que je suis là. »
　　Pendant ce temps, l'Enorme Chambrée se remplissait lentement d'une lumière sale. A l'autre extrémité, six profils balayaient furieusement, hurlant les uns aux autres comme des démons, à travers la poussière. Un septième, Harrie, bondissait
par-ci, par-là, faisant gicler l'eau d'un seau et enveloppant tout,
et tout le monde, d'une nuée pesante et blasphématoire de
Gottverdummer. Le long de trois côtés (et donc de chaque côté
sauf l'extrémité la plus proche, qui s'enorgueillissait de l'unique
porte) étaient posées, perpendiculairement aux murs, quelque
quarante paillasses, espacées d'un mètre environ. Sur chacune,
à part une demi-douzaine dont les occupants sirotaient encore

leur café ou étaient de corvée, reposait le corps sans tête d'un homme enfoui dans sa couverture, et dont seules les bottes se voyaient.

La besogne des démons les amenait de notre côté. Harrie avait pris son balai et aidait. Ils venaient de plus en plus près; se rencontrant à la porte, ils y réunirent leurs tas respectifs d'ordures en un seul monceau d'une puanteur audible. Puis on rangea les balais dans le coin contre le mur, et les hommes s'en retournèrent à leurs paillasses.

Monsieur Auguste, dont le français n'avait pas pu tenir tête à l'anglais de Fritz, vit sa chance et proposa: « Main-te-nant que la Cham-brée est toute pro-pre, al-lons faire une pe-tite pro-me-nade, tous les trois. » Fritz comprit parfaitement et se leva, disant en touchant son menton immaculé: « Bon, je m'en vais me faire la barbe avant que ce foutu planton arrive », et avec Monsieur Auguste nous partîmes, B. et moi, le long de la pièce.

Elle était de forme oblongue, dans les vingt-cinq mètres sur douze, et donnait immanquablement l'impression d'une chapelle: deux rangées de piliers de bois, de cinq mètres en cinq mètres, s'élevaient vers un plafond voûté qui atteignait huit on neuf mètres au-dessus du sol. En regardant la Chambrée depuis la porte, on avait dans l'angle de droite tout proche (où se trouvaient les balais) six seaux d'urine. Sur le long mur de droite, non loin de ce coin, quelques planches clouées ensemble n'importe comment, de façon à faire un paravent haut d'un mètre vingt, marquaient l'endroit du cabinet d'aisance, qui consistait en un petit seau de fer blanc sans couvercle, identique aux six autres, avec un dispositif du modèle habituel qu'on pouvait poser ou non sur le seau, selon ses préférences. Le bois du sol autour de l'alcôve et des seaux était de couleur sombre, manifestement à cause du débordement continuel de leur contenu.

Le long mur de droite était percé d'une dizaine de grandes fenêtres, dont la première dominait les primitifs cabinets. Si les autres murs avaient eu des fenêtres, on les avait soigneusement condamnées. Malgré tout, les habitants avaient aménagé deux judas, l'un dans le mur de la porte, l'autre dans le long mur de gauche, le premier donnant sur la grille par laquelle j'étais arrivé, l'autre sur une partie de la rue qui conduisait à la grille.

La condamnation des fenêtres sur trois côtés avait un sens très clair: les hommes n'étaient censés rien voir de ce qui se passait dans le monde extérieur; ils avaient cependant le droit d'admirer tant qu'ils voulaient une petite buanderie, l'angle de ce qui était sans doute une autre aile du bâtiment, et, au delà, un morne paysage désert, pitoyable, d'arbres rabougris — ce qui constituait le panorama offert par les dix fenêtres de droite. En un point les autorités s'étaient un peu trompées dans leurs calculs: on pouvait apercevoir de ces fenêtres une toute petite fraction de l'enclos barbelé qui partait de l'angle du bâtiment, et, donc, me dit-on, une meute d'hommes se bousculait aux fenêtres au moment de la promenade des filles. Un planton, me dit-on encore, s'appliquait — à la baïonnette — à tenir les femmes éloignées de ce coin de leur cour, afin de les priver de la vue de leurs admirateurs. Par ailleurs, c'était le pain sec ou le « cabinot » pour ceux, de l'un ou l'autre sexe, qui se laissaient prendre en flagrant délit de communication. De plus, la promenade des hommes et celle des femmes avaient lieu, en général, aux mêmes heures, de sorte que l'homme ou la femme qui restait en haut dans l'espoir de capter un sourire ou un geste de la main de son amie ou de son amant devait manquer la promenade...

Nous avions successivement regardé par les fenêtres, traversé l'extrémité de la pièce et attaqué l'autre côté, Monsieur Auguste marchant au pas entre nous deux, lorsque soudain B. s'exclama: « *Good morning! How are you today?* » Je regardai par-dessus la tête de Monsieur Auguste, m'attendant à voir un autre Harrie ou, du moins, un Fritz. Avec étonnement j'aperçus un majestueux personnage maigre, d'un raffinement évident, impeccablement vêtu d'une chemise amidonnée mais sans col, d'un pantalon soigneusement raccommodé où s'attardaient encore les restes d'un pli, d'une queue-de-pie élimée mais de bonne coupe, et de chaussures surannées mais fraîchement cirées. En effet, pour la première fois depuis mon arrivée à La Ferté je me trouvais devant un individu parfaitement typique: l'apothéose de la noblesse outragée, la victime humiliée de circonstances totalement regrettables, le *gentleman* absolument [respectable qui a vu des jours meilleurs. Il avait par surcroît quelque chose d'irrémédiablement anglais, voire de pathétiquement victorien: on aurait dit qu'un chapitre de Dickens serrait la main de mon

ami. « Comte Bragard, je vous présente mon ami Cummings. »
Il me salua avec l'accent modulé et courtois d'une éducation
indiscutable, me tendant avec grâce sa main blanche. « B. m'a
beaucoup parlé de vous, et je désirais fort vous rencontrer. Cela
me fait plaisir de connaître un ami de mon ami B., quelqu'un
de sympathique et d'intelligent qui nous change un peu de ces
porcs — (il indiqua la Chambrée d'un geste de souverain mépris). Je vois que vous vous promenez. Faisons un tour ensemble, voulez-vous ? » Monsieur Auguste dit avec tact : « Je
vous verrai tout à l'heure, mes amis », et nous quitta avec une
poignée de mains affectueuse et un regard en biais, plein de
jalousie et de méfiance, à l'adresse du respectable ami de B.

    « Vous avez l'air de bien vous porter aujourd'hui, comte
Bragard, dit B. avec amabilité.

    — Je vais assez bien, merci, dit le comte. C'est affreuse-
ment pénible, vous vous en rendez très bien compte, pour qui
a été habitué aux commodités de la vie, passons sur le luxe.
Cette crasse (il articula le mot avec une amertume indescriptible), cette façon d'entasser des hommes comme du bétail — ici
nous ne sommes pas mieux traités que des cochons. Ces gens
fientent dans la pièce même où ils dorment. Que peut-on attendre d'un endroit pareil ? Ce n'est pas une existence, ajouta-t-il
en français, qu'il parlait avec aisance et parfaitement.

    — Je disais à mon ami que vous aviez connu Cézanne, dit
B. Comme il est peintre, cela l'a naturellement passionné. »

    Le comte s'arrêta surpris, et retira lentement ses mains des
pans de son manteau. « Est-ce possible ! s'écria-t-il, très agité.
Quelle coïncidence étonnante ! Je suis moi-même peintre. Vous
avez peut-être remarqué ceci. (Il montra un insigne sur son
revers gauche et, me penchant, je lus : « Service au Front ».) Je
le porte toujours, dit-il avec un sourire impeccablement triste,
en reprenant sa promenade. Ici ils ne savent pas ce que cela
signifie, mais je le porte tout de même. *The Sphere*, de Londres, m'a envoyé au front comme correspondant spécial. Je
faisais les tranchées, ce genre de choses. On me payait bien : je
touchais quinze livres par semaine. Et pourquoi pas ? Je suis de
l'Académie royale. J'étais connu pour mes chevaux. J'ai peint
les plus beaux chevaux d'Angleterre, entre autres celui que le
roi lui-même a engagé dans le Derby de l'année dernière. Vous
connaissez Londres ? (Nous dîmes que non.) Si vous vous trouvez

jamais à Londres, allez à l'hôtel — (j'ai oublié le nom), l'un des meilleurs. Il possède un grand bar, très beau, décoré d'une façon exquise, vraiment, avec beaucoup de goût. Tout le monde saura vous dire où il se trouve. Il y a un tableau de moi derrière le bar: *Camisole de force* (ou un nom analogue) le cheval du marquis de ..., le grand-prix de la dernière année avant la guerre. J'étais en Amérique en '10. Vous connaissez peut-être Cornelius Vanderbilt? J'ai peint quelques-uns de ses chevaux. Nous étions très bons amis, Vanderbilt et moi. J'obtenais d'excellents prix, vous comprenez: trois, cinq, six mille livres. Quand je suis parti il m'a donné sa carte, je l'ai ici quelque part — (il s'arrêta de nouveau, fouilla un moment dans la poche de son veston et sortit une carte de visite. D'un côté je lus le nom: Cornelius Vanderbilt, de l'autre, d'une écriture assurée: « A mon très cher ami Comte F.A. de Bragard », et une date.) Il était navré de me voir partir. »

(Je marchais dans un rêve.)

« Avez-vous vos carnets de dessin et des couleurs? Quel malheur ! J'ai toujours l'intention d'envoyer en Angleterre chercher les miens, mais voyez-vous: on ne peut pas peindre dans un endroit pareil. C'est impossible — toute cette saleté et ces gens dégoûtants: ça pue ! Pouah ! »

Je m'efforçai de dire: « Comment se fait-il que vous soyez ici? »

Il haussa les épaules. « Comment, en effet? Vous pouvez bien le demander ! Je ne saurais vous le dire. Il doit y avoir une erreur horrible. Dès mon arrivée je m'en suis ouvert au directeur et au surveillant. Le directeur m'a dit qu'il n'en savait rien; le surveillant m'a dit en confidence que c'était une erreur de la part du gouvernement français, et que je serais libéré presque immédiatement. Il n'est pas trop méchant. Alors je patiente: chaque jour j'attends qu'arrive du gouvernement anglais l'ordre de levée d'écrou. Toute cette affaire est absurde. J'ai écrit à l'ambassade pour qu'ils le sachent. Aussitôt que j'aurai mis les pieds hors de cet endroit, je poursuivrai le gouvernement français en dommages-intérêts. Je réclamerai dix mille livres pour la perte de temps qu'il m'a occasionnée. Pensez donc: j'avais des contrats avec un nombre incalculable de membres de la Chambre des Lords — et c'est la guerre qui arrive. Puis *The Sphere* m'envoie au front — et me voici, avec chaque jour qui me coûte cher, en train de croupir dans ce lieu innommable. Le temps que j'ai perdu ici m'a déjà coûté une fortune. »

Il s'arrêta devant la porte et proféra, solennel: « On pourrait tout aussi bien être mort. »

A peine ces mots avaient-ils passé ses lèvres que je sautai presque hors de ma peau: directement devant nous, au-delà du mur, s'éleva le même bruit qui avait annoncé à Scrooge l'approche du fantôme de Marley dans le conte de Dickens: un sinistre bruit de chaînes qu'on agite et qui sonnent. Si la figure transparente de Marley eût passé le mur et se fût approché du personnage de Dickens à mes côtés, c'eût été moins saisissant que ce qui se passa en effet.

Les portes s'ouvrirent avec un vlan étrange et dans le vlan parut une créature fragile, menue, bizarre, qui évoquait de loin un vieillard. La particularité essentielle de cette apparition était une certaine nudité désagréable qui résultait de l'absence totale de toutes les servitudes et prérogatives que l'on associe normalement à la vieillesse. Son petit corps voûté, impuissant et friable, supportait péniblement une tête absurdement grande, qui pourtant se remuait sur le cou décharné avec une agilité horrible. Des yeux ternes, assis dans les rides bien rasées d'une figure finement désespérée. A la hauteur des genoux pendeloquait une paire de mains, infantiles par leur petitesse. Sur les lèvres informes s'était perchée une cigarette minuscule qui se consumait avec solennité.

Soudain la créature bondit sur moi, totalement, comme une araignée.

Je me crus perdu.

Une voix, venant du voisinage de mes pieds, dit d'un ton mécanique: « Il te faut prendre la douche. » Je regardai stupidement. Le spectre se tenait en équilibre devant moi; ses yeux détournés contemplaient la fenêtre. « *Take your bath*, il ajouta, comme après coup. *Come with me.* » Il se retourna tout d'un coup et se hâta vers la porte. Je suivis. En un clin d'œil, ses mains de poupée, rapides, mortelles, eurent fermé et adroitement cadenassé les portes. « *Come* » dit sa voix.

Il fila devant moi dans deux volées sales d'un escalier étroit et détérioré, tourna à gauche et passa par une porte ouverte.

Je me trouvai à l'air du matin, humide et dessoleillé.

Il fila sur la droite, le long du mur du bâtiment. Je le poursuivis comme un automate. A l'angle, que j'avais aperçu de la fenêtre d'en haut, commençait la barrière de barbelés, haute de trois mètres environ. La créature s'arrêta, sortit une clef et ouvrit une grille. Le premier mètre de barbelés se rabattit. La créature entra, et moi après elle.

En un éclair la grille fut fermée derrière moi, et je longeais un mur perpendiculaire au premier. J'avançais à grands pas après la créature. Pendant un peu de temps j'avais marché dans un monde libre: maintenant j'étais de nouveau prisonnier. Le ciel me couvrait toujours, le matin froid et humide me caressait, mais des murs de pierre et de barbelés me disaient que mon instant de liberté s'était enfui. Je descendais en fait un passage pas plus large que la grille; à ma gauche, des barbelés me séparaient de la fameuse cour où les femmes se promenaient: un rectangle large de quinze mètres environ et long de soixante, avec un mur de pierre à l'autre bout et des barbelés partout ailleurs; à ma droite, l'uniformité grise de la pierre, l'ennui du régulier et du perpendiculaire, la férocité pesante du silence...

J'avais fait automatiquement six ou huit pas à la poursuite du spectre en fuite quand, juste au-dessus de ma tête, la pierre grise fondit en une obscurité féminine, le dur et l'anguleux s'amollissant dans une explosion putrescente de rire épais et frétillant. Je sursautai, regardai et découvris une fenêtre farcie de quatre fragments sauvages de Figure entassée: quatre disques livides, ébouriffés, qui convergeaient affamés; quatre paires d'yeux barbares qui couvaient rapidement le feu; huit lèvres qui tremblaient d'un gloussement édenté et gluant. Soudain, au-dessus et au-delà de ces terreurs, s'éleva une unique horreur de beauté: une tête fraîche, vive, un visage jeune, ivoire, actuel, une nuit de cheveux fermes, vivants, glacés, un sourire blanc, grand, affreux.

... A deux ou trois pas devant moi, la créature criait: « Come! » Les têtes avaient disparu comme par enchantement.

Je plongeai en avant, par une petite porte dans le mur, et entrai dans une pièce de cinq mètres sur cinq, habitée d'un petit poêle, d'un tas de bois et d'une échelle. Le spectre passa par une autre porte, encore plus petite, dans un lieu rectangulaire et morne où m'affrontèrent, sur la gauche, une grande baignoire en fer-blanc et, sur la droite, dix baquets de bois,

chacun d'un mètre de diamètre, placés en rang le long le mur.
« Déshabillez-vous » ordonna-t-il. J'obéis. « Mettez-vous dans
le premier. (Je passai dans un baquet.) Vous tirez sur la corde »
dit le spectre, se débarrassant prestement de son mégot dans un
coin. Je regardai vers le haut et découvris une corde qui pendait
d'un espèce de réservoir au-dessus de ma tête; je tirai — et
reçus le salut d'une chute lancinante d'eau glacée. Je m'échappai
du baquet. « Voici votre serviette, essuyez-vous. (Il me tendit
un lambeau de tissu un peu plus grand qu'un mouchoir.) Vite ! »
Trempé, grelottant, tout à fait misérable, j'endossai mes vêtements. « *Good. Come now !* » Je le suivis à travers la pièce du
poêle, dans le passage aux barbelés. Un cri rauque s'éleva de
la cour, qui était remplie de femmes, de filles, d'enfants et de
quelques nourrissons. Je crus reconnaître l'une des quatre terreurs qui m'avaient salué de la fenêtre, en la personne d'une
fille de dix-huit ans, au corps sale, baveux, blotti sous sa robe
défraîchie, ses épaules osseuses étouffées sous un châle sur lequel giclaient mollement des cheveux excrémentiels; une énorme
bouche vide; et un nez rouge serti entre des joues bleuâtres que
secouaient des quintes de toux. Juste à l'intérieur des barbelés
une figure qui rappelait Creil, fusil à l'épaule, revolver à la
ceinture, marchait d'une façon monotone.

L'apparition me bouscula à travers l'ouverture de la grille,
le long du mur et dans le bâtiment où, plutôt que de monter
l'escalier, elle m'indiqua un long corridor obscur qui ouvrait
sur un carré de lumière. « *Go to the promenade* » dit-elle brusquement, et elle disparut.

Avec le rire des Quatre qui résonnait encore dans mes oreilles, et avec une idée pas très claire du sens de l'existence, je
dégringolai le corridor et heurtai de front un costaud au cou
de taureau et au revolver habituel, qui me demanda, furieux:
« Qu'est-ce que tu fais là? Nom de Dieu ! — Pardon. Les
douches » répondis-je, dompté par la collision. Sur un ton courroucé: « Qui t'a amené aux douches? » Pour un instant j'étais
pris de court, puis la remarque de Fritz au sujet du nouveau
baigneur me vint à l'esprit. « Richard » dis-je avec calme. Le
taureau grogna avec satisfaction. « Va-t-en dans la cour, et vite,
ordonna-t-il. — C'est par là? » je m'enquis poliment. Il me
contempla avec mépris sans répondre, aussi je pris sur moi de
passer la porte la plus proche, espérant qu'il aurait l'amabilité

de ne pas me tirer dessus. En passant le seuil, je me trouvai
de nouveau en plein air, et à dix pas je reconnus B., qui flânait
paisiblement avec une trentaine d'autres dans une cour grande
à peu près comme le quart de celle des femmes. Je m'approchai d'une grille mesquine dans la barrière de barbelés et cher-
chais le loquet (puisqu'on ne voyait aucun cadenas) lorsque
j'entendis une voix terrorisée braire: « Qu'est-ce que vous
faites là? » Je me trouvai stupidement devant le canon d'un
fusil. B., Fritz, Harrie, Pompon, Monsieur Auguste, l'Ours, et
enfin le comte Bragard se dépêchèrent d'informer le planton
tremblant que j'étais un nouveau, de retour des douches où
m'avait escorté Monsieur Richard, et qu'on devait à tout prix
m'admettre dans la cour. Le prudent voyageur ailé n'allait cependant pas se laisser duper par ces fariboles; il tint ferme. Heureusement qu'à ce moment le planton costaud cria de la porte:
« Laisse-le rentrer. » Et on me laissa rentrer, au grand plaisir
de mes amis et en dépit des sentiments du gardien de la cour,
qui marmonna qu'il avait déjà assez à faire, et trop.

Je ne m'étais pas trompé quant aux dimensions de la cour
des hommes: elle n'avait sûrement pas plus de vingt mètres de
long et quinze de large. A entendre si clairement les cris des
femmes, je pus me rendre compte que les deux cours étaient
contiguës. Les séparait ce mur de pierre, haut de trois mètres,
que j'avais déjà remarqué en allant aux douches, et qui formait
l'une des extrémités de la cour des femmes. Un autre mur de
pierre, un peu plus haut que le premier et parallèle à celui-ci,
limitait la cour des hommes; les deux autres côtés — ou, plutôt,
les extrémités — étaient clos par les barbelés habituels.

L'équipement de la cour était réduit à sa plus simple expression: au milieu de l'autre extrémité, juste à l'intérieur des
barbelés, une guérite en bois; un dispositif curieux, qui par la
suite se trouva être la sœur de l'alcôve d'en haut, embellissait
le mur de gauche qui séparait les deux cours, tandis que plus
haut sur ce même mur une barre de fer horizontale, scellée
dans la pierre à une hauteur de deux mètres, son autre bout
soutenu par un piquet, était sans doute censée permettre aux
prisonniers de faire un minimum de gymnastique; un tout petit
appentis occupait l'angle du fond à droite, servant en second
lieu d'abri très approximatif aux hommes et en premier lieu
de hangar à une extraordinaire citerne à eau, constituée d'une

barrique de bois montée sur deux roues, et dont les brancards ne pouvaient recevoir rien de plus grand qu'un petit âne (je devais moi-même marcher assez souvent entre eux, en l'occurrence); parallèlement au deuxième mur de pierre, mais à une distance respectable de celui-ci, s'étendaient une paire de poutrelles en fer, siège cruellement froid pour le malheureux qui ne pouvait pas se tenir debout pendant tout le temps de la promenade; par terre, près de l'appentis, gisaient les dispositifs de jeu n°s 2 et 3: un énorme boulet de canon et l'essieu en fer, long de deux mètres, provenant de quelque char défunt — destinés à permettre aux prisonniers d'éprouver leur force et de tromper leur ennui après s'être régalés de la barre horizontale; et enfin une douzaine de pommiers qui, luttant pour leur maigre vie dans le sol courroucé, proclamaient au monde entier que la cour était en réalité un verger.

> « Les pommiers sont pleins de pommes;
> Allons au verger, Simone... »

Aucune description de la cour n'épuiserait la matière si elle omettait l'énumération des fonctions multiples du planton de service, et que voici: empêcher les hommes d'utiliser la barre horizontale autrement que pour des tractions, puisqu'en faisant un rétablissement on pouvait regarder, par-dessus le mur, dans la cour des femmes; veiller à ce que personne ne jetât rien par-dessus le dit mur dans la dite cour; éviter le boulet de canon, qui avait l'habitude fâcheuse de profiter de la pente du terrain pour bondir, prodigieusement vite, sur la guérite; surveiller de très près tout occupant du cabinet d'aisance, de crainte qu'il ne saisisse l'occasion pour sauter le mur; pour la même raison, assurer que nul ne se tînt droit sur les poutrelles; surveiller quiconque entrait dans l'appentis; assurer que toute miction eût lieu réglementairement contre le mur, plus ou moins dans le voisinage du cabinet; protéger les pommiers du tir roulant, bien ajusté, de bouts de bois ou de pierre qui délogeaient le fruit sacré; veiller à ce que personne ne rentrât ni ne sortît par la grille dans les barbelés sans autorisation; faire rapport de tous gestes, paroles, signes et autres immoralités échangés entre les prisonniers et des filles assises aux fenêtres de l'aile des femmes (C'était de l'une de ces fenêtres que je venais d'être salué.), et aussi des noms des dites filles, vu l'interdiction de montrer une partie quelconque de la personne féminine à la fenêtre pendant la promenade masculine; réprimer toutes rixes, et notamment empêcher l'utilisation de l'essieu comme arme défensive ou offensive; et enfin, tenir à l'œil le balayeur et sa brouette, qui passaient par une grille secondaire à l'autre bout des barbelés, pas loin de la guérite, pour aller se vider.

M'ayant instruit des interdits divers qui circonscrivaient les activités de l'homme en promenade, mes amis se mirent à égayer la matinée, par ailleurs plutôt ennuyeuse, en enfreignant systématiquement toutes les dispositions du règlement. Fritz, après quinze tractions à la barre fixe, parut soudain à cheval dessus, et s'attira une réprimande; Pompon visa le planton avec le boulet de canon, quitte à s'en excuser en un français aussi abondant qu'atroce; Harrie-le-Hollandais lança l'essieu sans effort à travers la moitié de la cour, manquant l'Ours d'un cheveu; l'Ours, attendant son moment, jeta adroitement un grand bâton dans un arbre sacré, faisant dégringoler une pomme flétrie pour laquelle au moins vingt personnes se battirent pendant plusieurs minutes; et ainsi de suite. On se permit les gestes les plus ostensibles à l'adresse de quelques filles qui, bravant la colère officielle, prenaient le matin à leurs fenêtres. On se servit des poutrelles comme piste de course. On grimpa aux solives qui supportaient l'appentis. On déplaça la citerne à eau. On mésusa du cabinet et de l'urinoir. La grille recevait et éjectait continuellement des gens qui disaient avoir soif et devoir aller au coin se désaltérer au baquet d'eau. On jeta clandestinement une lettre par-dessus le mur dans la cour des femmes.

Le planton qui supportait toutes ces indignités était un garçon solennel aux yeux sages, très écartés, dans un visage elliptique, farineux, sans expression, au bas duquel pendait un brin de duvet, exactement comme une plume colle à un œuf. Pour le reste il paraissait assez normal, à l'exception de ses mains, dépareillées: la main gauche était considérablement plus grande que l'autre, et en bois.

Cette bizarrerie me surprit tout d'abord, mais bientôt j'appris que, à part deux ou trois qui constituaient le cadre permanent de surveillance et dont le costaud était un brillant exemple, tous les plantons étaient réputés inaptes au service; c'étaient en effet des réformés que le Gouvernement Français envoyait de temps en temps à La Ferté ou à d'autres institutions analogues pour qu'ils prennent un peu l'air. Aussitôt qu'ils avaient, dans cette atmosphère salubre, retrouvé la santé, on les rembarquait dans les tranchées, pour assurer la sécurité du monde, la démocratie, la liberté, et tout ce qui s'ensuit. J'appris aussi que le moyen de loin le plus simple de parvenir au « cabinot » était de traiter d'« embusqué » un planton, et particulièrement un planton permanent tel que le costaud, qu'on disait très sensible sur ce point. Ça ne ratait pas. La preuve en était les fréquentes quintes de toux de poitrinaire qu'on entendait d'une extrémité des cours à l'autre, et qui étaient poussées par beaucoup d'hommes mais surtout de filles, celles-ci méprisant encore plus les plantons pour l'habitude qu'ils avaient d'abuser du sexe faible chaque fois qu'ils le pouvaient.

En un peu plus de deux heures j'appris un nombre incroyable de choses quant à La Ferté elle-même : c'était un centre de réception pour les deux sexes, où on envoyait, des différentes régions de la France, (a) des mâles soupçonnés d'espionnage et (b) des femelles d'une espèce bien connue « qui se trouvaient dans la zone des armées ». On me fit remarquer que dénicher de tels membres du genre humain n'était pas difficile : pour les hommes, tout étranger faisait l'affaire, pourvu que son pays fût neutre (p.ex., la Hollande) ; pour ce qui était des filles, vu que les armées alliées ne faisaient que se retirer, « la zone des armées » (notamment en Belgique) avalait toujours de nouvelles villes, dont les petites femmes devenaient automatiquement de bonnes prises. Il ne faut pourtant pas croire que toutes les femmes de La Ferté étaient putains ; il y avait un certain nombre de « femmes honnêtes », épouses de prisonniers, qui rencontraient leurs maris à des heures fixes à l'étage au-dessous du quartier des hommes, où hommes et femmes étaient dûment et séparément conduits par des plantons. Aucune charge ne pesait sur ces femmes : c'étaient des prisonnières volontaires, qui préféraient à la liberté cette existence auprès de leurs maris. Beaucoup d'entre elles avaient des enfants, quelques-unes, des nourrissons. Par ailleurs il y avait certaines « femmes honnêtes » qui, comme les hommes, payaient leur nationalité de leur liberté : Margherite la blanchisseuse, par exemple, était allemande.

La Ferté-Macé n'était pas à proprement parler une prison, mais un camp de triage : c'est-à-dire qu'on y détenait les gens en attendant qu'ils soient entendus par une commission composée d'un fonctionnaire, un juriste et un capitaine de gendarmerie, qui visitait le camp tous les trois mois et examinait chaque cas afin de déterminer la culpabilité du suspect. Condamné par la commission, le suspect (ou la suspecte) était expédié dans un véritable camp d'internement pour la durée de la guerre; innocenté, il (ou elle) était en principe libéré. Il faut ajouter que la commission avait entendu certains prisonniers deux, trois, quatre et même cinq fois, sans aucun résultat; il y avait des prisonnières qui habitaient La Ferté depuis un an, voire dix-huit mois.

Les autorités constituées de La Ferté comprenaient le Directeur, ou suzerain général, le Surveillant, qui avait les plantons sous ses ordres et qui était responsable devant le Directeur de l'administration du camp, et le Gestionnaire, qui s'occupait de la comptabilité. Comme adjoint le Surveillant disposait d'un préposé au courrier qui servait accessoirement d'interprète. Deux fois par semaine le camp recevait la visite d'un médecin major des cadres de l'armée, qui était censé soigner les cas graves et faire passer aux femmes la visite régulière pour les maladies vénériennes. Les soins quotidiens des maladies ou des accidents peu sérieux incombaient à Monsieur Richard, prisonnier ordinaire comme nous tous et sans doute l'homme au monde le plus ignorant en médecine, mais dont la conduite impeccable lui avait valu un logement confortable. De temps en temps le Surveillant, au nom du Directeur, désignait parmi les habitants de La Ferté un balayeur et un aide-cuisinier. Le vrai cuisinier était un permanent, boche comme les autres permanents: Margherite et Richard. Pour curieux que cela puisse paraître, la manière, l'aspect et le comportement du Directeur ne laissaient pas de doute qu'il était lui-même tout ce que l'expression « boche » peut sous-entendre.

« C'est un salaud, dit B. avec chaleur. On m'a amené chez lui quand je suis arrivé avant-hier. Dès qu'il m'a vu il s'est mis à mugir: « Imbécile et inchrétien ! »; puis il m'a traité de tous les noms: Honte de mon pays, et Traître à la cause sacrée de la liberté, et Méprisable lâche et Espion vil et sournois. Quand il a eu bien fini, j'ai dit, en français: « Je ne comprends pas le français. » T'aurais dû voir sa tête. »

Si on ne réussissait pas à faire respecter la séparation des sexes, du moins y mettait-on une férocité tout à fait louable.

Les sanctions, pour les femmes comme pour les hommes, étaient le pain sec et le « cabinot ».

« Qu'est-ce que ça peut bien être que le cabinot? je voulus savoir. — C'est le nom qu'on donne ici à la cellule, en bien pire » me dit-il.

Il y avait plusieurs cabinots: un pour chaque sexe et quelques-uns de réserve. B. en avait appris long là-dessus de Harrie et de Pompon, qui y passaient le plus beau de leur temps. C'étaient des pièces de moins de trois mètres sur trois, sur un quatre-vingts de haut, sans lumière, sans plancher, dont le sol toujours humide (trois se trouvaient au rez-de-chaussée) était souvent sous plusieurs centimètres d'eau. En l'y faisant entrer, on fouillait l'occupant pour le tabac, le privait de sa paillasse et de sa couverture, et l'invitait à dormir sur quelques planches posées par terre. On n'avait pas à écrire une lettre à quelqu'un du sexe opposé pour avoir droit au cabinot, ni même à traiter un planton d'embusqué: une femme, une étrangère, plutôt que de faire transiter une lettre à son ambassade par le bureau (où le préposé au courrier lisait toute la correspondance pour s'assurer qu'elle ne contenait rien de désagréable sur le compte des autorités ou des conditions de vie à La Ferté), voulut la faire passer en fraude et attrapa vingt-huit jours de cabinot. Elle avait auparavant écrit trois fois, avait donné les lettres au Surveillant selon le règlement, et n'avait pas eu de réponse. Fritz, qui ignorait pourquoi on l'avait arrêté et qui brûlait de se mettre en rapport avec son ambassade, avait lui aussi écrit plusieurs fois, prenant le plus grand soin d'indiquer seulement les faits et de soumettre les lettres au bureau; il n'avait jamais reçu un mot de retour. On pouvait en conclure que le Surveillant acceptait dûment les lettres qu'un étranger adressait à son ambassade, mais que ces lettres ne quittaient La Ferté que rarement, ou jamais.

B. et moi devisions joyeusement du miracle providentiel de notre évasion de Vingt-et-un lorsqu'un personnage bénin, dans la cinquantaine, avec des cheveux gris clairsemés et une expression paternelle à la Benjamin Franklin, se montra au-delà des barbelés, venant de la porte que j'avais passée après avoir heurté le flic costaud. « Planton, il cria lourdement à la main de bois, deux hommes pour attraper l'eau. » Harrie et Pompon étaient déjà à la grille avec la citerne archaïque, le premier poussant derrière, l'autre entre les brancards. Le gardien de la cour alla leur ouvrir la grille, après s'être assuré qu'un autre planton attendait au coin du bâtiment pour leur servir d'escorte. Non loin de la cour, le mur de pierre qui constituait une de ses limites (construit parallèlement à l'autre mur de pierre qu séparait les deux cours) touchait le bâtiment de la prison; là se trouvait une très grande porte double, doublement cadenassée, par laquelle les « attrapeurs » d'eau accédaient à la rue. Il y avait une sorte de fontaine dans la rue, quelques centaines de mètres plus loin, me dit-on. Le cuisinier (c'est-à-dire, Benjamin F.) avait besoin de trois à six citernes d'eau deux fois par jour, et pour récompenser le travail de captage il avait l'habitude d'offrir une tasse de café aux capteurs. Je me résolus de devenir attrapeur d'eau à la première occasion.

Harrie et Pompon avaient achevé leur troisième et dernier voyage et étaient revenus de la cuisine, claquant les lèvres et s'essuyant la bouche du dos de la main. Je contemplais, désinvolte, le ciel boueux, lorsqu'un mugissement nous parvint de la porte:

« Montez, les hommes. »

C'était le cou de taureau. De la cour nous passâmes par la porte; devant un petit guichet qui, me dit-on, s'ouvrait sur la cuisine; le long du couloir moite; et en haut des trois étages, jusqu'à la porte de l'Enorme Chambrée. Décadenassage, grincement de chaînes, ouverture des portes. Nous entrâmes. L'Enorme Chambrée nous reçut en silence. Derrière nous, les plantons claquèrent la porte et la verrouillèrent; nous les entendîmes descendre l'escalier tordu et crasseux.

Au cours d'une demi-heure, intervalle, me dit-on, entre la promenade matinale qui venait de s'achever et le repas de midi, prochain événement porté au programme, je récoltai bon nombre de renseignements concernant l'horaire quotidien de La Ferté. Une journée ordinaire était ponctuée par des cris de planton de la manière suivante:

(1) « Café. » A 5 h. 30 chaque matin, un ou plusieurs plantons montaient à la Chambrée. Un homme descendait à la cuisine, prenait un seau de café et le montait.

(2) « Corvée d'eau. » De temps à autre, les occupants de la Chambrée désignaient un des leurs comme chef de chambrée. Celui-ci, dès que le planton ouvrait la porte pour permettre au

chercheur de café de descendre, tirait du lit un certain nombre d'hommes (normalement six, les habitants de la Chambrée servant à tour de rôle), qui devaient traîner les seaux d'urine et d'excréments jusqu'à la porte. Quand le café arrivait, le chef de chambrée et son équipe descendaient les seaux, et quelques seaux à eau propres, au rez-de-chaussée, où un planton attendait pour les escorter jusqu'à une espèce d'égout aménagé à quelques mètres au-delà de la cour des femmes. Ici on déversait les seaux pleins, encore que parfois le Surveillant fît jeter un ou deux seaux d'urine sur le jardinet du Directeur où, à ce qu'on disait, ce dernier faisait venir une rose pour sa fillette. De la bouche d'égout on escortait la corvée jusqu'à une fontaine, où elle remplissait les seaux à eau. Puis elle remontait jusqu'à la Chambrée, rangeant les seaux vidés contre le mur à côté de la porte, à l'exception d'un seul qu'on installait au cabinet. Les seaux à eau étaient déposés tout à côté. Puis, ayant verrouillé la porte, le planton descendait.

Tandis que la corvée avait vaqué à sa besogne, les autres habitants avaient pris leur café. Dès lors les hommes de corvée se joignaient à eux. Le chef de chambrée allouait en général à lui-même et à son équipe un quart d'heure pour prendre le déjeuner. Puis il annonçait :

(3) « Nettoyage de Chambrée. » Quelqu'un aspergeait le sol avec l'eau d'un des seaux qu'on venait de monter. Les autres membres de l'équipe balayaient la pièce, réunissant à la porte leurs monticules individuels de saletés. Ce processus nécessitait une demi-heure, plus ou moins.

(4) Le balayage terminé, les hommes n'avaient plus rien à faire jusqu'à 7 h. 30, heure à laquelle un planton montait annoncer: « A la promenade, les hommes. » Alors la corvée descendait le produit de ses travaux récents, les autres habitants allant directement à la cour, ou non, à leur gré: la promenade du matin était facultative. A 9 h. 30 le planton proclamait:

(5) « Montez, les hommes. » On raccompagnait à la Chambrée ceux qui avaient voulu profiter du petit tour matinal, la corvée descendait les excréments qui s'étaient accumulés pendant la promenade, et puis on enfermait tout le monde pendant une demi-heure, jusqu'à dix heures, lorsqu'un planton remontait crier:

(6) « A La Soupe, les hommes. » Tout le monde descendait dans une aile du bâtiment qui faisait face à la cour des hommes, pour savourer le repas de midi jusqu'à vers 10 h. 30, quand on intimait l'ordre:

(7) « Tout le monde en haut. » On passait alors dans la Chambrée un intervalle digestif de deux heures et demie. A une heure un planton montait et annonçait, soit:

(8) « Les hommes à la promenade », en quel cas la promenade de l'après-midi était facultative, soit: « Tout le monde en bas », sur quoi tous devaient descendre, bon gré mal gré, éplucher les patates, ingrédient principal de la soupe, et dont le travail d'épluchage incombait par roulement aux hommes et aux femmes. A 3 h. 30:

(9) « Tout le monde en haut » s'entendait de nouveau. Le monde montait, la corvée descendait les excréments, et on était bouclés jusqu'à 4 h., quand un planton arrivait et annonçait:

(10) « A La Soupe », c'est-à-dire, le repas du soir, ou dîner. Après le dîner, on avait le choix entre une promenade d'une heure et la Chambrée. A huit heures, le planton faisait une dernière inspection et criait:

(11) « Extinction des feux. »

Le cri le plus effrayant de tous, non inclus dans le répertoire quotidien des plantons, était:

« A la douche, les hommes. » A ces mots tous, sans excepter les malades, les mourants et les morts, devaient descendre aux bains. Bien que les douches n'eussent lieu qu'une fois par quinzaine, elles inspiraient une telle terreur que le planton devait aller chercher sous leurs paillasses des gens qui, plutôt que d'y passer, auraient préféré mourir.

Quand j'opinai qu'être de corvée devait être excessivement désagréable, on m'informa que ça avait son bon côté, en ce sens que pendant l'aller-retour à l'égout on pouvait facilement échanger un signe furtif avec les femmes, qui s'arrangeaient toujours pour se trouver aux fenêtres au bon moment. Peut-être pour cette raison, Harrie et Pompon remplaçaient habituellement leurs amis de corvée, contre rémunération. Les filles, j'appris aussi, faisaient leurs corvées (et leurs repas) immédiatement après les hommes, et grâce à la stupidité miraculeuse des plantons on avait vu coïncider les deux événements.

Quelqu'un me demanda comment j'avais trouvé la douche.

Je manifestais mon opprobre illimité lorsque le sinistre bruit de chaînes qu'on agite et qui sonnent, annonçant l'ouverture de la porte, vint m'interrompre. Un instant plus tard on ouvrit toute grande la porte; le cou de taureau se tenait sur le seuil, serrant dans sa patte une énorme trousse de clefs et criant:

« A La Soupe, les hommes. »

Le cri se perdit dans une confusion folle, dans un grouillement effréné d'humanité: chacun cherchait à atteindre la porte, cuiller à la main, avant son voisin. Sortant sa cuiller de dessous la paillasse sur laquelle nous étions assis, B. dit tranquillement: « On te donnera la tienne en bas. Quand tu l'auras, il faut la cacher, autrement on te la chipera. » Puis, accompagné de Monsieur Bragard, à qui la bonne éducation interdit de se dépêcher, s'agissant d'un besoin aussi vulgaire que la faim, nous rejoignîmes la foule trépignante, hurlante, à la porte. Pour ma part, je n'avais pas si faim que de ne pas remarquer le changement qui s'était produit chez les habitants de l'Enorme Chambrée. Jamais Circé ne soumit des hommes à un sortilège aussi bestial. Parmi ces figures convulsées d'animalité j'eus peine à reconnaître mes diverses connaissances. La transformation que produisait le cri du planton n'était pas qu'étonnante: elle était surnaturelle, presque émouvante. Ces yeux qui bouillonnaient d'avidité, ces grimaces obscènes qui germaient sur des lèvres tordues, ces corps qui se contractaient et se décontractaient dans des gestes onctueux de sauvagerie totale, troublaient par leur espèce de beauté démente. Devant l'arbitre de leurs destins une trentaine de créatures, hideuses et authentiques, se tenaient agglomérées en un chaos unique de convoitise: un amas volubile et nombreux d'inhumanité vitale. Contemplant ce miracle féroce et barbare, cette belle manifestation de l'alchimie sinistre de la faim, je sentais que les derniers vestiges de l'individu allaient s'évanouir, abolis absolument par une pulsation gambadante et croupissante.

Le cou de taureau mugit:

« Vous êtes tous ici? »

Un hurlement aigu de langage lui répondit. Il regarda autour de lui avec mépris, contemplant les trente figures vociférantes, dont chacune l'aurait dévoré, lui, jambières, revolver et tout. Puis il cria:

« Allez, descendez. »

Trémoussant, poussant, luttant, beuglant, on se déversa lentement par la porte. Ridiculement. Horriblement. Je me sentais un microbe glorieux, irrévocablement enveloppé d'une clameur énorme, absurde. B. était à côté de moi. Le comte Bragard fermait la marche.

J'étais presque asphyxié lorsque nous parvînmes au corridor. Puisqu'il était plus large que l'escalier, je pus reprendre haleine et regarder autour de moi. B. me cria à l'oreille:

« Vois les Hollandais et les Belges ! Toujours les premiers quand il s'agit de bouffer ! »

Effectivement: Jean-le-Baigneur, Harrie et Pompon menaient cette procession extraordinaire. Fritz, pourtant, n'était pas loin derrière eux, et les talonnait. J'entendis Monsieur Auguste crier, de sa voix d'enfant:

« Si tout-le-monde veut mar-cher dou-ce-ment nous al-lons ar-ri-ver plus tôt ! Il faut pas faire comme ça ! »

Puis, soudain, le beuglement se tut. La mêlée s'intégra. Nous marchions de façon ordonnée, en rangs. B. me dit:

« Le Surveillant ! »

Au bout du corridor, face au guichet de la cuisine, il y avait un escalier. Sur la troisième marche se tenait (se balançant un peu d'avant en arrière, ses maigres mains jointes derrière son dos et saisies d'un tic régulier, son képi incliné sur sa tête cadavéreuse de sorte que la visière parvenait presque à dissimuler les yeux caves qui clignotaient faiblement sous des sourcils tombants, son corps pompeux de coq attifé d'un uniforme luisant et immaculé, ses jambières brillantes, sa croix flambante) — l'Escrimeur. Il avait un air de rénové qui prêtait à rire. Et d'ailleurs son attitude rappelait grotesquement l'Empereur passant en revue la Grande Armée.

Le premier rang de notre colonne défila devant lui. Je m'attendais à ce qu'on continuât tout droit, qu'on passât la porte et qu'on finît au grand air, comme je l'avais fait moi-même en me rendant des douches à la cour; mais on prit brusquement à droite, puis à gauche, et j'aperçus un petit couloir, presque caché par l'escalier. A mon tour je passai devant l'Escrimeur et m'engageai dans le couloir. Un moment après, je me trouvai dans une salle presque carrée, remplie de rangées de piliers. En arrivant au couloir la colonne s'était quasiment arrêtée. Je découvris bientôt la raison de ce ralentissement: en entrant dans la salle, chaque homme se présentait devant une table et y recevait du Cuisinier un morceau de pain. Lorsque j'arrivai avec B. devant cette table, le distributeur de pain sourit avec affabilité, fit un signe de tête à B., et choisit un gros quignon qu'il pressa rapidement dans les mains de mon ami d'un air complice. B. me présenta, et le sourire et le choix se répétèrent.

« Il me prend pour un Allemand, me souffla B., et maintenant il t'en prend pour un, toi aussi. » Puis, à haute voix, au Cuisinier: « Mon ami ici a besoin d'une cuiller. Il n'est arrivé que ce matin, et on ne lui en a pas donné. »

Sur ce, l'excellente personne derrière la table à pain me dit: « Tu iras à la fenêtre et tu diras je te dis demander une cuiller et tu attraperas une cuiller. » Je me frayai un passage à travers la file qui attendait, m'approchai du guichet de la cuisine et demandai à une tête de lascar à l'intérieur:

« Une cuiller, s'il vous plaît. »

Le lascar, qui chantait pour lui-même d'une voix haute et faible, dit d'un ton critique, mais non pas désagréable:

« Vous êtes un nouveau ? »

Je dis que oui, que j'étais arrivé tard la veille.

Il disparut, reparut et me présenta une cuiller et un quart en fer-blanc, disant:

« Vous n'avez pas de quart? »

— Non, je dis.

— Tenez, prenez. Vite. » Avec un geste de la tête dans la direction du Surveillant, qui se tenait toujours dans l'escalier à mon dos.

Je m'étais attendu, d'après les paroles du Cuisinier, à ce qu'on me jette quelque chose que je devrais attraper: l'événement m'apporta un certain soulagement. Quand je rentrai au réfectoire, des cris et des gestes de la main m'accueillirent sur le côté, et regardant par là je vis tout le monde bruyamment assis sur des bancs de bois rangés des deux côtés d'une énorme table, de bois elle aussi. Sur l'un des bancs il y avait un espace étroit où B., avec l'aide de Monsieur Auguste, le comte Bragard, Harrie et plusieurs autres codétenus, m'avait réservé une place. En un instant j'avais enjambé le banc et occupé l'espace, cuiller et quart à la main, prêt à tout.

La clameur était absolument terrifiante. Elle avait une qualité minutieusement grande. De-ci de-là, dans une espèce d'obscurité sonore, des rubans de jurons, solides, sincères, incompréhensibles, absurdes, voltigeaient lourdement. Le phénomène n'était pas moins remarquable du point de vue optique: des figures cadavéreuses assises, branlantes et oscillantes, crânant, martelant avec leurs petites cuillers, beuglant, rauques et grossières. De toute évidence on avait oublié Monsieur-le-Surveillant. Subitement le beuglement s'enfla d'une façon insupportable. Le lascar entra avec une démarche souffreteuse de canard, suivi du Cuisinier lui-même. Chacun portait une énorme soupière remplie d'un quelquechose qui fumait. Au moins six hommes se levèrent immédiatement, gesticulant et suppliant: « Ici ! — Mais non, ici ! — Mettez-le ici — »

Les porteurs déposèrent soigneusement leurs fardeaux, l'un en haut de la table, l'autre au centre. Les hommes en face des soupières se mirent debout. Chaque homme se saisit de l'assiette devant soi et la colla entre les mains de son voisin; les assiettes s'acheminèrent vers les soupières, où on les remplissait parmi des protestations et des accusations sauvages: « Mets-en plus que ça ! — C'est pas juste, alors ! — Donne-moi encore des pommes ! — Nom de Dieu, y en a pas assez ! — Cochon, qu'est-ce qu'i veut? — Ta gueule ! — Gottverdummer ! — » et les renvoyait l'une après l'autre. Aussitôt que chacun recevait la sienne, il se jetait dessus goulûment. Enfin, un brouet circulaire, couleur d'urine, reposait devant moi, fumant vaguement. Des tranches de pomme de terre y nageaient pâteusement, comme en suspension. Suivant l'exemple de mes voisins, je m'adressai à la soupe. Je la trouvai tiède, totalement insipide. J'examinai le quignon. De couleur il était presque bleuâtre; de goût, moisi, un peu suri. « Si tu émiettes le pain dans la soupe, observa B., qui avait suivi mes réactions du coin de l'œil, c'est moins mauvais. » J'expérimentai. Réussite totale. On avait au moins l'impression de se nourrir. Furtivement, entre les bouchées, je flairai le pain. Ça avait comme le remugle d'un vieux grenier où on abandonne des cerfs-volants et d'autres jouets, qu'on oublie peu à peu dans une douce obscurité.

Nous étions presque venus à bout de la soupe lorsque, de derrière nous et un peu sur la gauche, nous entendîmes le bruit d'une serrure qu'on manipule. Me retournant, je vis dans un coin du réfectoire une petite porte qui branlait mystérieusement. Enfin on l'ouvrit tout à fait, découvrant un espèce de bar étriqué et un petit placard rempli de ce qui paraissait être des articles d'épicerie et du tabac; derrière le bar, dans le placard, se tenait une dame forte, à l'air compétente. « C'est la cantine » dit B. Cuillers en main, quignons fichés sur les cuillers, nous nous levâmes et nous dirigeâmes vers la dame. Bien sûr, je n'avais pas d'argent; mais B. m'assura qu'avant la fin de la journée je pourrais m'arranger avec le Gestionnaire pour tirer sur mes fonds en espèces, remis au Surveillant par les gendarmes qui m'avaient amené de Creil; par la suite je pourrais également tirer sur mon compte avec Norton-Harjes à Paris. Entretemps, B. avait quelques sous qu'on pourrait bien convertir en chocolat et en cigarettes. La dame forte avait un air tranquille et agréable, une espèce de simplicité, qui me rendait très désireux d'accepter la proposition de B. Par ailleurs, je ne me sentais pas très rassuré du côté du ventre, vu la qualité unique du déjeuner que je venais de prendre, et la pensée d'avaler quelque chose de solide, comme du chocolat, me réjouissait. Nous achetâmes donc (ou, plutôt, B. acheta) un paquet jaune et une plaque de ce qui n'était pas du Menier. Nous dilapidâmes les sous qui lui restaient sur deux verres d'un pinard rouge et âpre, portant avec gravité et grande joie un toast d'abord à la maîtresse de céans et ensuite à nous-mêmes.

La cantine n'avait guère d'autres clients que nous, et lorsque je m'en rendis compte j'en étais un peu gêné. Mais quand Harrie, Pompon et Jean-le-Baigneur se précipitèrent pour demander des cigarettes, mes craintes s'évanouirent. Et d'ailleurs le pinard était excellent.

« Allons ! Dans les rangs ! » s'écria le cou de taureau d'une voix rauque, tandis que, tous les cinq, on allumait nos cigarettes; et nous rejoignîmes la file de nos codétenus avec leur pain et leurs cuillers, bâillant, rotant, trompettant fraternellement, près de la porte.

« Tout le monde en haut ! » beugla le planton.

Lentement nous fûmes à travers le petit couloir; au-delà de l'escalier, délesté désormais de sa charge impériale; le long du corridor; en haut des marches grognantes, raboteuses, humides; et (après l'arrêt inévitable au cours duquel notre escorte faisait sonner chaînes et serrures) dans l'Enorme Chambrée.

Il devait être dix heures et demie environ.

Ce que j'ai goûté, fait, senti, vu, et entendu, aussi bien que touché, entre dix heures et demie et la fin du repas du soir (autrement dit, La Soupe de quatre heures), je ne saurais le dire. Que ce fût ce verre de pinard (additionné de — ou, plutôt, multiplié par — l'épuisement prodigieux légué par mon voyage de la veille) qui me fit passer provisoirement par les portes de l'oubli, ou que ce fût l'excitation pure, née de ce milieu ultra-nouveau et trop intense pour une partie indispensable de mon soi-disant esprit — je n'en sais rien. Je suis à peu près sûr d'être allé à la promenade de l'après-midi. Après, j'ai dû certainement monter à l'Enorme Chambrée attendre le souper. Ensuite, après l'intervalle réglementaire, je suis sans aucun doute descendu en proie à La Soupe... oui, parce que je me rappelle parfaitement le cri qui me fit rentrer subitement dans la dimension du distinct... et, parbleu, je venais d'achever un verre de pinard... lorsque nous entendîmes —

« A la promenade »... nous sortîmes à la queue leu leu par la porte du réfectoire, serrant ferme nos cuillers et notre pain. Tournant à droite, nous fûmes éjectés du bâtiment et dans le grand air, par la porte face à la cuisine. Après quelques pas, nous passâmes par la petite grille dans la cour aux barbelés.

Considérablement remonté par ma deuxième introduction à la cantine, et à peu près rassuré quant à la digestion du repas du soir, plutôt extraordinaire, je regardais autour de moi presque lucidement. Le comte Bragard avait refusé la promenade du soir en faveur de l'Enorme Chambrée, mais je reconnus dans la foule les têtes dorénavant familières de Jean, Harrie et Pompon — et aussi l'Ours, Monsieur Auguste et Fritz. Dans l'heure qui suivit, je fis la connaissance, sinon personnelle du moins optique, d'une douzaine d'autres.

L'un était un homme de quelque trente-cinq ans, d'aspect bizarre, presque enfantin, qui portait un gilet noir; un pantalon élimé; une chemise rayée sans col, ouverte au cou, avec un bouton de col en or dans la boutonnière; une casquette un peu trop grande, portée tellement bas que la visière cachait les sourcils proéminents, sinon les petits yeux; et quelque chose qui ressemblait à des chaussures de tennis. Il avait une expression imitative et vide. La plupart du temps il se collait à Fritz, et il se donnait du mal, lorsqu'une fille se penchait de sa fenêtre, pour arborer un air viril qui contrastait de façon absurde avec le port naturellement athlétique de son protecteur. Il essayait de parler (et croyait sans doute qu'il parlait) anglais, ou plutôt des mots d'anglais; mais à part quelques obscénités, qu'il prononçait d'une manière étonnament naturelle, le vocabulaire le dépassait. Même lorsqu'il s'entretenait en danois avec Fritz, ce qui arrivait souvent, une certaine gêne linguistique persistait, donnant l'impression que pour émettre ou recevoir une idée il lui fallait déployer un effort épouvantable d'intelligence. Vaniteux au plus haut point, il ne manquait jamais l'occasion de prendre une attitude. Il était d'ailleurs d'un bon naturel, mais d'une façon stupide. On pourrait dire qu'il ignorait la défaite: si, ayant trébuché pendant quelques instants sous le poids de la barre (que Fritz levait et baissait sans difficulté, quatorze fois de suite, sous l'impulsion d'un regard féminin), le petit bonhomme tombait tout d'un coup par terre avec son fardeau, on ne remarquait aucune trace de déconfiture sur son petit visage: il semblait, bien au contraire, tout à fait content de soi, et son petit corps adoptait une allure qui appelait les félicitations. Quand il bombait ou faisait remonter la poitrine, il avait un peu l'air d'un coq nain. Mais quand il se collait aux talons de Fritz, il avait plutôt l'air d'un singe fragile, singe articulé peut-être, capable de singeries brèves et raides. Il s'appelait Jan.

Assis sur l'énorme poutre de fer, dans la solitude et dans une certaine beauté, je remarquai un homme aux joues roses et aux yeux bleus, dans un costume foncé bien tenu, portant sur la tête une petite casquette. A l'encontre des autres occupants de la cour, il se tenait d'une façon remarquablement modeste. Dans son comportement habitait une quiétude presque brillante. Les yeux très sensibles. Sa timidité, tout à fait celle d'un daim, m'impressionna tout de suite. Peut-être avait-il peur. Personne ne le connaissait, personne ne savait rien de lui. Je ne me rappelle plus à quel moment nous avons trouvé le nom, mais avec B. nous l'appelions le Silencieux.

Un peu intimidé par les animaux: Harrie et Pompon, mais parvenant néanmoins à intimider bon nombre de ses codétenus, un être singulier arpentait la cour. La première fois que je l'ai regardé directement en face, j'ai eu un haut-le-cœur. Un profil allant sur le corpulent, habillé avec soin, remarquable seulement au-dessus du cou — mais quelle tête ! Elle était grande, avec une tignasse copieuse de cheveux flasques peignés en arrière et découvrant un front haut — cheveux d'une couleur blonde désagréable, coupés droit derrière à la hollandaise, qui tombaient sur le cou rose pâle et mou, presqu'aux épaules. Dans ces cheveux de pianiste ou d'artiste, qui se balançaient en masse lorsque leur possesseur se promenait, deux oreilles blanches, grandes, saillantes et tout à fait brutales cherchaient à se cacher. La figure, à mi-chemin entre le grec classique et le juif, avait une expression de maître Renard, nettement rusée et parfaitement déplaisante. Des moustaches aussi blondes que les cheveux, cosmétiquées, en saillie, importantes, flottaient sous les narines proéminentes et parvenaient à couvrir partiellement la bouche blême, faible et large, dont les lèvres adoptaient de temps à autre un sourire qui avait quelque chose de presque fœtal. Le menton, plus faible encore, portait un bouc blond. Les joues grasses. Le front, perpétuellement en sueur, était copieusement picoté par la petite vérole. En conversation avec un compagnon, l'être émettait une douceur dégoûtante, ses gestes mêmes huileux comme sa peau. Parfois, pour lisser l'air, il utilisait une paire de mains bouffies, sans poignets, les articulations perdues dans la graisse. Il parlait sur un ton bas en un français sans effort, absorbé complètement par les idées naissantes qui coulaient volubilement de ses moustaches. Une aura servile s'accrochait à lui. Ses cheveux, moustaches, bouc et cou semblaient des cou, bouc, moustaches et cheveux de carnaval, prêts à tout moment à se désintégrer, maintenus en place par la douceur de son éloquence.

Nous l'appelions Judas.

A ses côtés, parvenant gauchement à rester de front, mais non au pas, avec lui, un personnage efféminé, assez grand, dont le costume funèbre immaculé flottait sur une anatomie surannée et trottinante. Il portait une grande casquette noire au-dessus d'une figure hagarde et remarquablement bien rasée, dont le trait le plus accusé était un nez rouge qui reniflait un peu, de temps en temps, comme si son propriétaire était affligé d'un rhume carabiné. A part le nez, qui commandait l'attention immédiate, sa figure consistait en quelques grands plans inexactement juxtaposés, accusant le pathétique. Ses mouvements étaient sans grâce. Un certain raffinement. Il ne pouvait pas avoir beaucoup plus de quarante-cinq ans, mais il dégageait les années, l'ordre, le désespoir. Pas un centimètre qui ne fût tourmenté.

Peut-être pensait-il qu'il allait mourir. B. me dit : « C'est un
Belge, un ami du comte Bragard, et il s'appelle Monsieur Pé-
tairsse. » De temps à autre Monsieur Pé-tairsse faisait délicatement et avec humeur une remarque, d'une voix douce et faible.
Alors sa pomme d'Adam sautait dans un long cou ballant,
fripé, décharné comme un cou de dindon, dindon qui craindrait
affreusement l'approche de Noël : de temps en temps, il regardait autour de lui du coin de l'œil, comme s'il s'attendait à
voir la hache. Ses mains : des pattes, douces, maladroites, ner-
veuses. Elles se crispaient, objets osseux et ridés qui semblaient
vouloir se fermer rapidement sur une gorge.

B. attira mon attention sur un personnage accroupi au milieu
de la cour, son large dos appuyé à l'un des arbres les plus
misérables. Il portait, avec un pittoresque remarquable, un chapeau qui ressemblait à un sombrero, foncé, avec un large bord
tombant ; une chemise de gitan, rouge vif, d'un tissu de très
bonne qualité, avec d'énormes manches floues ; un pantalon
bouffant en velours côtelé d'où s'échappaient deux pieds nus,
bruns, bien formés. Me tenant un peu sur le côté je découvris
un visage, peut-être le visage le plus beau que j'aie jamais vu,
d'un teint mordoré, encadré d'une barbe noire étonnamment ample
et belle. Les traits fins et presque coulants, les yeux doux et
extraordinairement sensibles, la bouche délicate et ferme sous
des moustaches noires qui se mêlaient à la masse noire, soyeuse,
merveilleuse, qui lui descendait sur la poitrine. Le visage portait
une beauté et une dignité qui, au premier coup d'œil, rédui-
saient à rien, et sans effort, le tumulte ambiant. Autour des
narines délicatement formées, un air presque de mépris. Les
joues avaient connu des soleils auxquels je n'osais songer. Les
pieds avaient traversé, nus, des pays qu'on imagine difficilement.
Assis avec gravité dans la boue et le bruit de la cour, sous le
pommier piteux et maigre... derrière les yeux vivait un monde
d'étrangeté et de silence absolu. Le calme du corps était gracieux et olympien. Ç'aurait pu être un prophète, sorti d'un pays
plus près du soleil. Peut-être un dieu qui, s'étant trompé de
chemin, s'était laissé capturer par le Gouvernement Français.
A tout le moins, le prince d'un pays ténébreux et désirable, le
roi d'un peuple à la peau dorée, qui s'en retournerait, lorsqu'il
le voudrait, à ses fontaines et ses houris. A force de questions,
j'appris qu'il voyageait en divers pays avec un cheval et une

charrette et sa femme et ses enfants, y vendant des couleurs vives aux femmes et aux hommes. Il s'avéra par la suite que c'était une des Délicieuses-Montagnes, à la découverte desquelles j'avais cheminé loin et dur. Pour le moment, donc, je n'en dirai pas plus, sinon qu'il se nommait Josef Demestre.

Nous l'appelions le Fils du vent.

Je m'étonnais encore de la chance que j'avais de partager le même misérable jardinet avec ce personnage exquis, lorsqu'une voix rauque, plutôt épaisse, cria de la grille: « L'Américain! »

C'était un planton, en fait le planton-chef, envers lequel tous les plantons ordinaires avaient un respect inconcevable et que la racaille haïssait inconcevablement, celui que j'avais eu l'honneur insigne de heurter en rentrant de ma visite aux bains.

Les Hollandais et Fritz prirent la grille d'assaut, criant tous: « Lequel? » en quatre langues.

Le planton ne daigna pas les remarquer. Il répéta rudement: « L'Américain. » Puis, concédant un point à leur sollicitation angoissée: « Le nouveau. »

B. me dit: « Vraisemblablement il va t'amener chez le Gestionnaire, tu es censé le voir en arrivant. Il a ton argent, et il te le gardera; deux fois par semaine tu pourras tirer une somme fixe, pas plus de vingt francs. Tiens: je te tiendrai ton pain et ta cuiller.

— Où diable est l'Américain? cria le planton.

— Me voici.

— Suis-moi. »

Je traînai derrière son dos et son fessier et son revolver, à travers la petite ouverture dans les barbelés, jusqu'au bâtiment, où il m'intima l'ordre: « Avance! »

— Où? je voulus savoir.

— Tout droit » dit-il d'un ton rogue.

J'avançai. « A gauche! » cria-t-il. Je virai. Une porte me faisait front. « Entre! » ordonna-t-il. J'obtempérai. Un monsieur en uniforme français, d'aspect ordinaire, assis derrière une espèce de table. « Monsieur le major: c'est le nouveau. » Le docteur se leva. « Ouvrez la chemise. (J'obtempérai.) Baissez le pantalon. (J'obtempérai.) Très bien. » Puis, lorsque le planton était sur le point de me faire sortir: « Anglais? demanda-t-il par curiosité.

— Non, dis-je. Américain. — Vraiment! (Il me contempla attentivement.) De l'Amérique du Sud, n'est-ce pas? — Des

Etats-Unis, je précisai. — Vraiment! (Il me regarda avec intérêt, pas du tout désagréable.) Pourquoi êtes-vous ici? — Je n'en sais rien, dis-je avec un sourire plaisant, sinon que mon ami a écrit des lettres qui ont été interceptées par la censure française. — Ah! observa-t-il. C'est tout.»

Et je partis. «Avance!» cria l'Etui Noir. Je rebroussai chemin, et allais sortir par la porte sur la cour lorsque: «Arrête! Nom de Dieu! Avance!

— Où? je demandai, totalement ahuri.

— En haut!» dit-il de son ton rogue.

Je tournai vers l'escalier sur la gauche et me mis à monter. «Pas si vite, là-haut!» beugla-t-il derrière moi.

Je ralentis. Nous arrivâmes au palier. J'étais convaincu que le Gestionnaire serait très féroce — probablement une personne petite et maigre qui se précipiterait sur moi de la porte la plus proche, disant: «Hands up!» en français, et qui sait comment ça doit se dire? La porte en face de moi était ouverte. Je regardai à l'intérieur. Voilà le Surveillant, debout, mains jointes derrière le dos, regardant avec approbation mon progrès. Je me demandais: Dois-je m'incliner? lorsqu'un bruit de bousculade et de petits rires appela mon regard sur la gauche, le long d'un couloir sombre et particulièrement sale. Des voix de femmes... je manquai de tomber d'ébahissement. Ces ombres, n'étaient-ce pas des figures qui me scrutaient depuis des portes, avec un peu d'effronterie? Combien de filles y avait-il? Au bruit, on aurait dit une centaine...

«Qu'est-ce que tu fous», et cétéra, et le planton me poussa brutalement vers une autre volée de marches. Pour lui faire plaisir, je montai, m'imaginant le Surveillant en araignée, posée élégamment au centre de sa toile infâme, en attendant qu'une mouche se débatte trop fort...

Au palier suivant, un deuxième couloir me confrontait. Une porte fermée indiquait qu'un être était installé directement au-dessus de la tête sacrosainte du Surveillant. Sur cette porte on avait inscrit, en grand, pour m'éviter de perdre mon temps en conjectures:

GESTIONNAIRE

Je ne savais pas où donner de la tête. Je m'approchai de la porte. Je me mis même à l'ouvrir.

« Attends, nom de Dieu ! » Le planton me poussa de nouveau, s'installa face à la porte, frappa deux fois, et cria sur un ton de respect ineffable : « Monsieur le Gestionnaire » — à la suite de quoi il me contempla avec un mépris réellement suprême, sa figure propre et porcine assumant une forme presque circulaire.

Je me dis que ce Gestionnaire, quel qu'il soit, doit être un personnage terrible, un personnage horrible, un personnage complètement impitoyable.

De l'intérieur une voix épaisse, stupide, agréable, observa paresseusement :

« Endrez. »

Le planton ouvrit la porte toute grande, se tint raide sur le seuil, et me regarda comme un planton regarde un œuf quand il a un peu faim.

Je passai le seuil, tremblant de (espérons-le) fureur.

Devant moi, assis à une table, je trouvai un individu très gros avec, perchée sur sa tête, une calotte noire. Sa figure disposait d'un nez démesuré, sur lequel un pince-nez se juchait ; par ailleurs la figure était très grande, barbue, très allemande et dotée de trois mentons. Un être extraordinaire. Assis, son ventre se trouvait légèrement enfoncé par le dessus de table, sur lequel reposaient plusieurs énormes volumes semblables aux registres que tiendra l'Ange le jour du Jugement dernier ; deux ou trois encriers ; d'innombrables plumes et crayons ; et quelques documents d'un aspect rigoureusement mortel. Le personnage portait des vêtements dignes et quasi-funèbres, coupés assez large pour donner voie libre à l'ample estomac. La veste était faite de ce tissu noir et extrêmement léger dont sont coutumiers les commis, les dentistes, et surtout les bibliothécaires. Si jamais j'ai vu une vraie bajoue allemande, c'était bien celle-là. Une figure ronde, grasse, rouge, agréable, de buveur de bière, évoquant sur-le-champ et inéluctablement les grosses pipes en écume de mer, les slogans du Deutsche Verein, les seidel mousseux, et le bratwurst disparu de la brasserie Jacob Wirth. Des yeux d'épingle, roses, rieurs, à faire penser au Père Noël lui-même. Des mains rougeâtres, prodigieusement grosses, qui auraient tenu six seidel à la fois dans la Deutsche Küche de la 13e rue à New York. Soulagé, j'eus un hoquet de plaisir.

A l'aide de son pince-nez à ruban, de sa veste de bibliothécaire, d'une grosse chaîne en or avec un médaillon, que sup-

portait son équateur copieux, Monsieur le Gestionnaire semblait
vouloir s'investir du solennel qui émanait forcément de ses fonctions élevées et responsables. Ce solennel, cependant, était mis
en échec par les yeux francs et stupides, et surtout par la trilogie
de mentons de bonne humeur — à tel point que j'avais envie de
m'écrier: « *Wie geht's!* » et de lui donner une bonne claque sur
son énorme dos. Quelle bête ! Une bête contente, une bête bul-
beuse; le seul hippopotame vivant en état de captivité, frais
débarqué du Nil.

Il me considéra avec une curiosité naturelle en de telles
circonstances. Il me considéra avec naïveté, même. Comme si
j'étais en foin. Peut-être que ma tête, couleur de foin, lui plaisait, comme à un hippopotame. Il me mangerait, peut-être. Il
grogna, exposant des défenses, jaunies de tabac; ses yeux minuscules trissaient. Enfin, graduellement, il énonça, avec un
accent épais, la sentence extrêmement impressionnante que voici:

« Z'est l'Amérigain. »

Ravi, je dis: « Oui, je suis américain, Monsieur. »

Il faillit tomber à la renverse dans sa chaise grinçante,
émerveillé d'une réplique tellement inattendue. Il étudia ma
figure d'un air déconcerté, paraissant quelque peu embarrassé
que se tînt devant lui l'Américain, et que l'Américain l'avouât,
et que tout fût si merveilleusement clair. J'observai une deuxième
sentence, plus profonde encore que la première, qui montait
de sa veste noire. La chaîne et le médaillon tremblèrent d'an-
ticipation. J'étais totalement fasciné. Quelle était la vaste boule
de sagesse qui se frayait péniblement un chemin à travers lui?
Les lèvres bulbeuses se tortillaient en un sourire agréable.

« Fous barlez vranzais. »

C'était délicieux. Derrière moi le planton, évidemment irrité
par la gentillesse de Monsieur-le-Gestionnaire, racla le seuil avec
sa botte. Les cartes sur ma droite et sur ma gauche, cartes de
France, de la Méditerranée, de l'Europe même, se sentaient
décontenancées. Un petit bipède exsangue et humble que je
n'avais pas remarqué auparavant, et qui se tenait dans un coin
avec une expression laborieusement respectueuse, paraissait tout
d'un coup soulagé. Je devinai, correctement ainsi qu'il s'avéra
par la suite, que c'était là l'interprète de La Ferté. Sa figure
faible portait un pince-nez similaire à celui de l'hippopotame,
mais sans le gros ruban noir. Voulant le faire trembler, je dis

au potame: « Un peu, Monsieur », et la petite créature faillit tourner de l'œil.

Plein de bonté, l'hippopotame observa: « Fous barlez pien », et son pince-nez tomba de sa perche. Se tournant vers le planton aux aguets:

« Fous bouffez aller. Che fous sabbellerai. »

Le planton esquissa un salut et ferma la porte sur lui. Le dignitaire calotté prit ses documents et se mit à les touiller entre ses énormes pattes, grognant doucement. Enfin il en découvrit un, et dit d'un ton paresseux:

« Te guel entroit êdes-fous?

— Du Massachusetts » répondis-je.

Il pivota et regarda, muet, la figure faible, qui semblait complètement désorientée mais qui parvint à bégayer en minaudant que cela faisait partie des Etats-Unis.

« EUH. » L'hippopotame dit.

Puis il fit remarquer que j'avais été arrêté, et je reconnus que j'avais bien été arrêté.

Puis il dit: « Affez-fous de l'archent? » et, avant que je pusse répondre, il se mit lourdement debout, se pencha pardessus la table où je me tenais, et me poussa doucement du poing.

« Euh. » Dit l'hippopotame, et il s'assit et remit son pince-nez.

« Ch'ai izi fodre archent, dit-il. Fous saffez troit à en direr un beu te demps sen demps. Fous bouffez direr fingt vrancs, zi fous foulez. Fous bouffez les direr teux vois bar zemaine.

— J'aimerais tirer vingt francs maintenant, dis-je, afin d'acheter quelque chose à la cantine.

— Fous me tonnerez un rezu, dit l'hippopotame. Fous foulez direr fingt vrancs maindenant, barvaidement ! » Soufflant et grognant, il se mit à tracer des lettres, d'une écriture particulièrement large et lache.

Puis la figure faible fit un pas en avant et me demanda avec douceur: « *Iou erre âme erriquanne ?* » et donc je soutins une brillante conversation en petit-nègre, sur mes parents et l'Amérique, jusqu'à ce que nous fussions interrompus par

« Euh. »

Potame avait fini.

« Zignez fodre nom izi, » dit-il, et j'obtempérai. Il chercha quelque chose sur un des registres et y cocha mon nom, que je vis avec plaisir dans la liste des pensionnaires. On l'avait épelé, effacé et épelé à nouveau, plusieurs fois.

Monsieur-le-Gestionnaire contempla ma signature. Puis il leva les yeux, sourit, et salua de la tête quelqu'un derrière moi. Je me retournai. Voilà (étant depuis longtemps entré sans bruit) l'Escrimeur Lui-Même, serrant et desserrant nerveusement les mains dans le dos et me regardant avec approbation, comme un gardien de zoo regarde quelque singe rare, nouvellement expédié de son habitat naturel par la maison Hagenbeck.

Potame ouvrit un tiroir. En farfouillant, il découvrit une liasse de billets, en détacha deux, léchant son gros pouce d'un geste pompeux, les recompta, et lourdement me les fit passer. Je m'en saisis comme un singe une noix de coco.

« Fous foulez ? » demanda le Gestionnaire à l'Escrimeur, m'indiquant de la tête.

« Non, non, dit l'Escrimeur, s'inclinant. Je lui ai déjà parlé.

— Abbelez le blandon ! » fit Monsieur le Gestionnaire, et la petite créature courut à la porte, criant d'une voix faible : « Planton ! »

Un « Oui » brusque mais respectueux vint d'en bas. En un instant le planton des plantons entra respectueusement.

« Puisque la promenade est terminée, vous pouvez l'amener au dortoir des hommes » dit le Surveillant, tandis que le potame, infiniment soulagé et plutôt content de lui, s'effondrait dans sa chaise grinçante.

Ayant adressé à l'hippopotame un salut et un « Merci », politesse à laquelle Potame ne prêta aucune attention, et me sentant comme une valise entre les mains d'un porteur, je précédai docilement mon escorte en descendant deux étages. Tandis que nous longions le couloir humide du rez-de-chaussée, je regrettais que ma descente ne fût pas accueillie de chuchotements et de petits rires. Le planton furieux s'était probablement assuré que les femmes gardent leurs chambres en silence. Nous montâmes les trois étages à l'autre bout du couloir, le planton entre tous les plantons défit les cadenas et les serrures de la porte du palier supérieur, et l'Enorme Chambrée me goba.

Je fonçai vers B., me permettant dans mon excitation d'agiter les billets de banque. Sur-le-champ il y eut foule à mes côtés. Avant que j'eusse atteint mon lit — une distance d'une dizaine de mètres — Harrie, Pompon et Jean-le-Baigneur m'avaient tapé

dans le dos, Monsieur Auguste m'avait félicité et Fritz m'avait
salué. Parvenu jusqu'au lit, je me trouvai au centre d'une cohue
énorme. Des gens qui, auparavant, n'avaient rien eu à me dire,
qui s'étaient même moqués de mon extérieur mal lavé et rasé,
m'adressaient la parole, en faisant montre d'un intérêt plus que
poli. Judas lui-même s'arrêta d'arpenter la Chambrée, me contempla pendant un instant, se dirigea rapidement et fluidement
vers moi et fit quelques observations huileuses de caractère aimable. Tous en même temps, Monsieur Auguste, Harrie et Fritz
me conseillèrent de cacher mon argent, de bien le cacher. Il y
avait des gens, tu sais... qui n'hésitaient pas, tu comprends...
Je compris, et au vaste dam de la majorité braillarde je réduisis
mes richesses à leur plus simple expression et les fourrai dans
ma poche de pantalon, les entassant sous plusieurs broutilles
volumineuses. Puis je regardai autour de moi avec une expression de héros de western, propre à calmer toute excitation super-
flue. L'un après l'autre les curieux et les enthousiastes s'éclip-
sèrent, me laissant avec ceux que je considérais déjà comme mes
amis, et avec ceux-là et B., nous passâmes le temps qui restait
avant « Extinction des feux ».

Au cours des deux heures qui suivirent, je troquai une masse
considérable de bipèdes contre un nombre d'individus extrêmement intéressants. De plus, pendant ce temps plutôt restreint
je recueillis toutes sortes de renseignements hautement révélateurs
concernant les vies, habitudes et préférences d'une demi-douzaine
des meilleurs compagnons que j'aurai jamais la chance de rencontrer. En prison, si on est « américain » et du « Mass-a-chu-
setts » on apprend plusieurs millions de choses. Lorsque le bruit
menaçant et redoutable des chaînes, au delà de la porte cadenassée, annonça que les capteurs étaient venus souhaiter la bonne
nuit aux captifs, j'étais encore en pleine conversation et j'avais
fait plusieurs fois le tour du monde. Au bruit métallique, notre
petit cercle se désagrégea en un mouvement centrifuge, comme
par enchantement, et, un peu éberlué, je dus de nouveau faire
face à la réalité.

La porte s'ouvrit toute grande. La silhouette du planton
sur le seuil, qu'on ne distinguait qu'à peine, m'apprit que la
Chambrée n'était pas éclairée. Je ne m'étais pas rendu compte
du noir. Quelqu'un avait planté une bougie (que je me rappelais
avoir vue sur une table au milieu de la pièce lorsque, une ou

deux fois, j'avais levé les yeux pendant notre conversation) sur une petite étagère près du cabinet, et à sa lumière des hommes avaient joué aux cartes, mais à présent tout le monde se reposait tranquillement par terre sur trois côtés de l'Enorme Chambrée. Le planton entra. Marcha vers la lumière. Dit quelque chose pour demander si tout le monde était présent et reçut une réponse affirmative, plus ou moins obscène, d'un bon nombre de voix. Se pavana, donna un coup de pied au cabinet, fit clignoter une lampe de poche et monta tout le long de la Chambrée, examinant chaque paillasse pour s'assurer qu'elle était occupée. Traversa la Chambrée à l'autre extrémité. Commença à descendre de mon côté. Le cercle blanc était dans mes yeux. Le planton s'arrêta. Stupide et fatigué, je regardai l'éblouissement. La lumière se promena partout sur moi et sur mon lit. Une voix dure, derrière l'éblouissement, dit:

« C'est toi, le nouveau? »

Monsieur Auguste, à ma gauche, dit doucement:

« Oui, c'est le nouveau. »

Le lampadophore grogna, s'arrêta un instant au lit de B. pour contrôler un tableau d'innocence totale et, avec un autre planton, dont je n'avais pas remarqué la présence, passa bruyamment la porte, qui vlana derrière lui. Une véritable symphonie de « Bonne nuit », « Dors bien » et autres exhortations affectueuses accueillit la sortie des autorités constituées. De toutes parts, diverses langues leur conseillèrent de rêver à leurs femmes, de se tenir bien au lit, d'éviter de s'enrhumer, et de s'occuper de bon nombre de besoins personnels avant de se coucher. Peu à peu la symphonie s'effondra, me laissant assis sur ma ʃpaillasse, complètement ahuri, fatigué à mort et très heureux.

« Je crois que je vais me coucher, dis-je au noir environnant.

— C'est ce que je suis en train de faire, dit la voix de B.

— Je te jure, ceci c'est le meilleur endroit où j'ai jamais été.

— C'est le meilleur endroit du monde.

— Dieu merci, c'est fini d'A. et de cette Section Sanitaire de malheur, je grognai, mettant mes bottes à la place d'un oreiller imaginaire.

— Ainsi soit-il.

— Si vous met-tez vos chaus-sures en des-sous de la pail-lasse, dit la voix de Monsieur Auguste, vous al-lez bien dor-mir. »

Je le remerciai pour la suggestion, que j'accueillis. Je me reposais dans une extase de bonheur et de fatigue. Il ne pourrait y avoir rien de mieux que ceci. Dormir.

« T'as une Gottverdummer cigarette? la voix de Harrie demanda à Fritz.

— Merde, non » dit la voix de Fritz avec calme.

Des ronflements dans des tonalités diverses s'élevaient déjà à des distances diverses dans des directions diverses. La bougie vacillait un peu, comme s'il y avait lutte à mort entre elle et le noir, et que le noir gagnait.

« J'me f'rai donner une chique par Jean » dit la voix de Harrie.

A trois ou quatre paillasses de moi, une conversation à voix basse se poursuivait. Entre veille et sommeil, j'écoutais encore:

« Et puis, dit une voix, je suis réformé... »

V

UNE GALERIE DE PORTRAITS

A ce point de mon récit, avec la permission du lecteur, je dois formuler quelques observations en dehors du sujet.

Dans les pages qui précèdent j'ai décrit mon « Voyage du Pèlerin », partant du Marais du Découragement, autrement dit: La Section Sanitaire Vingt-et-un (en service à Germaine), à travers les Mystères: Noyon, Creil, et Paris, jusqu'au Camp de Triage de La Ferté-Macé (Orne). A la fin de ma première journée d'habitant attitré de cette dernière institution se clôt une progression bien précise. Avec ma deuxième journée à La Ferté commence une nouvelle période, qui s'étendra jusqu'au jour de mon départ et qui comprendra ma découverte des Délicieuses-Montagnes (nous en avons déjà aperçu deux: le Fils du vent et un autre que je ne nommerai pas encore). Cette période ressemble à une grande caisse grise de jouets entassés pêle-mêle, dont chacun a un sens en soi, indépendant de l'immuable dimension temporelle qui a pour seule fonction de les renfermer tous. J'insiste là-dessus à l'intention du lecteur qui n'a jamais eu le privilège distingué de faire de la prison. Celui qui en a fait me comprendra sans peine, d'autant plus s'il a eu l'expérience hautement révélatrice d'être enfermé pour un temps indéterminé. Dans cette situation comment les événements peuvent-ils se produire et se présenter à l'esprit, sinon comme des particularités totalement indépendantes du Temps? Ou bien, puisque toutes les journées d'un tel prisonnier se ressemblent, comment peut-il se rendre compte du Temps? Une fois que le prisonnier s'est intégré à son milieu, qu'il s'est rendu compte que les conjectures sur sa libération éventuelle ne sauraient abréger ses heures d'internement et qu'elles pourraient très bien, au con-

traire, le plonger dans le désespoir, voire dans la folie, les
événements ne se succèdent plus: rien de ce qui arrive, même
s'il est lié à tel autre événement tout à fait isolé, ne s'intègre
dans une suite de priorités temporelles: chaque événement se
suffit, il existe en dehors des minutes, des mois et des autres
bienfaits de la liberté.

Voilà pourquoi je ne me propose pas d'infliger au lecteur
un journal de cette alternance: vie et non-vie, de ma présence
à La Ferté — non pas parce qu'un tel journal l'ennuyerait à
mourir, mais parce que la technique du journal chronologique
empêche de refléter l'atemporalité. Au contraire: je tirerai de
leur caisse grise quelques jouets, pour moi plus ou moins éton-
nants, qui déplairont peut-être au lecteur mais dont les couleurs,
formes, textures font partie de ce présent effectif, sans avenir
ni passé, que ceux seulement connaissent qui ont subi l'ampu-
tation du monde.

Ainsi que je l'ai déjà dit, La Ferté était un port de triage,
c'est-à-dire, un endroit où le Gouvernement Français entassait
des suspects de toute espèce en attendant qu'une commission
décidât de leur culpabilité. Si à l'avis de la commission c'étaient
des individus méchants, ou dangereux, ou indésirables, ou louches, ou autrement incompréhensibles, on les expédiait de La
Ferté dans une vraie prison: Précigné, dans la Sarthe. Sur la
prison de Précigné il circulait les rumeurs les plus affreuses. On
chuchotait qu'elle était entourée d'un large fossé, d'une infinité
de barbelés hauts de dix mètres, et de murs qu'on éclairait la
nuit afin de décourager toute velléité d'évasion. Une fois arrivé
à Précigné on était dedans pour de bon, pour la durée de la
guerre, durée qui était l'objet de spéculations infréquentes mais
lugubres — infréquentes, comme je l'ai dit, pour des raisons
de santé morale, et lugubres pour des non-raisons: régime, pri-
vations, ordure et autres bagatelles. La Ferté s'ouvrait donc
soit sur la liberté, soit sur Précigné, les chances de la première
étant de l'ordre de trois sur cent. Mais le Gouvernement Français, dans son excellence, son inimitabilité et sa bienveillance absolues, se refusait à borner sa générosité au seul offre de Précigné: au delà se profilait un cauchemar au nom singulièrement
poétique de l'île de Groix. L'homme qu'on envoyait à l'île de
Groix était foutu.

Le Surveillant, se penchant de sa lucarne, avait donc l'habitude de nous dire, comme à l'occasion il me le disait entre quat'z'yeux: « Vous n'êtes pas prisonniers. Oh, non: pas du tout: absolument pas. On ne traite pas les prisonniers comme ça. Vous avez de la chance. »

Oui, j'avais de la chance, mais ce pauvre Monsieur-le-Surveillant était loin de se douter pourquoi. Quant à mes coprisonniers, il me navre de dire qu'à mon humble avis il avait parfaitement tort. Après tout, qui avait droit à La Ferté? Toute personne que la police dénichait dans la douce France et qui remplissait les conditions suivantes: (1) être innocente de trahison; (2) être incapable de le prouver. Quand je dis: trahison, je fais allusion à toutes les sales petites habitudes de liberté — de pensée ou d'action — qu'on ensevelit en temps de guerre, croyant naïvement que de leurs cadavres surgiront des violettes dont le parfum réjouira tous les hommes de bonne volonté et leur apportera l'oubli de leurs peines. Aujourd'hui encore, par exemple, en l'an de grâce 1920, le Fort-Leavenworth, prison militaire pour objecteurs de conscience, dégage un parfum que certains Américains trouvent pleinement délicieux. De combien de Fertés la France s'enorgueillissait — et pour autant que je sache s'enorgueillit encore — Dieu seul le sait. En tous cas, dans cette république-là on a proclamé l'amnistie, à ce qu'il paraît...

Mais revenons-en à la remarque du Surveillant.

J'avais de la chance. Parce que je suis de mon métier peintre et écrivain. Tandis que mes très bons amis, tous des individus très louches, pour la plupart des traîtres, heureux de disposer encore de leurs vertèbres cervicales, et tout ce qui s'ensuit, ne savaient à quelques exceptions près ni lire ni écrire, encore moins « faire des photographies », comme disait en gloussant Monsieur Auguste (ce qui me faisait rougir de plaisir): pis encore, la plupart de ces affreux criminels, comploteurs infâmes contre l'honneur de la France, ne savaient pas un mot de français. C'est bizarre. Souvent j'ai médité sur la sagesse indicible et éternelle des limiers qui, sans s'arrêter à des faits qui eussent amené des intelligences moins astucieuses à croire ces hommes trop stupides, ou trop simples d'esprit, pour s'y connaître en l'art de la trahison, et s'abattant sur leur proie impuissante avec ce courage ineffable qui caractérise tous les policiers du monde, entassaient la dite proie dans les Fertés de ce puissant pays où, si je ne me trompe, j'ai lu sur le fronton de certains bâtiments officiels:

LIBERTÉ. EGALITÉ. FRATERNITÉ

Et je m'étonnais que la France pût avoir besoin de Monsieur Auguste, qu'on avait arrêté — parce qu'il était russe — quand ses coéquipiers de l'Arsenal se sont mis en grève, et dont la femme l'avait besoin à Paris parce qu'elle mourait de faim et que leur gosse prenait une drôle de mine pâlotte. Monsieur Auguste, ce dangereux malfaiteur désespéré d'un mètre cinquante qui — lorsqu'il ne pouvait pas s'empêcher de pleurer (on doit sans doute penser à sa femme, ou même à son gosse, une fois ou l'autre, quand on les aime) « et ma femme est très gen-tille, elle est fran-çaise et très belle, très, très belle, vrai-ment, elle n'est pas comme moi, un pe-tit homme laid, ma femme est grande et belle, elle sait très bien lire et é-crire, vrai-ment; et no-tre pe-tit gar-çon... vous de-vri-ez voir no-tre pe-tit gar-çon...» — avait l'habitude de se lever, prenant B. par un bras et moi par l'autre, et de s'écrier:

« Al-lons, mes a-mis ! Chan-tons *Coincoincoin*. »

Sur quoi nous entonnions cette chanson, que Monsieur Auguste nous avait apprise avec un soin méticuleux, et dont l'exécution lui procurait un plaisir infini:

« *Un canard, déployant ses ailes*

(*Coincoincoin*)

Il disait à sa canne fidèle

(*Coincoincoin*)

Il chantait (*Coincoincoin*)
Il faisait (*Coincoincoin*)
   Quand (si j'ai bien compris)
Finiront nos tourments,

Coin.

Coin.

Coin.

Co-

in. »

Je ne comprendrai sans doute jamais rien de Ce Canard Formidable. Ni pourquoi Monsieur Auguste, ce pauvre bout de bonhomme, basculait en un rire total quand la chanson s'ache-

vait, entraînante, sur une note tellement basse qu'elle nous es-
soufflait tous.

Et puis l'Instituteur.

Un petit vieillard fragile dans un pantalon terriblement grand.
Quand il marchait, de son pas inquiet, apeuré, ce pantalon faisait les plis les plus saugrenus. Dans la cour, s'il s'appuyait contre un arbre — avec une vieille, très vieille pipe, fragile elle aussi,
qui sortait de sa poche — son col, trop grand de trois bonnes
tailles, jaillissait de telle sorte que son cou desséché paraissait
aussi effilé que la cravate blanche qui flottait sur une chemise
à la mesure du col. Il portait par tous les temps une veste qui
lui arrivait au-dessous des genoux: il avait dû l'avoir en héri-
tage, en même temps, d'ailleurs, que les genoux. Quand l'Instituteur s'asseyait tranquillement pour écrire à une petite table à
trépieds dans l'Enorme Chambrée, une énorme plume emportant
sa faible main osseuse, les vastes épaules de sa veste pointaient,
comme des ailes, de part et d'autre de ses coudes. Sa casquette,
démesurée elle aussi, était munie d'un petit bouton comme une
tête de clou; c'était à croire que cette vieille marionnette avait
perdu sa pauvre tête grise, et que pour la réparer on avait
tout bonnement cloué la tête sur le cou — sa place normale,
après tout. De quel crime hideux soupçonnait-on cet être?
Par suite de quelque faux calcul, il avait trois moustaches,
dont deux étaient des sourcils. Il avait été instituteur en Alsace, sa sœur est toujours là-bas. Quand il parle, sa douce figure
se décompose paisiblement en triangles. Tous les matins il
agrafe sa cravate avec un Clac! et s'en va, tiré par son col
en celluloïd, s'inquiétant doucement de lui-même, s'inquiétant
délicatement du monde. Aux heures des repas il regarde de
côté tandis qu'il fourre de la soupe entre des lèvres raides.
Deux trous à la place des joues. Des leçons jouent à cache-
cache dans les rides. Des cloches tintent dans la vieillesse des
yeux. A-t-il par hasard raconté aux enfants qu'il existe des
choses contre nature, telles que la paix et la bonne volonté?...
un corrupteur de la jeunesse, pas de doute... complètement incapable de colère, entièrement timide et tintinnabuleux. Il aurait tellement voulu savoir: en Amérique, y a-t-il des chevaux sauvages?

Oui, sans doute que l'Instituteur était un séditieux notoire.
Les voies de l'omniscient Gouvernement Français, comme celles
du Seigneur, sont impénétrables. Mais Emile?

Emile-le-Chemineau. Le lecteur connaît-il les dessins de F. Opper? Sinon, il ne goûtera pas pleinement le personnage. Emile-le-Chemineau est un philosophe. S'efforçant de suivre ses jambes, le fond de son pantalon se hisse en-haut-et-sur-le-côté d'une façon très drôle. Combien de fois, Emile-le-Chemineau, n'ai-je monté l'escalier derrière toi après La Soupe, gravi lentement, l'une après l'autre, les marches misérables, derrière le ballonnement rythmé de ton pantalon? Emile est propriétaire d'une écharpe qu'il passe autour de ses vastes cuisses, reliant ainsi son pantalon, par ailleurs excessivement indépendant, à ce personnage très important: son ventre. Il n'est ni rasé ni tondu. Comme tout Belge, il porte entre les dents, nuit et jour, une chique, qu'il achète en ville — car de temps en temps, en sa capacité de Quelque Chose (sous-balayeur, peut-être) il passe, sous bonne garde, les portes que seul un philosophe peut franchir. Son âme oppérienne pointe par les petits yeux rusés. Lancé dans une discussion — qu'elle tourne sur les droits de l'homme, le prix des patates ou la sagesse de la guerre — Emile-le-Chemineau ne lâche plus ni son idée ni son homme. Assez curieusement, il est par-dessus tout sincère, presque traîtreusement sincère. Quand il a raisonné avec son homme jusqu'à lui extorquer un aveu abject de défaite totale, Emile s'éloigne à grands pas chaloupés. Ayant pris quelque cinq mètres d'élan, il vire en un éclair et se rabat sur sa victime, si vite en effet qu'on ne se rend pas compte qu'il s'est retourné. La victime se tord de nouveau sous le fouet de la loquacité intarissable d'Emile-le-Chemineau, elle avoue, confesse, demande pardon... et Emile s'éloigne en chaloupant, puis se retourne encore une fois, se précipitant avec une vigueur renouvelée sur son adversaire au bord des larmes, balayant tout sur son chemin, même la raison. Par ailleurs, pour un Belge c'est un bien brave type, qui s'occupe en chaloupant de ses affaires, et qui mâche sa chique avec satisfaction. Pas quelqu'un de terriblement nuisible, à ce qu'on dirait... et pourquoi le Gouvernement Français a-t-il besoin de le garder sous clef, je me le demande? C'est sans doute son éloquence fatale qui l'a livré aux griffes de La Misère. Les gendarmes sont curieusement sensibles: ils ne sauraient tolérer la moindre fausse nouvelle au sujet du sort probable du prix de la patate. Puisque c'est leur devoir et leur privilège de s'offusquer de tout acte de lèse-gouvernement, et que le ministre de l'agriculture (ou de quelque chose) fait partie du gouvernement, et que les attributions du ministre de quelque chose comprennent, bien entendu, la patate, il est interdit à toute personne de porter atteinte, de quelque manière que ce soit, à la dignité d'une patate. Sans doute Emile-le-Chemineau avait-il porté atteinte à la dignité de deux patates.

Reste, pourtant, le problème du Bonhomme-à-la-casquette-orange. Du point de vue visuel, comme d'ailleurs de tous les points de vue, le Bonhomme-à-la-casquette-orange était charmant. Jusqu'à l'arrivée du Zoulou (dont je parlerai plus tard) il demeurait paisiblement seulet. Mais le Zoulou le faisait jouer. Il était toujours à poursuivre le Zoulou autour des arbres de la cour, faisant coucou, jouant au chat, poussant parfois ce qui ressemblait à un rire. Avant le Zoulou, le Bonhomme-à-la-casquette-orange souffrait de la solitude, parce que personne ne voulait de lui. Non pas qu'il ait fait quelque chose de mal vu: au contraire, il se tenait parfaitement bien, — mais parce qu'il ne savait pas parler, ou plutôt: articuler. Ce défaut n'empêchait pas le petit Bonhomme-à-la-casquette-orange d'être timide. Quand je lui demandai un jour pourquoi on l'avait arrêté, il répondit: « GOU », aussi timidement qu'on puisse imaginer. Il était tout à fait charmant. Inconsciemment, chacun, bien sûr, craignait de devenir dingue, sauf ceux qui l'étaient déjà et qui se trouvaient ainsi dans la situation parfaitement agréable de ne rien avoir à craindre. Ceux qui demeuraient encore sains d'esprit avaient donc tendance à rembarrer et à rabrouer leurs compagnons plus heureux — à moins que le dingue, comme Jean-le-Baigneur, fût adéquatement protégé par un nombre suffisant de compatriotes invincibles. Le petit Bonhomme, lui, on le rembarrait et le rabrouait à tout bout de champ, ce qui n'affectait en rien sa petite bonhomie, mais ses grands yeux bleus et vides restaient lointains. S'il se tenait à l'écart des bagarres, parfois il se laissait aller à en apprécier une, mais ensuite il s'en allait s'asseoir sous un tout petit pommier, contempler le non-être jusqu'à ce qu'il se fût suffisamment puni. Je ne vois toujours pas comment le Gouvernement Français s'était décidé qu'il en avait besoin, à moins que — ah ! voilà: il était en réalité un criminel archi-intelligent qui avait subtilisé au ministère du plus important des ministres les dossiers ministériels de ce ministre énormément important, et ce

crime avait amené la révélation remarquable et démoralisatrice
qu'on avait, la veille, découvert le président Poincaré dans un
corps-à-corps douteux avec une punaise défaitiste... et toute
l'idiotie apparente du petit Bonhomme-à-la-casquette-orange
était un bluff très astucieux... et au moment même où je l'ai
connu il était sans doute en train de réunir un dossier d'une
nature tellement scandaleuse que la pire feuille défaitiste elle-
même ne l'eût publié, dossier concernant les plantons-z-innocents-
z-et-fidèles... Oui, il me souvient maintenant: une fois je lui
demandai en français s'il ne faisait pas beau (puisque, comme
toujours, il pleuvait, et qu'il n'y avait que lui et moi à faire
la promenade), et lui m'a regardé droit dans les yeux et, avec
un sourire timide, il m'a dit: « WOU ». Cette déclaration sert à
corroborer la théorie selon laquelle il était un archi-conspirateur,
puisque (bien sûr) les lettres: W, O, U signifient Wilhelm Ober
Ulles, ce qui veut dire, en autrichien, Mergitur nec fluctuat...
Oui, en effet. Le Gouvernement Français avait, comme toujours,
raison. On m'a dit une fois que le petit Bonhomme était autrichien, et que le Silencieux était autrichien, et que — chut ! —
ils étaient autrichiens tous les deux. Voilà pourquoi on les avait
arrêtés: comme on avait tout naturellement arrêté Untel, turc;
et qu'on avait inévitablement, naturellement et — en temps de
guerre — inéluctablement arrêté Untel, polonais. Et moi, américain: je n'avais pas été arrêté, moi? J'ai dit que moi certainement, et l'ami de moi aussi.

Une fois j'ai bien vu la Casquette orange s'approcher timidement du Silencieux. Ils se sont regardés, tous les deux très
embarrassés, conscients peut-être qu'ils devraient se dire quelque
chose d'autrichien. Puis le Silencieux détourna les yeux. Le visage du petit Bonhomme devint vide et solitaire, et doucement,
sur la pointe des pieds, il s'en alla à son pommier.

« Untel, turc » arriva de Paris très tard un soir sous la
bonne garde de trois gendarmes, et dans la nuit s'installa, paillasse et tout, dans une place provisoirement vide qui séparait
mon lit de celui de droite. Or, parmi les cinq distractions défi-
nies et confirmées qu'on agréait à La Ferté, à savoir: cracher,
jouer aux cartes, insulter les plantons, écrire aux femmes, et se
battre, j'avais quelque aptitude pour la seule première. A force
de m'entraîner (me penchant d'une fenêtre en compagnie de
divers artistes plus accomplis, et essayant de toucher soit la sen-

tinelle en-dessous, soit un rebord de fenêtre ou une flaque de
boue sur lequel nous nous étions mis d'accord par un travail
intellectuel difficile mais raffiné), si je n'étais pas passé maître
en l'art de cracher, du moins étais-je devenu un concurrent
dangereux, rapport à la précision. Cracher au lit était non seulement amusant: pour plusieurs raisons, entre autres celle du climat, c'était nécessaire. La place libre à ma droite constituait
un crachoir très commode, voire agréable. Tous ne jouissaient
pas de ce luxe, deux ou trois seulement — mais tous devaient
cracher la nuit.

Couché donc, et ayant par trois fois fait usage de mon
crachoir, je fus tiré de mon demi-sommeil par une apparition
en pyjama bien repassé, sortie du trou noir à côté de moi. Me
dressant, je découvris un fantôme petit et, à ce qu'il me semblait, juif, avec des yeux sensibles et une expression de douce
protestation centrée sur ses joues éloquentes. La langue, me
dis-je, est arabe, mais a-t-on jamais entendu parler d'un Arabe
en pyjama? Aussi ce fut en français que je demandai humblement pardon, lui faisant comprendre que son arrivée m'était
aussi inattendue qu'agréable. Le lendemain matin nous échan-
geâmes nos cartes de visite: il fuma une de mes cigarettes et
moi une des siennes, et j'appris qu'il était turc et que son frère
travaillait chez un confiseur parisien. Fouillant dans ses maigres
bagages avec une agilité très gracieuse et très aimable, il me
surprit et m'enchanta en produisant le meilleur loukoum qu'il
m'ait été donné de goûter. Sa générosité frappait autant que son
raffinement: en un quart d'heure nous étions amis. Le soir, par
la suite, il s'asseyait sur mon lit ou sur celui de B. et nous
disait son étonnement qu'on ait pu l'arrêter, parlant avec un
émerveillement sobre qui nous ravissait. Ça ne le dérangeait pas
du tout que nous l'interrogions sur les langues arabe, turque et
persane, et devant notre insistance il nous en traça quelques
caractères, merveilles de simplicité et d'élégance. J'ai passé beaucoup de moments assis, seul, à copier certains de ces fragments
rythmiques. Nous laissâmes entendre qu'il savait peut-être chanter? mais il ne fit que rougir, comme s'il voyait, en souvenir
ou en rêve, quelque chose de lointain et de trop beau pour
qu'il pût en parler.

Il était vraiment trop raffiné pour que La Ferté pût se
passer de lui.

A croire que nous eussions besoin d'un professeur de danse
le Gouvernement Français s'est peut-être un peu fourvoyé: j'ose
l'affirmer parce que l'extraordinaire créature en question ne fut
des nôtres que pendant peu de temps. Où s'en fut-il, Dieu seul
le sait, mais il partit de la meilleure humeur possible. Un garçon blond, vaniteux, de quelque dix-huit ans, qui portait un
pantalon de velours côtelé bleu avec une grande écharpe à la
ceinture, et qui annonçait à tous, sur un ton confidentiel:
    « Moi, j'suis professeur de danse »,
ajoutant qu'il détenait à ce moment-là « vingt diplômes ». Les
Hollandais ne pouvaient pas le voir, mais il nous plaisait assez
— comme on prendrait plaisir à un paon plutôt absurde qui
pour une raison quelconque serait venu se percher sur l'égoût
qu'on habitait pour l'éternel instant. Pas d'autre souvenir de lui,
sauf qu'il parlait boxe avec bravade et qu'il disait « mon vieux »
à tout le monde. Quand il nous quitta, portant ses bagages
comme un rien, un peu pâle, c'était comme si notre fumier perdait son papillon. Monsieur Malvy, ce très-distingué ministre
de l'intérieur, prenait sans doute plaisir à cueillir les papillons
— jusqu'à ce qu'on le cueillît lui-même. Un jour je devrais aller
lui rendre visite à la Santé (ou dans tel autre lieu de villégia-
ture où on l'aura consigné) et, me présentant à lui en tant que
l'un de ceux qu'il avait expédiés à La Ferté, lui poser un certain
nombre de questions.

J'ai failli oublier l'Ours — le deuxième, à ne pas confondre
avec le ramasseur de mégôts. Un grand bonhomme hirsute,
paysan parlant de « mon petit jardin », anarchiste, qui accaparait
presque sans interruption la table boîteuse, gênant quelque peu
ainsi le doux Instituteur. Très content de lui, il lisait tout fort
les lettres qu'il adressait à « mes confrères », les exhortant à des
efforts encore plus grands, le temps est mûr, tous les hommes
sont des frères, et cétéra. J'aimais l'Ours. Sa sincérité, pour aussi
étonnament maladroite qu'elle fût, demeurait tout à fait irrésistible. Son français même était à la fois maladroit et étonnant.
J'arrive difficilement à croire que ce fût un ours dangereux.
J'aurais été le Gouvernement Français que je l'aurais envoyé
cueillir des mûres tant que le cœur lui en disait, comme un ourt
se doit de le faire. Peut-être que je l'aimais par-dessus tous
pour sa belle maladresse à présenter une idée: sa façon de l'arracher de son cadre d'un grand coup de sa patte cordiale ré-

jouissait tout le monde — sauf le Gouvernement Français. Il avait, si je me rappelle bien,

VIVE LA LIBERTÉ

tatoué en bleu et vert sur sa large poitrine velue. Un bel ours. Un ours qui, pour autant qu'on lui torde le museau, qu'on le fouette, qu'on l'affame, n'apprendra jamais à danser... mais j'ai un faible pour les ours. Il s'en fut pesamment un jour — retrouver, je l'espère, son coin de bruyère, ses oursons, ses confrères et tout ce qu'un nounours trouve excellent, agréable et hautement désirable.

Je faisais encore ma cure dans l'Orne lors de l'évasion du Jeune Russe et du Coiffeur. Le premier, un garçon de pas plus de dix-neuf ans, terriblement grand et fort, était parvenu jusqu'à nous par le chemin de la réclusion, mois après mois de pain sec et d'autres gentils rappels à l'ordre. Au contraire de Harrie, tout de même son inférieur quant à la force physique, il se tenait tranquille. On lui foutait la paix. Plusieurs fois je suis allé en ville avec lui « attraper l'eau », et j'ai trouvé en lui un excellent compagnon. Il m'apprit à compter jusqu'à dix en russe, se montrant la patience même devant le mal que me donnaient le dix et le neuf. Un jour il prit le boulet de canon et le lança si fort contre le mur qui séparait la cour des hommes de celle des femmes qu'il l'en ébranla: un morceau de pierre en tomba. Du coup, et au grand dam de Harrie et de Fritz, qui avaient pris l'habitude de lancer le boulet tous les jours, quatre plantons en sueur unirent leurs faiblesses pour nous l'enlever, et faillirent mourir en accomplissant ce devoir hautement patriotique.

Le Coiffeur, ami du Jeune Russe, avait garni une petite étagère dans l'Enorme Chambrée d'un étonnant déploiement: bouteilles, vaporisateurs, toniques, poudres, ciseaux, rasoirs et autres instruments meurtriers. Je n'ai jamais compris que nos ravisseurs lui aient autorisé un tel arsenal d'armes visiblement dangereuses, tandis qu'on nous fouillait presque toutes les semaines pour des couteaux. N'était ma préférence pour le gillette de B., j'aurais probablement mieux connu le Coiffeur. Ce n'était ni son tarif, ni même sa technique, qui m'amenait à éviter ses instruments hygiéniques, mais la crainte de la contamination. Non pas que je me rasais à l'excès: au contraire. (Le Surveillant me raisonnait souvent au sujet de ma tenue — au moins deux

fois par semaine, dès que j'ai commencé à tirer quelques francs
sur Norton-Harjes: j'étais de bonne famille, j'étais bien élevé
(pas comme mes camarades), et je devais me tenir net et propre
afin de donner aux sales et aux ignorants un exemple éclatant.
Mon ami et moi, ajoutait-il sournoisement, nous nous trouve-
rions très à l'aise à l'infirmerie: là nous pourrions être seuls,
comme les gens bien; nous pourrions avoir nos repas servis
dans la chambre pour éviter le réfectoire; et puis la nourriture
serait celle que nous aimions, de la bonne nourriture, spécialement cuisinée... et tout cela pour (il appliqua à sa façon la
politique de la main tendue) peu de chose, à verser, si je le
voulais bien, sur-le-champ. A quoi je souriais dédaigneusement,
seul le souci égoïste de ma peau m'empêchant de l'envoyer par
la fenêtre.) Bien que les sermons du Surveillant sur le respect
de soi-même aient fait les délices de nos nombreux amis et aient
dû toucher les oreilles du Coiffeur, soit dit pour lui que jamais
il ne me fit une offre de service. C'était un bel homme calme,
dans les trente ans, aux yeux brillants comme des rasoirs, et je
ne sais plus rien de lui — sinon qu'un jour lui et le Jeune
Russe, au lieu de passer de la cour directement dans le bâtiment après la promenade, prirent une petite porte dans un
recoin entre le mur de pierre et la cuisine, tant et si bien qu'on
ne les revit plus jamais. Il leur fallut escalader un mur de trois
mètres de haut, franchir d'autres obstacles mineurs, et exécuter
un sprint à ciel ouvert, et ce, pourrait-on faire remarquer sub-
versivement, sous les yeux mêmes de ces vigilants gardiens de
notre sécurité: les plantons aux cœurs de lions, mais ceux-ci ne
s'aperçurent de l'événement que plusieurs heures plus tard. Mais
qui sait? le Gouvernement Français, n'aurait-il pas fait exprès
de les laisser s'évader, ayant appris — grâce à son incomparable
système de renseignements — que le Coiffeur et son jeune ami
s'apprêtaient à attenter à la vie du Surveillant au moyen d'un
vaporisateur rempli de T.N.T.? Rien de moins invraisemblable,
après tout. En effet, avec eux s'évanouirent dans les brumes de
l'Orne deux rasoirs de la meilleure trempe, offerts au rusé
Coiffeur par le Surveillant « soi-même » dans l'intérêt de la santé
publique, et un couteau de cuisine qu'on lui avait prêté pour
éplucher les patates quand il s'était plaint de l'extraordinaire
dispositif de sécurité qu'on nous procurait tous les deux jours,
outrage, insista-t-il, à lui-même et à son métier. Je le revois

bien, dans l'Enorme Chambrée, qui découpe soigneusement des pommes de pommier, les partageant avec le Jeune Russe. Le soir de l'évasion on eut la bonté de nous dire, afin de maintenir notre moral, qu'on avait mis le grappin sur les deux fuyards avant qu'ils ne fussent arrivés bien loin en dehors du village, et qu'on leur avait infligé une peine allant jusqu'aux travaux forcés à perpète — verbum sapientibus, à bon entendeur, etc. On institua en outre une visite de nuit, cérémonie au cours de laquelle un planton nous comptait trois fois, divisait le total par trois, et s'éclipsait.

« Soi-même » me rappelle un charmant esprit qui apportait à notre petite société un bon peu d'humour et d'élégance. B. et moi, nous l'avions doté du beau titre de Même-le-Balayeur, en l'honneur d'un incident passionnant qui se produisit quelques jours à peine après mon arrivée, et que je dois me contenter d'esquisser ici, n'osant pas le raconter. Ce jour-là, à ce qu'il paraît (moi, j'étais en bas dans la cour, profitant de la promenade de l'après-midi), certains parmi les habitants les plus virils de l'Enorme Chambrée — dont bien entendu Harrie et Pompon — avaient refusé la promenade et gardé la chambre. Leur but n'était rien moins que de mettre en application un petit accord passé avec quelques filles — notamment Céline, Renée et Lily — qui, ayant elles aussi refusé la promenade, s'arrangèrent au cours de l'après-midi à fuir leur quartier au deuxième étage, à courir le long du couloir, et à gagner le palier de dessus, où se trouvait la porte, unique et bien cadenassée, de l'Enorme Chambrée. L'acte suivant de ce vaudeville (tragédie pour les protagonistes qui, hommes et femmes, finirent au cabinot, au pain sec, pendant des semaines) pourrait bien s'intituler: *Amour, quand tu nous tiens...* Comment on a pu, de l'intérieur, forcer la serrure et ouvrir la porte dépassera toujours l'entendement de qui ne possède pas à fond l'art du cambrioleur. De toute façon, on y parvint, et en quelques cinquièmes de seconde. Maintenant baissons le rideau, et que le lecteur se satisfasse du mot lourd de sens: « Entr'acte », qui trouve sa place dans toute bonne représentation théâtrale.

Je suis au regret de dire que le Surveillant se méfiait de son balayeur. On changeait souvent de balayeur parce que les balayeurs étaient invariablement (en honteux contraste avec les plantons) des êtres humains, et que pour cette déplorable raison ils ne manquaient jamais de porter les billets qu'échangeaient les hommes et les femmes. Sous cette inculpation notre balayeur — un homme agile, bien fait, l'œil perçant, avec un sens de l'humour et une connaissance subtile, particulière et générale, des hommes, des femmes et des choses — se vit appeler à la barre d'un tribunal improvisé, après la promenade, dans l'Enorme Chambrée, sous la présidence effective de Monsieur-le-Surveillant. Je ne détaillerai pas les accusations portées contre certains: je me bornerai à citer la fin d'une péroraison qui eût fait honneur à Démosthène lui-même:

« Même le balayeur a tiré son coup ! »

L'individu incriminé se fit tout modeste devant l'opinion de Monsieur-le-Surveillant, tandis que l'assistance hurlait, se trémoussant d'un rire presque féroce. J'ai rarement vu le Surveillant plus content de lui qu'en produisant ce mot: seule la crainte de son supérieur, cet ogre le Directeur, l'empêcha d'acquitter tous les accusés d'un méfait qui, du point de vue d'un Européen, relevait de par sa nature même de l'humain. Puisqu'il n'y avait aucune preuve contre Même, on ne l'endonjonna point, mais il perdit son poste de balayeur — ce qui de son point de vue devait être tout aussi pénible — et de ce jour il devint un habitant ordinaire de l'Enorme Chambrée, comme n'importe qui.

Son successeur, Garibaldi, était quelqu'un.

Comment le tout-puissant Gouvernement Français, dans sa sage toute-puissance, a bien pu trouver pour Garibaldi une place parmi nous, je ne le comprends pas et jamais je ne le comprendrai. C'était un petit bambin qui portait un uniforme français bleu-gris fané; quand il suait, il soulevait le képi de son front soucieux, qu'une épaisse boucle de cheveux surplombait, menaçante. Si je me rappelle bien son ascendance terriblement difficile, sa mère anglaise l'avait présenté à son père italien en France. Quoi qu'il en soit, il avait servi à un moment ou à un autre dans les armées italienne, française et anglaise. Puisque, lui à part — et il n'avait rien d'un italien — aucun sujet du roi Caruso Ponzi Spaghetti n'était alors en résidence à La Ferté-Macé, pas plus d'ailleurs qu'un citoyen qualifié de la *Merrie England*, Garibaldi avait pris l'habitude de s'exprimer — surtout à la table de jeu, soit dit en passant — en un curieux sabir qu'on pouvait méprendre pour du français. Quand il parlait avec B. et moi, il se servait d'un parler tout aussi curieux, mais parfaitement reconnaissable: le cockney de White-chapel. Il nous fit voir une carte d'identité rigoureusement authentique, attestant que sa famille avait perçu une maigre aumône de telle œuvre du quartier de Whitechapel, que de sur-croît elle percevait régulièrement la dite aumône, et qu'enfin son droit à celle-ci était largement justifié du fait de sa fai-blesse économique. En dehors de ce précieux certificat, Gari-baldi (comme tout le monde l'appelait) atteignait une incohérence totale. On lui avait fait du tort. Il avait toujours été incompris. Sa vie n'avait été qu'une suite de déboires mystérieux. Pour ma part, j'ai une petite idée qu'on l'avait arrêté pour avoir volé quel-que babiole particulièrement futile et qu'on l'avait expédié faire pénitence aux limbes de La Ferté. Cette petite idée se fonde sur un incident qui se déroula quand l'Astucieux procéda à une fouille pour retrouver son couteau disparu — mais avant de décrire cet épisode plaisant, je dois présenter l'Astucieux au lecteur.

Imaginez un homme haut, bien habillé, plutôt athlète, soigné, propre et net, intelligent, jamais cafardeux, tout à fait l'homme supérieur, assez jeune (vingt-neuf ans peut-être) et chauve comme un œuf. Gagnant assez chaque nuit au jeu, il trouve toujours à embaucher quelqu'un de moins favorisé pour faire sa corvée d'eau. En conséquence, chaque matin il prend son café infect au lit, fume paresseusement une cigarette ou deux, fait un somme et se lève pendant la promenade du matin. Une fois debout, il repasse son rasoir (personne ne sait de quel droit il possède un vrai rasoir), savonne soigneusement visage et cou, et s'acharne à réduire à rien la poussée insignifiante de barbe que lui découvre un chouette miroir posé nuit et jour au-dessus de sa tête sur une petite étagère où s'étale tout un nécessaire de toilette. Le carnage terminé, il se sert, pour les ablutions les plus étendues, d'un des trois ou quatre seaux d'eau dont l'Enorme Chambrée s'enorgueillit, et qui d'un commun accord est réservé exclusivement à son usage personnel. Pendant tout ce temps il chante, d'une voix forte et musicale, un refrain d'une originalité remarquable:

> « *mEET me to-nIght in DREAmland,*
> *UNder the SIL-v'ry mOOn,*
> *meet me in DREAmland,*
> *sweet dreamy DREAmland —*
> *there all my DRE-ams come trUE.* »

Son accent en anglais est excellent. Il prononce sa langue maternelle, celle des Hollandais, d'un ton tranchant et ferme. Il ne s'adonne pas au Gottverdummer. En plus du néerlandais et de l'anglais il parle clairement le français et distinctement le belge. Il doit connaître en tout une demi-douzaine de langues. Il me fait l'impression d'un homme qui ne serait jamais en panne, en quelque situation qu'il se trouve. Un homme capable de se tirer de la passe la plus mauvaise, et encore avec la plus grande aisance. Un homme qui sait attendre, et qui profite du moment présent pour séparer, chacun son tour, ses codétenus argentés de leurs billets de banque. C'est de loin le joueur le plus froid que j'aie jamais connu. Rien ne le trouble. S'il perd deux cent francs ce soir, je sais qu'il les regagnera, avec cinquante en plus, demain. Il joue contre tout venant: le stupide, le malin, le vaniteux, le prudent, l'acharné, le désespéré. Il ignore la pitié comme la crainte.

Dans un de mes nombreux carnets je retrouve ce paragraphe parfaitement explicite:

> Table de jeu: 4 regards jouent au chemin de
> fer contre 2 cigarettes (1 morte) & Une pipe
> les figures contrastantes arrachées par la mai-
> greur d'une bougie fichée dans une bouteille
> (Naissance J.-C.) où siège l'Astucieux qui
> ponte, chante (le matin) « Meet me... »

spécimen de technique télégraphique qui, en clair, veut dire: Judas, Garibaldi et le Patron hollandais (que le lecteur connaîtra tout à l'heure) — la cigarette de Garibaldi s'étant éteinte, tellement il est absorbé par le jeu — jouent au chemin de fer contre quatre individus aux regards concentrés qui sont peut-être l'Instituteur, Monsieur Auguste, le Coiffeur, et Même; comme toujours (ou presque toujours) c'est l'Astucieux qui tient la banque. Une bougie, fichée dans le goulot d'une bouteille, éclaire de sa maigre lueur les différentes physionomies et leur découvre une féroce unité. L'éclairage de l'ensemble, la disposition rythmique des figures, construit une intégration sensuelle qui suggère une Nativité de maître hollandais. L'Astucieux, après son gazouillis matinal, ne desserre pour ainsi dire pas les dents. Il gagne et il ponte, et il ponte parce que ses moyens lui permettent de jouer gros à chaque coup. Tout ce qui manque pour

parachever ce tableau de décontraction désintéressée et complètement sans nerfs, c'est le râteau d'un croupier. C'est un joueur
né, l'Astucieux — et sans doute que jouer aux cartes en temps
de guerre constituait un crime abominable et bien sûr qu'il
jouait aux cartes avant d'arriver à La Ferté; je suppose que
gagner au jeu en temps de guerre est d'ailleurs un crime inqualifiable, et je sais qu'il avait gagné au jeu auparavant — et donc
voilà expliquée, de façon bonne et valable, la présence de l'Astucieux parmi nous. Son adversaire principal était Judas. Ça nous
faisait vraiment plaisir quand, le soir, Judas suait et s'épongeait
et suait, perdant toujours davantage, jusqu'à ce qu'il soit totalement lessivé.

Et le jour où l'Astucieux nous quitta pour jouir, qui sait
pourquoi? des bienfaits de la liberté, ce maître-joueur se fit
régler par le Patron hollandais, sur le quai de la gare, une
dette de cent cinquante francs: c'est par les prisonniers qui lui
portèrent les bagages que je l'ai su. Pauvre Patron! S'étendant
luxurieusement sur son lit vide, le Homard se fit immédiatement
charrier avec enthousiasme tout le long de l'Enorme Chambrée,
par le Garde-champêtre et Judas, parmi les acclamations bruyantes de tout le monde...

Mais j'avais commencé à raconter l'après-midi où le maître-
joueur perdit son couteau. Voilà: B. et moi sommes allongés
sur nos lits quand une tempête s'élève tout d'un coup à l'autre
bout de l'Enorme Chambrée. Jetant un coup d'œil par là, nous
voyons l'Astucieux qui, fort d'une fureur totale et puissante,
interroge, menace et épouvante un groupe grandissant de camarades. Ayant rejeté de quelques coups de fouet linguistiques
certaines théories qu'avançaient ses auditeurs les plus courageux, vraisemblablement pour calmer, adoucir ou apaiser sa
juste colère, il fonce sur la paillasse la plus proche, la renverse, soigneusement et soudain la fend de bout en bout avec
un couteau de poche, remue la paille, et puis fouille, d'une
façon rapide mais efficace, les minables bagages de son propriétaire.

Silence. Personne ne bronche, et encore moins le propriétaire. De ce lit l'Astucieux se tourne vers le prochain, le traite
avec une semblable rigueur, le fouille à fond, et se précipite sur
le troisième, sur un rythme de machine parfaitement huilée. Il
descend la Chambrée, variant le procédé seulement pour épar-

gner quelque matelas, jetant paillasses, renversant sacs et mal-
lettes, le visage un peu plus pâle que d'habitude mais par ailleurs immaculé et impassible. B. et moi nous demandons, intéressés, quel sort attend nos affaires. Arrivé à nos lits l'Astucieux
s'arrête, semble réfléchir un instant, puis, sans toucher à nos
paillasses, il ouvre nos sacs de couchage et y tripote comme à
contre-cœur, faisant remarquer que « quelqu'un pourrait l'avoir
fourré dedans »; puis il passe au prochain. « Qu'est-ce qu'il a,
donc, ce type-là? » je demande à Fritz, qui se tient près de
nous avec un air insouciant, les yeux reflétant quelque mépris
et un amusement considérable. « L'imbécile a perdu son couteau » me dit-il. Après avoir terminé sa tournée, l'Astucieux
fouille presque tout le monde sauf nous deux et Fritz, et s'effondre tout à coup sur sa paillasse, marmonnant de temps à
autre ce qu'il fera « si je le trouve ». Jamais, à ce que je crois,
il ne l'a trouvé. « C'était un couteau magnifique, Jean-le-Baigneur m'a dit. — Comment était-il? j'ai demandé avec une
certaine curiosité. — Il y avait une femme nue sur la poignée »
dit Fritz, ses yeux brillants d'humour.

Et tout le monde était d'accord: c'était malheureux que
l'Astucieux ait perdu son couteau, et chacun se mit timidement
à remettre de l'ordre dans ses affaires, sans rien dire.

Mais le plus drôle était le petit bambin en uniforme français
bleu-gris qui, avant que la fouille n'atteignît sa paillasse, s'enfuit
soudain vers B., son front encore plus moite que d'habitude,
son képi posé à un angle fou, et lui refila un long couteau
pliant en maillechort que celui-ci avait acheté à un compagnon
de Vingt-et-Un, Lord Algie (un grand type déguingandé, efféminé, impeccable qui était en passe de devenir officier et dont
le joufflu A. encourageait inlassablement les goûts délicats, sans
doute pour des raisons d'ordre pécuniaire). Garibaldi dit, tremblant et tout à fait malheureux, qu'il avait « trouvé » le couteau
dans la cour le jour même, ce qui était éminemment curieux,
vu que B. avait perdu le trésor depuis des semaines.

Ce qui nous ramène au Pacha hollandais, dont il a déjà
été question à propos de sa couche somptueuse. C'était un
homme des plus forts, des plus gentils et, somme toute, des
plus agréables, qui avait coutume de s'asseoir tranquillement
l'après-midi, fumer une pipe sur la charrette à eau dans la
buanderie. Son corps trapu et bien fait, dans un gros pantalon

et un tricot de jersey, se terminait par une tête bronzée, l'œuvre la plus surnaturellement douce et ferme à la fois que j'aie jamais connue. Visiblement dénué d'affectation. Trois fils. Un soir, des gendarmes sont venus chez lui en nombre et ont annoncé qu'il était arrêté. « Alors (sa voix était naturellement modulée) mes trois fils et moi, on les a tous jetés par la fenêtre, dans le canal. »

Je vois encore le sourire ouvert, la gentillesse carrée des joues, les yeux comme des clefs froides — son cœur toujours avec la Mer.

Le petit Bricoleur (« le petit bonhomme au bras cassé » comme il se nommait lui-même, faisant allusion à son bras gauche atrophié) offrait avec lui un contraste si total que je me dois de le présenter ensuite. Il était légèrement plus grand que Garibaldi, à peu près de la taille de Monsieur Auguste. Lui et Monsieur Auguste ensemble faisaient un beau spectacle, qui me donnait l'impression de venir d'une race de géants. J'avoue que c'était un peu en tant que géants que B. et moi prenions en pitié le Bricoleur — et pourtant nous n'y étions pour rien : le Bricoleur nous amenait ses problèmes plutôt comme un petit enfant impuissant s'en remet à un autre, très grand et omnipotent. Dieu sait que nous ne le prenions pas seulement en pitié : nous l'aimions bien, et quand nous pouvions de quelque manière, souvent ridicule, lui donner un coup de main, nous ne manquions jamais de le faire. Secours exclusivement spirituel, puisque l'amour-propre monumental du petit Bricoleur excluait toute possibilité d'une aide matérielle. Ce que nous faisions, à peu près une nuit sur deux, c'était de le recevoir chez nous, comme nous recevions nos autres amis ; c'est-à-dire qu'il venait tard, chaque soir ou presque, après sa journée de travail (car il était co-balayeur avec Garibaldi, un travailleur formidable : je n'ai jamais vu un homme prendre son travail tellement au sérieux et y attacher autant d'importance), s'asseoir, avec immensément de soin et de respect, sur l'un de nos lits au bout de l'Énorme Chambrée pour fumer une petite pipe noire. A ces moments, il se mettait à discourir, excité et ardent et sauvage, de La Misère, de lui-même, et de nous, versant souvent une larme petite mais amère et de temps en temps frottant une allumette, d'un petit geste coléreux, contre la semelle d'une grande botte presque carrée. Sa petite personne abrupte, consciencieuse, impitoyable, difficile, habitait toujours une seule dimension: la dimension assez belle du Chagrin. C'était un Belge, et l'un des très rares Belges pour lesquels j'ai jamais ressenti tant soit peu d'intérêt; car le Bricoleur aurait aussi bien pu être polonais, ou idole, ou esquimau, tant sa nationalité influait peu sur son âme. En gros, c'était là le problème: le Bricoleur avait une âme. Mettez les menottes à un homme ordinaire, dites-lui que c'est un propre à rien, passez-le à tabac, foutez-le en taule ou ce qui est tout comme (voyez que je tiens toujours compte de la distinction délicate mais nécessaire que faisait Monsieur-le-Surveillant entre La Ferté et la prison): il deviendra l'un de trois animaux: un lapin, c'est-à-dire: timide; une taupe, c'est-à-dire: stupide; ou une hyène, c'est-à-dire: Harrie-le-Hollandais. Mais si par un hasard fatal, incomparablement fatal, cet homme a une âme — ah, alors voilà, vraiment et affreusement, ce que les gens qui ont connu La Ferté nomment: La Misère. Monsieur Auguste, lui, faisait de vaillants efforts de gaieté, et son optimisme inné et son caractère doux le mettaient en quelque mesure à l'abri de La Misère. Mais le Bricoleur, de son côté, était perdu. Par nature il était terriblement sensible, l'âme sensible en personne, et cette sensibilité l'amenait à assumer non seulement l'injustice inexcusable qui l'opprimait, mais l'injustice totale, incomparable, massive, qui nuit et jour opprimait l'Enorme Chambrée tout entière. Les causes de ses malheurs n'eussent été tout à fait réelles qu'on eût pu croire à une manie de la persécution. En l'occurrence, il n'y avait aucun moyen pratique de les soulager; le seul moyen eût été La Liberté, et non pas uniquement la sienne propre, mais celle de chacun de ses codétenus. Son angoisse extraordinairement personnelle ne se serait pas contentée égoïstement d'une réparation partielle, à son seul égard, du Tort — ce Tort ineffable et terrible et qui appelle une vengeance parfaite — qu'on faisait à tous les mangeurs, dormeurs, pleureurs et joueurs de cartes à l'intérieur de ce Symbole abominable qui renfermait l'ignominie immuable de notre vie commune. Il eût fallu, pour l'apaiser, qu'un coup de foudre aveuglant fît disparaître soudain et entièrement les structures, tant humaines que matérielles, qui se tenaient toujours entre nos personnes crasseuses et pitoyables et la propreté indicible de La Liberté.

B. se rappelle que le petit Bricoleur avait dit ou laissé entendre que dans sa jeunesse il avait été socialiste ou anarchiste, ce qui suffit à expliquer pourquoi nous avions droit à sa présence. Après tout, c'est très peu probable que ce pauvre socialiste ait eu plus à souffrir du tout-puissant et bienveillant Gouvernement Français, que beaucoup d'objecteurs de conscience n'ont souffert du tout-puissant et bienveillant Gouvernement Américain, ou — puisque tout gouvernement tout-puissant est bienveillant et vice versa — que n'ont souffert beaucoup d'hommes qu'affligeait une capacité de penser, pendant ce temps guerrier récemment écoulé: pendant un temps, je veux dire, où les nations t-p. et b. exigeaient de leurs peuples respectifs l'exacte antithèse de la pensée, antithèse qu'on appelle vulgairement la Foi. De crainte que cette affirmation n'amène l'Association américaine des anciens combattants à juger mal le Bricoleur ou — ce qu'à Dieu ne plaise ! — moi-même, je me hâte d'assurer l'univers que le Bricoleur était une personne hautement morale. Parfois sa moralité prenait une teinte presque macabre, comme lorsqu'il s'en prenait aux habitants du quartier des femmes. Ne vous y méprenez pas: le Bricoleur était un être humain, il acceptait volontiers de porter une lettre à la destination adorée — à condition que l'expéditeur lui plût. Mais ça, c'était seulement rendre service à un ami, ça ne voulait pas dire qu'il approuvait son choix. Au contraire, et pour des raisons strictement morales, il désapprouvait invariablement ce choix, au nez même de l'ami, et avec violence. Pour ce petit bonhomme de quelque quarante-cinq ans, dont la femme dévouée l'attendait en Belgique (une femme qu'il aimait, qu'il adorait plus que tout au monde, une femme dont la fidélité à son mari et la confiance en lui résonnaient dans les lettres que — lorsque nous étions seuls tous les trois — le petit Bricoleur essayait toujours de nous lire, sans jamais prononcer plus de deux ou trois phrases avant d'être pris de sanglots des pieds aux yeux), pour un petit bonhomme de ce genre, sa réaction vis-à-vis des femmes n'était pas que normale: elle était inévitable.

Des femmes, pour lui du moins, il y en avait de deux espèces et de deux espèces seulement: il y avait les femmes honnêtes et il y avait les putains. A La Ferté, nous informa-t-il — et étant balayeur il était placé pour le savoir —, il y avait tout juste trois dames de la première catégorie. Il parlait souvent avec l'une d'entre elles. Russe, d'une très bonne éducation, elle

avait vécu paisiblement à Paris jusqu'au jour où elle écrivit à
des parents une lettre contenant cette pensée séditieuse: « Je
m'ennuie des neiges de la Russie. » La censure française avait
lu cette lettre, tout comme celles de B., et sans tarder son auteur
s'est vu arrêter et transférer de Paris à La Ferté-Macé. Le Bricoleur nous signala, avec un éclat de joie vite éteint, qu'elle était aussi
intelligente que vertueuse, se tenant à l'écart de ses sœurs moins
farouches. Ces sœurs (son petit front se nouait et ses grands
sourcils se rejoignaient, broussailleux de courroux) étaient per-
verses et indécentes et abjectes et faisaient honte à leur sexe —
et ce Joseph impitoyable racontait, d'une voix féroce et saccadée,
comment, la veille même, il avait repoussé les avances péniblement voyantes d'une Madame Putiphar, tournant le dos à la
tentation en bon chrétien et quittant la salle, une main vertueuse
crispée sur son balai.

« M'sieu Jean (c'était moi), savez-vous — » un terrible geste
qui consistait à claquer l'ongle du pouce entre les dents —
« ÇA PUE ! »

Puis il ajoutait: « Et qu'est-ce que ma femme me dirait si
je revenais à la maison lui donner ce que cette créature m'aurait
donné, moi? Ce sont des animaux, s'écriait le petit Bricoleur,
tout ce qu'elles veulent, c'est un homme, elles s'en fichent lequel,
ce qu'elles veulent, c'est un homme. Mais elles m'auront pas.
Et vous, je vous préviens: méfiez-vous ! »

Particulièrement intéressant, pour ne pas dire précieux, était
le témoignage du Bricoleur sur les visites plus ou moins régu-
lières qu'on faisait passer aux femmes, vraisemblablement dans
l'intérêt public. Les femmes, disait le Bricoleur, qui avait souvent assisté à cette cérémonie, se mettent en rang, parlant, riant,
et — pis encore — fumant des cigarettes, devant le bureau de
Monsieur-le-Médecin-major (le même qui m'avait examiné le
jour de mon arrivée à La Ferté). « Une femme entre. Elle lève
les jupes jusqu'au menton et se met sur le banc. Le médecin-
major la regarde. Il dit tout de suite: « Bon, c'est tout. » Elle
sort. Une autre entre. La même chose. « Bon, c'est fini. »...
M'sieu Jean: prenez garde. »

Et il frotte sauvagement une allumette contre la botte noire,
presque carrée, qui prolonge sa petite jambe de pantalon usée,
penchant son petit corps en avant et ramenant la flamme en
une courbe violente. La flamme se pose sur la petite pipe noire,

et il tire jusqu'à ce que ses joues se touchent et qu'un bruit
lent s'élève comme à contre-cœur, et à mesure que les joues
reprennent leur place un petit ruban incolore de fumée possible
s'envole. « C'est pas du tabac, ça. Vous savez ce que c'est?
C'est du bois ! Et me voici à fumer du bois dans ma pipe,
tandis que ma femme est en train de se rendre malade d'inquiétude... M'sieu Jean » — il se penche en avant, la mâchoire
saillante, les sourcils broussailleux unis — « ces grands messieurs qui se foutent pas mal si nous, on CREVE de faim,
savez-vous, chacun croit qu'il est Le Bon Dieu LUI-Même. Et
M'sieu Jean, savez-vous, ce sont tous » — sa figure touche
presque la mienne, la main desséchée se transforme en un poing
pitoyable — « Ce. Sont. Des. CRAPULES ! »

Et son bras de jouet, effrayant et ratatiné, essaye d'attenter
à leurs vies distinguées. O Gouvernement Français, ce n'était pas
très malin de votre part d'enfermer cette terrible poupée dans
La Ferté: à votre place, je l'aurais laissée en Belgique avec sa
petite poupée-femme. Car chaque fois qu'on trouve un gouvernement mort, il y a une petite poupée dessus, qui de ses petites
mains tire et tord pour reprendre le couteau microscopique qu'elle
a planté, ferme dans la chair tranquille de son cœur.

Un jour seulement je le vis heureux, ou presque: quand une
baronne belge vint, qui sait pourquoi, se faire saluer, nourrir,
fêter par nos ravisseurs officiels, si délicieusement respectables
et si parfaitement éduqués — « et j'ai entendu parler d'elle en
Belgique, c'est une grande dame, elle est très puissante, elle est
généreuse. Je suis tombé à genoux devant elle et je l'ai implorée,
au nom de ma femme et du Bon Dieu, d'intercéder en ma
faveur, et elle en a pris note et elle m'a dit qu'elle écrirait au
roi des Belges, et maintenant, dans quelques semaines, je serai
libre. LIBRE ! »

J'ai su que le petit Bricoleur quitta en effet La Ferté —
pour Précigné.

... A la cuisine travaillait une personne très remarquable.
Qui portait des sabots. Et qui chantonnait pour lui-même sans
arrêt tandis qu'il remuait le contenu des immenses 'chaudrons
noirs. B. et moi, nous fîmes très lentement connaissance avec
Afrique. On ne le connaissait pas tout de suite: on le percevait
progressivement. Vous étiez dans la cour, à contempler la boue et
les arbres morts, lorsqu'une forme surgissait de la cuisine à gran-

des enjambées, propulsée rythmiquement par ses grands pieds de
bois, déroulant de sa taille une écharpe de couleurs vives et
chantonnant pour elle-même un refrain sur le paradis, enjoué
mais malheureusement impubliable. La forme passait la petite
porte avec sérieux, déroulant toujours, gagnant à grandes enjambées le cabinet appuyé contre le mur de pierre qui séparait les
sexes en promenade — traînant derrière elle une queue qui s'al-
longeait toujours. Le cabinet atteint, queue et forme se quittaient: la première tombait inerte dans la boue infinie, la seconde disparaissait dans le dispositif à la vitesse d'un diablotin.
Du dit dispositif, le refrain se poursuivait:

« *Le paradis est une maison...* »

Ou bien c'est un équilibre souple, réfléchi, intensément intelligent, sûrement sensible, qui prononce avec mordant une
suite d'allusions exactes et rapides, déchirant avec précision et
calme le tissu épais de la stupidité et égrenant des discernements
brefs et poignants, distincts et intransigeants, flèches vives. Cet
équilibre porte à la main une cigarette qu'il vient, d'une manière
réfléchie, de rouler avec le produit d'une quantité de mégots
soigneusement récupérés, dont les poches d'Afrique sont perpétuellement pleines. Son visage, ni vieux ni jeune mais plutôt
vivant, tient en réserve une paire d'yeux spirituels bleu-gris;
visage et yeux nous parviennent du fond de la cuisine par la
porte ouverte d'une petite pièce remplie de l'odeur inexprimable,
propre et douce, de bois fraîchement coupé. Ce bois, nous faisons semblant de le couper et de l'empiler pour servir de bois
d'allumage, mais en fait nous profitons de la conversation d'Afrique, tout en échappant à la cour morne et profondément bou-
euse et en buvant (sous les auspices vigilants du Cuisinier, qui
nous sert de sentinelle) une vague approximation de café avec,
dedans, une vague approximation de sucre. Cela parce que le
Cuisinier croit que nous sommes des Boches et que, étant lui-
même Boche en plus d'être Cuisinier, notre bien-être lui tient
tout particulièrement à cœur.

Afrique parle des journaux et du mal prodigieux qu'ils se
donnent pour éviter de dire la vérité; ou bien il raconte comment, une fois, ailleurs dans le monde, un indigène vint sur lui
à pas feutrés, la nuit, armé d'une lance de deux mètres de long;
ou bien il prédit que les Allemands marcheront sur la France

en passant par la Suisse; ou encore il nous apprend les chiffres et les mots orduriers en arabe; ou bien il se paie du bon temps, rétameur dans le Midi, couchant sous un arbre aux abords d'une petite ville...

Et le Cuisinier grogne, sans lever ses vieux yeux de son travail de dissection d'un chou rétif,

« Dépêche-toi, voilà le planton »

et nous sommes un peu comme heureux. Car il fait singulièrement et agréablement chaud à la cuisine. Et l'esprit alerte d'Afrique a voyagé, vu, observé, pénétré et compris un peu par-ci, un peu par-là, beaucoup partout. Sa spécialité est la politique, domaine dans lequel il a eu l'avantage inestimable de voir sans être vu — jusqu'à La Ferté; mais il continue toujours à observer, reconnaissant du poste d'observation significatif qu'on lui a ainsi offert à titre gratuit. Afrique peut, sans la moindre fatigue, dire plus au sujet des journaux et de la politique qu'un livre gros comme mes deux pouces —

« Mais oui, ils ont attrapé de l'eau et puis je leur donne du café » Monsieur (ou plutôt mein Herr) le Cuisinier explique volubilement au planton, qui proteste stupidement que nous devrions être en haut, tandis qu'Afrique s'affaire autour d'un vaste chaudron noir, nous donnant un grave clin d'œil et chantant doucement:

« *Le bon Dieu, soûl comme un cochon...* »

Ayant parlé des plaisirs de la cuisine, je peux peut-être dire un mot des déplaisirs de Bran-Bran. C'était un Belge, et donc son visage indescriptiblement lourd de paysan hypertrophié chiquait et crachait nuit et jour. Les seuls mots d'anglais qu'il savait prononcer étaient: « *Me too* » — quand quelqu'un, ayant touché quelque argent de quelque part, distribuait des cigarettes. Le sobriquet que nous lui attribuions est la réduction d'un son occulte, ou cri caverneux, que poussait parfois le Surveillant. Lorsque des lettres s'étaient mystérieusement matérialisées du monde extérieur, et que ce bipède aux yeux faibles: le Secrétaire, les avait dûment ouvertes, lues et approuvées, Monsieur-le-Surveillant se penchait d'une lucarne donnant sur la cour et proclamait les noms des fortunés destinataires. Tandis que dans la boue les hommes, haletants, demeuraient suspendus à son moindre murmure, ses lunettes inspectaient une lettre ou une carte postale et puis, à la grande déception de tout le monde, il parvenait victorieusement à énoncer:

« Bra-AAN-bran »

sur quoi trois mètres de ce personnage avançaient bizarrement dans leurs jambières crissantes, déplaçant leur chique dans un effort violent pour répondre en minaudant:

« Oui, Monsieur le Surveillant. »

Par ailleurs, il était parfaitement stupide, et porté à être morose. Il avait des amis à son image, qui partageaient sa nationalité et dont je ne tiens pas particulièrement à évoquer ni la morosité ni la stupidité. C'était un Belge, et voilà tout. C'est dire que je suis si peu charitable que je me désintéresse de son sort autant que du crime stupide et morose pour lequel il faisait pénitence à La Ferté sous les bienveillants auspices du Gouvernement Français.

Et sans doute c'est tant mieux: le lecteur se sera déjà rendu compte que mes recherches de causalité dans ce domaine se sont soldées par un échec. Il eût sans doute mieux valu ne pas réveiller le mystère qui dort, — ou plutôt si, car le Musicien-attardé, appliquant ce principe, a fini par envelopper ainsi l'inexplicable d'une auréole d'imprécision. Peut-être parce qu'il sentait, à sa manière blonde, affamée, cadavérique, que se faire arrêter pour avoir exercé ses fonctions (de membre d'un orchestre) après l'heure de fermeture obligatoire était trop visiblement humiliant pour qu'une analyse quelconque fût nécessaire. Quoi qu'il en soit, je ferme les battants de cette galerie sur sa remarque, qui après tout encadre mes portraits de façon assez satisfaisante:

« Tout le monde, on est ici pour quelque chose. »

VI

APOLLYON

Les habitants de l'Enorme Chambrée dont j'ai esquissé les portraits au chapitre précédent y habitaient déjà, à quelques exceptions près, quand j'y suis arrivé. Or ce qui rendait, plus que tout le reste, la mort vivable et la vie mortelle à La Ferté-Macé, c'était son aspect cinétique : l'arrivée, seuls ou par groupes, de nouveaux de diverses nationalités introduisait une complication bienvenue dans notre existence par ailleurs assez plate, et secouait par sa violence providentielle notre placidité pourrissante. Mais avant de traiter cette question je tâcherai de dépeindre — autant pour mon profit que pour celui du lecteur — certains des éléments les plus apparents de cet immobilisme qui accueillait les candidats à la désintégration lors de leur réception dans notre cercle choisi et distingué. C'est dire que je décrirai brièvement Apollyon et les instruments de sa puissance, qui étaient trois : La Peur, Les Femmes, Le Dimanche.

En le nommant Apollyon, je me réfère à un démon très précis. Un démon qui, dans l'intimité somptuaire et luxueuse de son cabinet particulier (où, en principe, nul d'un rang plus humble que surveillant ne pénétrait, pour autant que j'aie pu voir — et j'ai tout fait pour voir), maniait les trois instruments puissants en question en vue d'écraser sous la bassesse inimaginable de sa volonté tout ce, dans les murs suintants de La Ferté, qui avait naguère été humain. Je me réfère à un Apollyon total, un Satan dont la parole remplissait d'épouvante non pas du fait de son injustice minutieuse mais du fait de sa toute-puissance incommensurable. Bref, je me réfère à « Monsieur-le-Directeur ».

Je parlerai d'abord de l'arme la plus évidente de Monsieur-le-Directeur.

Trois moyens servaient à inculquer La Peur aux entités
jadis humaines dont la présence à La Ferté-Macé justifiait
celle d'Apollyon: ses subalternes, qui tous sans exception crai-
gnaient sa puissance et se consacraient donc tout entiers à
une seule tâche: faire naître en nous une émotion semblable;
deux sortes de châtiments, qui armaient les dits subalternes
contre qui refusait une place en son for intérieur à cette émotion ravageuse; et enfin le contact direct de sa personnalité
ineffable.

Au-dessous du Démon dans la hiérarchie se situait le Surveillant. J'ai déjà décrit le Surveillant. Je dois dire, pourtant,
que j'ai trouvé en lui le fonctionnaire le plus correct de La
Ferté. Je lui rends cet hommage avec plaisir et sincérité. Envers
moi, du moins, il était bon; envers la plupart des autres, il
était porté à l'indulgence. Je crois, avec sincérité et plaisir, que
le Surveillant était dénué de cette qualité, innée chez son supérieur hiérarchique et qui en faisait à mes yeux le représentant
parfait du Tout-Puissant Gouvernement Français: je crois que
le Surveillant n'était pas volontairement cruel, qu'il ne manquait
pas totalement de pitié ni de compréhension. D'homme à homme
je lui rends cet hommage. Mais si, en sa qualité de suppôt du
diable, il trouve trop vifs à son goût les feux brillants de l'enfer,
cela me laissera parfaitement indifférent.

Au-dessous du Surveillant se situaient le Gestionnaire,
Monsieur Richard, le Cuisinier, et les plantons. Le premier, je
l'ai suffisamment décrit, puisque c'était un rouage obéissant et
négatif — quoique particulièrement responsable — de la machine à décomposer. De Monsieur Richard, dont le portrait figure au compte-rendu de ma première journée à La Ferté, je
peux dire qu'il avait une chambre très confortable à lui tout
seul, remplie de médicaments primitifs et par ailleurs impres-
sionnants. Les murs de cette chambre confortable étaient agré-
mentés d'une cinquantaine de couvertures de revues représentant
le corps féminin dans tous les degrés imaginables de déshabillé,
couvertures prélevées le plus souvent sur des périodiques galants
tels que *Le Sourire* et ce vieux cheval de bataille de l'indécence:
La Vie parisienne. En outre, Monsieur Richard cultivait sur le
rebord de sa fenêtre un pot de géraniums, symbole de joie
hagard et décrépit que sans doute (à ses moments perdus) il se
complaisait tout spécialement à arroser.

Le Cuisinier est maintenant bien connu du lecteur. Je me
permets de dire que j'approuve hautement le Cuisinier, à ceci
près que le café qui montait quotidiennement à l'Enorme Chambrée était fait tous les jours du même marc, additionné d'une
forte dose de chicorée — pour la simple raison que le Cuisinier
devait procurer à nos gardiens, et surtout à Apollyon, un vrai
café : peu importait ce qu'il servait aux hommes. Il en était
de même du sucre : dans notre café matinal, ce jus faiblard,
noir, boueux, puant, aucune sensation de douceur, tandis que
le café du personnel — et celui que nous buvions, B. et moi,
en récompense d'avoir « attrapé » de l'eau — était sucré à sou-
hait. Mais le malheureux Cuisinier dut finalement payer sa par-
cimonie, par suite d'une action combinée entreprise par les
compagnons de misère. C'était le jour où, après avoir dûment
prévenu le Démon qu'il allait venir inspecter son ménage, se
manifesta un bonhomme impeccablement habillé, un haut fonctionnaire de l'Orne, à ce que je crois. De bonne heure le matin,
Judas (qui faisait alors fonction de chef de chambrée), soutenu
par l'indignation solidaire et totale de tous les co-détenus sauf
deux ou trois que La Peur avait mués en lapins ou en taupes,
descendit le seau, que d'un commun accord personne n'avait
touché ce jour-là, le porta le long du couloir et le monta au
premier, où il trouva, en train de deviser amicalement, le Directeur, le Surveillant et le Bel Inconnu. Judas posa le seau ; salua ;
et pria, en sa capacité de porte-parole du monde masculin réuni
à La Ferté-Macé, que la qualité du café fût contrôlée. « Personne ne l'boira, sauf vott'respect, Messieurs » il prétend avoir
dit. La suite de l'histoire est bien bonne : le petit Balayeur,
témoin oculaire, me la raconta ainsi :

« Le Directeur gueule : « COMMENT ? » Il était hors de
lui. « Oui, Monsieur, dit le chef de chambrée humblement. —
« Pourquoi ? tonne le Directeur. — Parce que c'est imbuvable.
« — Imbuvable ? Allons donc, crie le Directeur, en fureur.
« — Auriez-vous l'obligeance d'y goûter, Monsieur le Direc-
« teur ? — Que j'y goûte ? Pourquoi j'y goûterais ? Le café est
« parfaitement bon, bien assez bon. C'est ridicule ! — Pourquoi
« nous n'y goûterions pas tous ? le Surveillant suggère, cherchant
« à se rendre agréable. — Mais oui, dit le Visiteur doucement.
« — Le goûter ? Bien sûr que non ! C'est ridicule, et je puni-
« rai les... — J'aimerais bien en goûter un peu, si cela ne

« vous dérange pas, dit le Visiteur. — Eh bien, naturellement,
« si vous le désirez, le Directeur accepte, tout doux. Vous, là,
« donnez-moi de ce café ! — Avec plaisir, Monsieur » dit le
chef de chambrée. » Le Directeur — M'sieu Jean, c'était à se
tordre de rire — il prend la tasse, il la porte à la bouche, il
l'avale avec une expression effrayante — les yeux lui sortaient
presque de la tête — et il crie férocement: « DELICIEUX ! »
Le Surveillant en prend une pleine tasse; il la goûte; il jette
le café comme s'il avait reçu un coup sur la tête; et il fait:
« Ah. » Le chef de chambrée — M'sieur Jean, il est malin —
il va chercher la troisième tasse tout au fond du seau, et très
poliment, avec un grand salut, il l'offre au Visiteur. Le Visiteur
la prend, il la touche des lèvres, il vire au vert, et il crie: « Im-
« possible. » M'sieu Jean, on voyait le moment, le Directeur et
le Surveillant et le chef de chambrée et moi, on voyait le moment où il allait rendre. Il s'est appuyé contre le mur un moment, complètement vert, et puis, se remettant, il dit faiblement:
« La cuisine. » Le Directeur, il était énervé au possible, il se
mettait à crier, tremblant de tous ses membres: « Oui, bien sûr,
« nous allons voir le cuisinier au sujet de ce café parfaitement
« impossible ! Je n'avais pas la moindre idée que mes hommes
« recevaient un tel café ! C'est abominable ! Voilà ce que c'est:
« c'est une honte ! » Et les voilà qui descendent voir le Cuisinier et, M'sieu Jean, ils ont fouillé la cuisine et — vous le
croirez jamais — ils ont trouvé cinq kilos de café et six kilos
de sucre, le tout bien caché, que le Cuisinier s'était mis de côté
pour lui, sur notre ration. C'est un salaud, le Cuisinier ! »

Je dois dire que, si le café du matin s'améliora grandement
pendant une bonne huitaine de jours, il retrouva par la suite
son niveau primitif d'excellence.

Le Cuisinier officiait trois fois par semaine à une petite
table située à gauche en entrant dans le réfectoire. Il se tenait
là, jetant à chacun, au fur et à mesure qu'il entrait, un morceau de la carne la plus extraordinaire qu'il m'ait jamais été
donné d'essayer de mastiquer — « mastiquer », car ça ne pouvait être goûté. C'était blême et coriace. Nous en cédions souvent nos parts, B. et moi, les jours où nous avions le plus
faim, mais non pas par amour du prochain: nous faisions ce
sacrifice parce que nous ne pouvions pas avaler, et encore moins
supporter la vue de cet aliment précieux. Mais il nous fallait

nous sacrifier en douce: le Cuisinier nous donnait toujours des morceaux de choix, et nous ne tenions pas à le vexer. Des protestations vigoureuses s'élevaient sporadiquement au sujet de la viande, mais le Cuisinier les jugulait toujours — et d'ailleurs ça ne dépendait pas de lui, la viande: car sur les misérables carcasses que j'ai souvent vu rentrer à la cuisine, il devait prélever quelque chose qui conviendrait à l'estomac méticuleux du Maître de l'Enfer, ainsi qu'aux organes digestifs moins délicats de ses sous-fifres, et c'était seulement lorsque chaque planton avait reçu un morceau de viande à son goût plantonique que les détenus, tant femelles que mâles, entraient en ligne de compte.

A tout prendre, je n'ai jamais envié le travail singulier et difficile, voire écœurant, du Cuisinier. Par la généralité des hommes il devait forcément être mal vu, et sans doute dépendait-il du bon vouloir de ses supérieurs. Et à tout prendre, j'aimais bien le Cuisinier, et B. de même, pour la très bonne et suffisante raison qu'il nous aimait bien, tous les deux.

Quant aux plantons, j'ai à en dire une chose, et c'est une chose que je prends un immense plaisir à dire. J'ai ceci à dire, quant aux plantons: que je les classais alors et que je les classerai toujours à l'avant-dernier rang des organismes humains, le dernier rang étant tenu, d'après mon expérience, par le gendarme proprement dit. A une exception près — l'Etui Noir auquel je m'étais heurté le premier jour — ces plantons étaient remplacés de temps à autre. Avec cette seule exception, toujours ils semblaient, je l'ai déjà noté, avoir été sortis des tranchées et envoyés en congé dans ce beau coin de l'Orne en attendant d'être réformés. Presque tous étaient des imbéciles. Tous étaient plus ou moins estropiés: l'un avait une grande main de bois; un autre appartenait à une longue jambe incommode faite, pour autant que j'aie pu découvrir, en fer-blanc; un troisième avait un immense œil de verre...

Pourtant, ces particularités corporelles n'interdisaient pas aux plantons d'éprouver certains besoins essentiels et normaux. Bien au contraire. Ils se rendaient probablement compte que, devant la concurrence du monde masculin en général, ils n'auraient pas une chance sur mille, avec leurs jambes de verre et leurs mains de fer-blanc et leurs yeux de bois, de gagner l'admiration et le cœur du beau sexe. De sorte qu'ils profitaient de toutes les occasions de s'attirer l'admiration et le cœur des fem-

mes de La Ferté, où la concurrence ne risquait pas de leur
nuire. Ils avaient le dessus sur tout le monde — et ils profitaient tant et si bien de ce dessus que l'un d'entre eux, au cours
de mon séjour, fut pourchassé, revolver au poing, par leur sergent; repris; enfermé; et traduit en conseil de guerre pour in-
subordination et menaces proférées envers un supérieur. Il avait
été pris la main dans le sac — c'est-à-dire, dans le cabinot des
filles — par le dit supérieur: un individu incapable, pompeux,
rabougri, boutonneux, dans un uniforme pimpant, qui passait
son temps à se pavaner comme un général devant ces dames,
son goût pour celles-ci et ses intentions à leur égard n'étant
un secret pour personne. Sûrement l'une des brutes les plus anti-
pathiques et les plus mesquines que j'aie jamais vues. Cette arrestation d'un planton fut, tant que j'ai habité La Ferté, le seul
cas où l'on ait sanctionné un abus de pouvoir à l'encontre du
sexe faible. Or les tentatives d'abus étaient fréquentes, à en
croire les sous-entendus et allusions directes contenus dans les
lettres qui passaient, par l'entremise du Balayeur, des filles à
leurs admirateurs en captivité. Je peux dire que les auteurs de
ces lettres, dont j'essayerai bientôt de faire les portraits, sont
l'objet de mon admiration sans bornes. Elles possédaient de loin
la vitalité et le courage les plus terribles de tous les êtres humains, hommes ou femmes, que j'aie eu la rare chance de rencontrer en ce monde, ou que, j'en suis sûr, je rencontrerai jamais.

Les plantons étaient chargés de ces fonctions simples et
évidentes que seuls les gens stupides peuvent remplir à la per-
fection, savoir: à tour de rôle, monter la garde des bâtiments
et de leurs habitants; repousser tout pot-de-vin, que ce soit sous
forme d'allumettes, de cigarettes, ou de conversation; accompagner tous ceux qui passaient la grille (comme le faisaient de
temps en temps les balayeurs, pour porter des bagages; la corvée;
et les attrapeurs d'eau pour le Cuisinier, qui se rendaient jusqu'à la prise d'eau à l'entrée du village — une distance impressionnante de quelque cent cinquante mètres); enfin, obéir à tout
ordre de tout supérieur, et surtout sans penser. Les plantons
étaient censés — mais censés seulement — signaler toute velléité d'évasion qu'ils surprendraient en surveillant les promenades
des femmes et des hommes. Il va de soi qu'ils n'en surpre-
naient jamais, le moins intelligent des surveillés étant un paran-
gon de sagesse comparé aux surveillants. B. et moi, nous avions

un petit couplet sur les plantons, dont malheureusement je ne peux citer que le premier vers et le refrain:

> « *A planton loved a lady once*
> (*Cabbages and cauliflowers*)... »

Une chanson épatante.

En relisant mes remarques sur les plantons, je trouve que je dois encore, afin de rendre justice à mon sujet, signaler les trois vertus plantoniques essentielles: d'abord la beauté du visage, de la personne et du maintien; ensuite la galanterie vis-à-vis des femmes; enfin le courage vis-à-vis des hommes.

L'aspect assez cocasse des plantons tendait plutôt à desservir qu'à favoriser l'inculcation de La Peur. Il n'y avait donc pas lieu de s'étonner qu'eux-mêmes et l'émotion voulue s'appuyassent sur deux espèces de sanctions, appliquées aux deux sexes avec une rigueur égale et inflexible. La sanction la moins redoutable s'appelait « le pain sec » — que Fritz, peu de temps après mon arrivée, s'attira pour avoir accidentellement brisé une vitre, et que Harrie et Pompon, ces incorrigibles, s'attiraient la plupart du temps. Cette punition consistait à supprimer au coupable toute nourriture en dehors de deux morceaux par jour de pain sec, dur comme pierre. Les intimes du coupable, bien entendu, se faisaient un devoir de ne manger qu'une part de leurs quignons de gros pain mou et lourd (on avait droit à deux par jour, à La Soupe) et de passer le reste au condamné.

Le moyen le plus ordinaire de se faire coller le pain sec était très facile: pour un homme, c'était de faire des gestes, cris ou autres signes audibles ou visibles à l'adresse d'une habitante du quartier des femmes; pour une femme, d'être vue à sa fenêtre par le Directeur au cours de la promenade, matinale ou vespérale, des hommes. Exceptionnellement, la sanction pour avoir envoyé une lettre à une femme pouvait être le pain sec, mais plus souvent c'était (et c'est encore avec un serrement de cœur que je prononce le mot, bien que j'aie échappé, Dieu sait comment, à la chose elle-même) le cabinot.

Il y avait à La Ferté, ainsi que je l'ai déjà, dit, plusieurs cabinots (que les plus pédants appelaient cachots), dont trois au moins au rez-de-chaussée. De ceux-là on se servait dans la mesure du possible, de préférence à ceux d'en haut, parce que par la force des choses ils étaient plus humides, plus froids, plus noirs, et en fin de compte plus lugubres et malsains. L'humidité et le froid étaient considérablement accrus du fait que pour tout plancher ces cabinots ne disposaient que de deux ou trois lattes de bois, posées ici et là à même la boue. Je décris maintenant ce que j'ai vu de mes yeux, et non pas ce qu'on faisait voir aux inspecteurs lors de leurs rares visites au Directeur de notre petite fabrique à criminels. Je sais ce que ces visiteurs occasionnels voyaient, car cela aussi, je l'ai vu de mes propres yeux: en allant dîner j'ai vu les deux balayeurs chanceler sous le fardeau d'un lit qu'ils descendaient, haut cadre de fer, immense matelas merveilleusement épais, draps impeccables, couvertures chaudes, et une espèce de couvre-pieds bien rabattu sur le tout; je les ai vus placer ce lit dans le cabinot (nettoyé de fond en comble et par ailleurs reluisant) au pied de l'escalier en face de la cuisine, la porte bien astiquée laissée grande ouverte. Et pendant que les hommes, en haut, se remettaient de La Soupe, Messieurs les Inspecteurs furent invités à observer, en bas, cette preuve de la bonté du Directeur — bonté dont il ne pouvait se départir, même à l'encontre de ceux qui s'étaient rendus responsables de forfaits abominables. (Le petit Belge-au-bras-cassé, qu'on appelait le Bricoleur, n'a pas perdu un seul mot ni un seul geste de tout cela, et m'a décrit la scène avec une indignation qui frisait le délire.) Puis, les hommes étant dans la cour pour l'après-midi, on manda les balayeurs en vitesse à l'Enorme Chambrée, qu'ils nettoyèrent à tout casser comme s'ils avaient eu le diable aux trousses. Après quoi, le Directeur conduisit tranquillement ses aimables invités en haut et leur fit voir comment les hommes tenaient leur quartier, sans qu'on eût besoin de le leur commander, tellement ils chérissaient ce qui était pour chacun bien plus qu'une agréable résidence temporaire — ce qui était, en fait, leur chez eux. De l'Enorme Chambrée, la procession s'achemina tout doucement vers le quartier des femmes (astiqué et balayé en prévision de son arrivée) et puis s'en alla, assurée, sans doute, qu'en la personne du Directeur la France avait trouvé un rare spécimen de générosité profonde et efficace.

Condamné au cabinot — pour avoir écrit une lettre interceptée, ou pour s'être battu, ou pour avoir menacé un planton ou commis une faute mineure pour la $n^{ième}$ fois — un homme prenait une seule couverture de son lit, la portait en bas au cachot, et y disparaissait pendant une nuit ou pendant plusieurs

jours et nuits, selon le cas. Avant d'y entrer il était scrupuleu-
sement fouillé et ses poches temporairement vidées de tout leur
contenu. On s'assurait qu'il n'avait sur lui ni cigarettes, ni
tabac sous aucune forme, ni allumettes. Derrière lui on fermait
la porte à double, à triple tour à en juger par le bruit: c'était
un planton (généralement l'Etui Noir) qui s'en chargeait, à l'aide
d'un trousseau d'énormes clefs digne d'un geôlier de Grand-
Guignol. Entre les murs de pierre de son oubliette (où ne pénétrait en fait de lumière qu'un rayon pas plus grand qu'une
pièce de dix sous, et parfois moins encore) le — ou la — coupable pouvait hurler et crier tout son soûl, si bon lui semblait,
sans autrement déranger Sa Majesté le roi Satan. Combien de
fois, en route pour La Soupe, l'Enorme Chambrée, ou la promenade, j'ai entendu le rire monstrueux et étouffé de femmes
ou d'hommes enterrés entre les murs baveux et verdâtres de La
Ferté-Macé ! Et souvent j'ai vu un ami de l'enterré se baisser
adroitement et glisser une cigarette ou un morceau de chocolat
sous la porte, à la femme ou à l'homme en train de hurler, de
vociférer et de tambouriner faiblement derrière cette même porte
— bien que, au bruit, on les aurait crus à un bon kilomètre
de là. Mais j'en parlerai davantage tout à l'heure, quand nous
en serons aux femmes.

La troisième méthode utilisée pour instiller La Peur dans
l'esprit des captifs était, comme je l'ai dit, la vue du Capteur
Lui-Même. Et celle-ci était de loin la méthode la plus efficace.

Il prenait plaisir à tomber soudain sur les femmes tandis
qu'elles portaient leurs eaux sales le long du couloir et en bas
de l'escalier, ce qu'elles devaient faire (tout comme les hommes)
au moins deux fois le matin et deux fois l'après-midi. Les corvées
des femmes et des hommes étaient, il va sans dire, fixées à des
heures différentes mais, qui sait comment, une fois par semaine
environ elles parvenaient à coïncider ou du moins à frôler la
coïncidence. A ces occasions, le plus souvent sous le stupide
nez du planton, un baiser ou une étreinte serait volé, provo-
quant de grands rires violents et un peu de bousculade. Ou
bien, pendant que les captifs riches (dont B. et Cummings) attendaient leur tour d'entrer dans le bureau de Monsieur le Gestionnaire, ou que, en s'y rendant, ils montaient les marches
suivis d'un planton, le long du couloir venaient cinq ou six
femmes, courbées sous le poids d'immenses seaux pleins à ras

bords de ce que tout le monde savait; cinq ou six têtes baissées, des corps en guenilles tendus par l'effort, les bras libres rigides et tirés vers le bas et en dehors, en un plan perpendiculaire à celui de leur laborieux progrès, pour faire contrepoids au fardeau déconcertant — toutes embarrassées, quelques-unes humiliées, d'autres désespérément mal à l'aise — les voilà sous le regard fixe et sensuel des hommes, sous un regard qui semblait les dévorer vives... et puis l'une ou l'autre riait de ce rire qui n'est ni pitoyable ni terrible, mais affreux...

Et VLAN ! une porte s'ouvre et TONNERRE ! un animal bien habillé, un mètre soixante-cinq, manchettes proéminentes et cravate sport, la forme épaisse tout à fait bien et correctement mise, se tortillant de fureur de la tête aux pieds, la grosse tête tremblante et livide sous une crinière florissante de poils gros et noirâtres et hérissés, le bras plié qui secouait un gigantesque poing de chair rosâtre et bien soignée, les yeux distincts, cruels, brillants, exorbités, les grosses touffes noires des sourcils, la grande bouche faible et grossière tirée presque d'une oreille à l'autre et crachant un flot d'injures, les molles lèvres brutales tendues en une grimace qui découvrait les dents de cheval jusqu'aux gencives écumantes.

Et une fois, j'ai vu une petite fille de onze ans hurler de terreur et lâcher son seau d'eaux sales, renversant presque tout sur ses pieds; et le reprendre entre ses fragiles doigts d'enfant et passer, trébuchant, pleurant et tremblant devant le monstre, une main devant son visage tordu pour se protéger de l'Horrible Etre des Etres — passer jusqu'à l'escalier où, s'effondrant, elle fut moitié portée, moitié traînée par une autre, plus grande, à l'étage de dessous, tandis qu'une troisième ramassait le seau et l'emportait en vitesse avec le sien jusqu'en bas.

Et Monsieur-le-Directeur de tempêter, de s'agiter et de trembler pendant au moins dix secondes après que la dernière tête eut disparu, sa hure ondulant d'une colère noire — puis, se retournant sur les hommes (blottis contre le mur comme des hommes se blottissent contre un objet matériel en face d'une manifestation du surnaturel), de rugir, balançant son poing rosâtre vers nous jusqu'à ce que le bouton doré de sa manchette immaculée sortît sur le bourrelet de chair crispée:

« ET VOUS — PRENEZ GARDE — SI JE VOUS ATTRAPE AVEC LES FEMMES ENCORE UNE FOIS JE VOUS

FOUS TOUS QUINZE JOURS DE CABINOT, TOUS —
TOUS —» pendant au moins une demi-minute; puis, tournant
soudain son large dos aux épaules affaissées, il ajusta ses manchettes, grommelant PROSTITUEES et PUTAINS et GARCES
DE FEMMES; fourra ses gros poings dans ses poches de pantalon; redressa le menton jusqu'à ce que ses grosses bajoues se
rident sur les mâchoires carrées; haleta, grogna, tout à fait satisfait, tout à fait content, plutôt fier de lui; se pavana un peu dans
ses bottines somptueuses et bien cirées, et se précipita sur la
porte, qu'il CLAQUA derrière lui.

A propos de cet incident, que je n'ai cité qu'à titre d'exemple, j'affirme hautement que je crois aux miracles: le miracle
étant le fait pour moi de ne pas avoir fait rentrer dans ce cou
de taureau, gonflé sur un col impeccable, cette gueule pleine
de dents crachateuses et cette mâchoire jacassante, bestiale,
protubérante, qui n'était sûrement pas à plus de cinquante centimètres de mon poing. Car il est des moments où le rôle d'ob-
servateur ne vous suffit plus... et d'ailleurs, jamais jusque-là je
n'avais désiré tuer, complètement anéantir et totalement assas-
siner. Peut-être, un jour. Devant Dieu je l'espère.

Ainsi soit-il.

Maintenant je tâcherai de faire voir au lecteur les Femmes
de La Ferté-Macé.

Le petit Bricoleur, ainsi que je l'ai dit au chapitre précédent,
les divisait en Honnêtes et Putains. Selon lui, il y en avait
jusqu'à trois d'Honnêtes; ayant parlé avec l'une d'entre elles,
il en connaissait l'histoire, que j'ai déjà racontée. Une autre
était bien entendu Margherite, une femme grande et forte qui
faisait la blanchisseuse, et qui était une résidente permanente
pour avoir commis l'imprudence de naître de parents allemands.
Je crois avoir causé avec le numéro trois le jour où j'attendais
de passer devant La Commission: une Belge dont je parlerai
lorsque j'en viendrai à cet épisode-là. Ainsi, par un processus
d'élimination, nous arrivons aux putains, dont Dieu sait peut-
être combien il y en avait à La Ferté, mais moi pas. Aux
putains en général, j'ai déjà rendu un hommage cordial et sincère. Ici je voudrais parler de quatre personnalités: Céline, Lina,
Lily, Renée.

Céline Tek était un animal extraordinairement beau. Son
corps dur de fille émettait une vitalité suprême. Il n'était ni

grand ni petit, ses mouvements ni gracieux ni maladroits. Ses allées et venues manifestaient une certaine vélocité sexuelle, vélocité dont la santé et la vigueur faisaient paraître insignifiant et vieux tout le monde à La Ferté. Sa profonde voix sensuelle avait une ampleur grossière. Sa figure, brune et jeune, réduisait facilement à néant les murs anciens et grisâtres. Ses magnifiques cheveux étaient étonnament noirs. Ses dents parfaites, lorsqu'elle souriait, vous faisaient penser à un fauve: le culte d'Isis n'a jamais célébré un sourire plus profond, plus luxurieux. Cette figure, encadrée par la nuit de ses cheveux, semblait (quand elle passait devant la fenêtre donnant sur la cour des femmes) inexorablement et démesurément jeune, le corps absolument et intrépidement vivant. Dans la désolation impeccable et tout à fait admirable de La Ferté et de l'automne normand, Céline, aux gestes faciles et féroces, incarnait la cinétique.

Le Gouvernement Français avait dû s'en rendre compte: il la déclarait « incorrigible ».

Quant à Lina, belge aussi, il s'en fallait de peu qu'elle ne fût d'un genre qui porte un nom très précis: elle avait tout de la pute achevée. Et pourtant, grâce à La Misère, il s'en dégagea peu à peu une certaine personnalité indiscutable. Une figure haute et dure, autour de laquelle s'éparpillaient des cheveux couleur de foin. Des mains vigoureuses et détériorées. Une façon de rire, large et rauque, qui marquait un contraste excellent avec le petit gloussement précis de Céline. Dans ce rire, de l'énergie plutôt que de la vitalité, une certaine puissance et grossièreté. Elle ne souriait jamais: elle riait fort et obscènement et toujours. Une femme.

Lily, une Allemande qui paraissait incroyablement vieille, portait des robes blanches ou qui l'avaient été, traînaillait dans la gorge une espèce de cri en même temps qu'une toux épaisse et mortelle, et pataugeait, décharnée, sous les yeux des hommes. Sur son cou maigrichon était fixée une figure, faite pour être regardée avec effroi, composée de chair verte et presque pourrissante. Sur chaque joue, une tache rouge: pas du fard, mais la fleur que la phtisie pique sur la joue de son élue. Une figure vulgaire et vaste et lourde, sur laquelle un sourire perpétuel patouillait inutilement. Parfois Lily avait un sourire plus grand, qui découvrait quelques dents monstrueusement gâtées et parfaitement jaunes qui d'ordinaire tiraient sur une cigarette. Ses mains bleuâtres avaient une façon très intéressante d'être mortes. Les doigts, nerveux, habitaient des sacs craintifs tachetés de rousseur: ils auraient presque pu vivre.

Elle avait peut-être dix-huit ans.

Renée, quatrième membre de ce cercle, était toujours bien habillée et même plutôt chic. Sa silhouette avait un genre, depuis l'indéfrisable jusqu'aux talons prodigieusement hauts. Si Renée avait su refréner un sourire parfaitement édenté, elle aurait pu assez facilement passer pour jeune. Mais non. Le sourire était grand et noir. On voyait à travers jusqu'au fond de son cou. On avait l'impression que sa vie était en danger lorsqu'elle souriait, et c'était sans doute vrai. Sa peau n'était pas particulièrement fatiguée. Mais Renée était vieille, plus âgée que Lina de plusieurs bonnes années: elle avait peut-être vingt-cinq ans, et c'est beaucoup dans ce métier-là. Du reste, Renée était comme imprégnée d'une dangereuse fragilité maladive. Et pourtant elle était dure, démesurément dure. Et précise. Ses mouvements exacts étaient ceux d'un mécanisme, tout comme sa voix, d'un timbre totalement mécanique et qui pouvait deux choses et deux seulement: des cris aigus et des mugissements. Parfois elle se risquait à glousser, mais ça la démolissait presque. En fait, Renée était morte. En la voyant pour la première fois, je me suis rendu compte que la mort peut avoir quelque chose d'élégant.

Ce fut intéressant à l'extrême, cette première fois. C'était l'anniversaire de Lily. Regardant en bas par les vitres qui composaient un côté de l'Enorme Chambrée, par ailleurs sans fenêtres, nous voyions, juste en dehors du mur du bâtiment, Céline, Lina, Lily et une nouvelle qui était Renée. Elles étaient ivres, chacune à sa façon: Céline joyeusement soûle, Renée raide, Lina éraillée et noire, Lily cafouillante, trébuchante, culbutante, tourbillonnante, tout à fait cuitée. Elle s'était accoutrée d'une robe qui avait été fragile, blanche et à rubans. Céline, comme toujours, était en noir. Lina portait un tricot rayé assez lourd et une jupe. Renée était impeccable dans une robe très ajustée de satin ou de quelque chose d'approchant; elle semblait s'être évadée nuitamment d'une maison de poupées. Autour du groupe, plusieurs plantons s'époumonnaient de rire, plaisantant, insultant, encourageant, essayant de temps en temps d'embrasser ces dames. A l'un, Céline flanqua une taloche retentissante. La gaieté des autres en redoubla. Lily tourna sur elle-même, puis

s'effondra, gémissant, toussant, pleurant son fiancé en Belgique:
quel beau jeune homme c'était, il avait promis de l'épouser...
Cris de joie des plantons. Lina dut s'asseoir pour ne pas tomber:
elle le fit avec beaucoup de dignité, le dos au mur, et dans
cette position elle s'appliqua à exécuter une espèce de danse.
Les plantons, se tordant, applaudissaient. Céline sourit magnifiquement aux hommes qui l'observaient de toutes les fenêtres de
l'Enorme Chambrée; faisant un suprême effort, elle s'en fut
chercher Renée (qui s'était écroulée dans la boue, proprement
et exactement, avec une rapidité mécanique) et la traîna jusqu'à
la porte et dans le bâtiment. A la fin Lina suivit son exemple,
capturant Lily en route. La scène aura duré au moins vingt
minutes. Les plantons riaient tellement qu'ils durent s'asseoir,
se reposer dans la buanderie.

Des habitants de l'Enorme Chambrée, c'étaient Fritz et
Harrie et Pompon et Jean-le-Baigneur qui profitèrent le plus du
spectacle. A ceux-ci il faut adjoindre Jan, dont le menton reposait presque sur le rebord de la fenêtre et dont le petit corps
trépidait pendant toute la scène d'une manière excitée et affreuse.
Que l'intérêt de Jean-le-Baigneur ait été en majeure partie cynique
est attesté par les observations qu'il lançait dans l'intervalle
entre les crachats: « Une section, Mesdames ! — A la gare ! —
Aux armes, tout le monde !... » A part ces spectateurs enthousiastes, les autres captifs faisaient montre d'un amusement dis-
trait, sauf le comte Bragard, qui annonça sur un ton de dégoût
que ceci ne valait pas mieux qu'un foutu abattoir, Monsieur
Cummings; et Monsieur Pé-tairsse, dont l'irritation touchait à
l'angoisse. Mais ces deux-là étaient relativement vieux...

Ces quatre incorrigibles femelles atterrissaient plus facilement au cabinot que n'importe quel groupe de quatre incorrigibles mâles. Non seulement elles se retrouvaient aux oubliettes
avec une fréquence qui frisait la continuité: leurs châtiments
étaient de loin plus sévères que ceux qu'on servait aux hommes.
Jusqu'au temps de mon petit tour à La Ferté j'avais pensé innocemment qu'en appelant les femmes le « sexe faible » un
homme était dans son droit le plus strict. Mais si La Ferté n'a
contribué en rien d'autre à la formation de mon esprit, elle l'a
débarrassé de cette erreur écrasante.

Je me rappelle, par exemple, une période de seize jours et
seize nuits, au cours de mon séjour, que la femme Lina passa

dans son cabinot. C'était sans doute fin octobre ou début novembre, je ne sais plus très bien. Dans les conditions normales
— c'est-à-dire dans l'Enorme Chambrée — l'humidité de l'automne était aussi terrible que toute autre bizarrerie météorolo-
gique que j'aie connue. Un mirus au milieu de la pièce, ali-
menté toute la journée, torturait yeux, nez, gorges et poumons,
sa fumée âcre rendant l'atmosphère presque irrespirable; on
devait pourtant supporter l'antique appareil pour la simple raison
qu'il faisait le seul rempart entre nous et la mort. Car même
lorsque le poêle était chauffé à bloc, les murs ne cessaient
jamais de suinter et même de couler, tant l'humidité était en-
vahissante. La nuit je trouvais le froid non seulement perceptible mais anéantissant, bien que j'aie la bonne [fortune d'être
couché à au moins quarante centimètres du sol, et que je dor-
me [dans mes [vêtements, avec sac [de couchage, couverture et
tout le reste dessous et dessus et autour de moi. Une fois mon
lit s'effondra et je dus par force passer la nuit avec la seule
paillasse entre moi et le sol; quand enfin je me réveillai dans
l'aube blanche, j'étais complètement perclus de rhumatismes.
Et pourtant, si B. et moi avions des lits et si Jean-le-Baigneur
disposait d'un grabat en bois, tous les autres habitants de
l'Enorme Chambrée devaient dormir sur des paillasses étendues
à même le sol. Par-dessus le marché, pour les trois quarts ils
étaient misérablement habillés et ne disposaient pour se réchauf-
fer que de leurs légères couvertures, tandis que pour ma part
j'étais complètement équipé grâce à la grosse pelisse que j'avais
emportée (ainsi que je l'ai déjà raconté) depuis la Section Sanitaire. Le matin donc, n'ayant rien à faire et incapable de bouger, je méditais sur ma résistance physique et me demandais au
juste comment les hommes qui m'entouraient, dont beaucoup
étaient entre deux âges, dont certains étaient extrêmement fragiles et dont tout au plus cinq ou six étaient aussi robustes
que moi — je me demandais comment ils pouvaient survivre
aux nuits de l'Enorme Chambrée. De plus, je me rappelais
avoir jeté un coup d'œil, par la porte ouverte, dans le quartier
des femmes, au risque d'être vu par le planton qui m'avait
sous sa garde à ce moment-là (et qui heureusement était stupide
même pour un planton, sinon j'aurais payé cher ma curiosité),
et d'avoir aperçu des paillasses en tous points identiques aux
nôtres installées à même le sol; et je pensais: Si c'est merveille

que des hommes âgés et malades puissent supporter cela sans
mourir, c'est certainement miraculeux que des fillettes de onze
et quinze ans, et le nourrisson qu'une fois dans la cour des
femmes je vis caressé avec une tendresse indescriptible par la
petite putain Céline, et la douzaine ou davantage de femmes
assez âgées que j'ai vues souvent à la promenade — c'est miraculeux qu'elles puissent supporter tout cela et survivre. De ces
choses-là, j'en parle non pas pour exciter la pitié du lecteur,
ni son indignation; je les signale parce que je ne connais pas
d'autre façon d'indiquer — et je ne fais qu'indiquer — le sens
de la torture qui se perpétrait sous la direction du Directeur
dans le cas de la fille Lina. Si par surcroît cela jette quelque
lumière sur la personnalité du tortionnaire, j'en serai très heureux.

La réclusion de Lina dans le cabinot — une oubliette que
j'ai déjà essayé de décrire mais dont aucune langue humaine
ne peut communiquer le pourri et le visqueux — était, cette
fois, totale. Une fois par jour, quand les hommes étaient re-
montés après la deuxième promenade (ce qui offrit au présent
chroniqueur la possibilité exquise d'assister personnellement à
une atrocité), trois plantons sortaient Lina du cabinot et lui
accordaient une demi-heure de promenade juste en dehors du
bâtiment, à l'endroit, délimité d'un côté par les barbelés et de
l'autre par la buanderie qu'avait rendue célèbre la scène d'ébriété
racontée plus haut. A l'expiration de trente minutes exactement,
les plantons la renfournaient au cabinot. Chaque jour pendant
seize jours je la voyais; remarquais l'indestructible bravade de
sa démarche et de son allure, le timbre immuable de son terrible rire qui répondait au salut d'un habitant de l'Enorme Chambrée (car il y avait au moins six hommes qui lui parlaient chaque jour et qui acceptaient leur pain sec et leur cabinot en fait
de châtiment avec un orgueil de soldat recevant la médaille
militaire); observais la pâleur croissante de sa chair, la peau
qui virait petit à petit à une teinte verdâtre très prononcée,
verdâtre qu'on ne saurait décrire que par référence à la putréfaction; entendais la toux à laquelle elle était toujours sujette
devenir plus épaisse et plus profonde jusqu'à la plier à chaque
instant, pliant son corps comme on plie une feuille de papier
avec l'ongle du pouce avant de la couper. Et je comprenais
pleinement, irrévocablement, sans doute pour la première fois,
ce qu'est la civilisation. Et je sus alors ce qu'auparavant j'avais

seulement entrevu; qu'en nous estimant indignes d'aider à porter
en avant la bannière du progrès: j'ai nommé le tricolore, l'inimitable et excellent Gouvernement Français faisait à B. et à
moi — quoique dans une autre intention — son extrême compliment.

Et le Bricoleur, dont l'opinion sur cette putain blonde gran-
dissait et s'accroissait et s'élevait à chaque jour de son martyre,
au point de faire sauter complètement sa classification habituelle
des femmes, le Bricoleur qui se serait mis sur ses maigres genoux devant elle, s'il avait pu, pour baiser le bas de sa jupe
rayée dans une extase d'adoration, me dit que Lina, enfin libérée,
monta l'escalier toute seule, se cramponnant à la rampe, sans
un regard pour personne, « avec des yeux grands comme des
soucoupes ». Et il ajouta, les larmes aux yeux: « M'sieu Jean,
une femme. »

Je me rappelle parfaitement d'un certain jour où, à l'abri
du regard d'aigle de l'Etui Noir, j'écoutais à la cuisine une
conférence d'Afrique sur les conséquences économiques de la
guerre. En fait, ce n'était pas dans la cuisine même mais dans
la petite pièce dont j'ai parlé plus haut. La porte de la cuisine
était fermée. L'odeur douceâtre de bois frais m'entourait. Et
pendant tout le temps qu'Afrique parlait, j'entendais clairement,
à travers la porte fermée, à travers le mur de la cuisine, à travers la porte verrouillée du cabinot face à la cuisine de l'autre
côté du couloir, la voix folle, haletante d'une fille qui chantait
et qui hurlait et qui criait et qui riait. Enfin j'interrompis le
conférencier pour demander ce qui pouvait bien se passer dans
le cabinot? « C'est la femme allemande qui s'appelle Lily »
Afrique répondit brièvement. Un peu plus tard: VLAN! la porte
du cabinot et TONNERRE! la voix grossière et trop connue
du Directeur. « Ça le dérange, le bruit, » dit Afrique. La porte
du cabinot retentit. Silence. Des pas lourds montaient. Puis le
chant recommença, un peu plus fou qu'avant, le rire un peu
plus sauvage... « Rien l'arrêtera, dit Afrique, rempli d'admiration. Grande voix qu'elle a, Mademoiselle, hein? Alors, je disais
donc: la dette nationale étant conditionnée... »

Mais en parlant des femmes, voici l'expérience pour moi
la plus probante, la scène la plus incroyable qu'il me sera
jamais donné de voir, l'incident surtout qui m'a révélé les fon-
dements innommables sur lesquels on construit, avec un soin

infini, ces structures ornées et confortables que sont La Gloire et L'Amour Sacré de la Patrie.

Les hommes, moi-même compris, quittaient la cour à destination de l'Enorme Chambrée sous l'œil, vigilant comme toujours, d'un planton. Comme nous passions par la petite ouverture dans les barbelés, nous entendîmes, apparemment juste à l'intérieur du bâtiment vers lequel nous avancions en route pour le Grand En-Haut, un mélange épouvantable de hurlements, de jurons, de bruits de casse. Le planton du jour était non seulement stupide: il était un peu sourd; cet horrible tintamarre ne semblait pas l'atteindre. Quoi qu'il en soit, il nous fit avancer jusqu'à la porte avec une satisfaction et un sang-froid des plus plantoniques. Impatient de voir le tableau à l'intérieur, je me faufilai au devant de la procession, arrivant à la porte presqu'en même temps que Fritz, Harrie et deux ou trois autres. Qui a ouvert, je l'ai oublié, mais je n'oublierai jamais ce que j'ai vu en passant le seuil.

Le couloir était rempli d'une fumée étouffante: la fumée qu'émet la paille qui brûle, une fumée particulièrement nauséabonde, suffocante, bleu-blanchâtre. Si dense était-elle que je mis quelque temps, les yeux sanglants, les poumons blessés, à rien distinguer. Ce que j'ai vu: cinq ou six plantons occupés à sortir du cabinot le plus proche deux filles, qui paraissaient parfaitement mortes. Leurs corps totalement flasques s'affaissaient dans les bras des plantons. Leurs mains traînaient bêtement sur le sol. Leurs visages blafards, tournés vers le haut, pendeloquaient mollement. Je reconnus Lily et Renée; Lina, je pus la discerner un peu plus loin, qui trébuchait contre la porte de la cuisine face au cabinot, sa tête couleur de foin se penchant et se balançant lentement sur la poitrine ouverte de son chemisier, ses jambes très écartées soutenant péniblement son corps ployé, les mains cherchant convulsivement la poignée de la porte. Dans un gros nuage, pesant, meurtrier, la fumée se déversait du cabinot ouvert. Au cœur du nuage, droite et tendue et belle comme un ange — son visage hurlant sauvagement dans une vaste nuit de cheveux ébouriffés, sa profonde voix sexuelle, rauque et stridente vociférant, féroce, à travers le noir, au-dessus de l'obscurité et la fumée — se tenait triomphante, colossale, jeune: Céline. En face d'elle, ses poings rosâtres levés plus haut que sa hure sauvage, en un grand geste brutal d'impuissance, de rage et d'an-

goisse — le Démon Lui-Même se tenait frémissant sur la quatrième marche de l'escalier qui conduisait au quartier des femmes. A travers la fumée la grande voix éclatante de Céline,
rauque, riche, soudaine, intensément luxurieuse, lui lança, du
fond de la gorge, vive, exacte, massacrante:

« CHIEZ, SI VOUS VOULEZ, CHIEZ »

et dessus, dessous, autour de la voix, je vis des visages effrayés
de femmes suspendus dans la fumée, les unes hurlant, lèvres
écartées et yeux clos, les autres le regard fixe, les yeux immenses; et parmi ces visages je surpris la vaste expression placide
du Gestionnaire et les yeux nerveux et cliquetants du Surveillant. Nous nous tenions là, médusés, lorsqu'il y eut un cri —
c'était l'Etui Noir qui nous gueulait

« Nom de Dieu, qui a fait venir les hommes? Montez chez
vous, tous, espèces de... »

Et devant son assaut nous nous esquivâmes dans la fumée,
longeant lentement le couloir, regardant derrière nous, tout
interdits, tenus en respect par La Terreur, jusqu'à l'autre escalier; et nous montâmes lentement, le vacarme au-dessous de nous
sonnant dans nos oreilles, martelant nos cerveaux — nous
montâmes lentement, le sang plus vite, les visages blêmes —
vers la paix de l'Enorme Chambrée.

Cette nuit-là, j'en parlai aux deux balayeurs. Ils me racon-
tèrent, chacun de son côté, la même histoire: on avait enfermé
les quatre incorrigibles ensemble au cabinot. Elles faisaient tant
de bruit, surtout Lily, que les plantons avaient redouté que le
Directeur n'en fût dérangé. Aussi avaient-ils fourré le contenu
d'une paillasse dans les fentes autour de la porte, sans négliger
la fente de dessous par où les amis des enterrées leur passaient
toujours des cigarettes. Il en résultat un cabinot hermétique-
ment clos. Mais puisqu'ils ne tenaient absolument pas à ce qu'on
vienne ennuyer Monsieur-le-Directeur, ils avaient soigneusement
mis le feu à la paillasse, après quoi ils s'étaient retirés afin d'observer le résultat de leurs efforts. Dès que la fumée eût pénétré
à l'intérieur le chant céda aux toux; puis les toux s'arrêtèrent.
Puis on n'entendit plus rien. Puis Céline se mit à crier: « Ouvrez
la porte, Lily et Renée sont mortes » — et les plantons furent
pris de panique. Après quelques hésitations, ils ouvrirent. La
fumée en sortit à flots, et au cœur de la fumée Céline, dont

aussitôt la voix émeuta le bâtiment tout entier. L'Etui Noir
lutta avec elle et lui flanqua un coup de poing sur la bouche,
mais elle s'échappa, en sang, et parvint au pied des marches
en même temps que le Directeur, qui pour une fois avait trouvé
quelqu'un d'invulnérable à son arme: La Peur, quelqu'un dont
le contact avec l'indescriptible Jeunesse fit flétrir sur ses lèvres
ses piteuses menaces de mort, quelqu'un enfin de complètement
et ineffablement vivant et que Le Mensonge sur sa langue ba-
veuse ne pouvait annihiler.

Je n'ai nul besoin d'ajouter que dès qu'on eût ranimé les
filles évanouies, elles rejoignirent Lina au pain sec pendant de
nombreux jours; et que Céline fut maîtrisée par six plantons sur
l'ordre de Monsieur-le-Directeur, et renfermée dans le cabinot
avoisinant celui d'où elle avait fait sa brusque sortie, renfermée
sans nourriture pendant vingt-quatre heures. « Mais vous savez,
M'sieu Jean, dit le Bricoleur, tremblant, elle est forte, elle leur
en a fait voir à tous les six, vous savez. Et trois d'entre eux
ont dû aller chez le médecin, même le vieux (l'Etui Noir). Mais
naturellement, ils ont fini par la mater, six hommes contre une
femme, vous vous rendez compte. Elle en a pris un bon coup,
je vous assure, avant de se rendre. M'sieu Jean, ils sont tous
— les plantons et le Directeur Lui-Même et le Surveillant et le
Gestionnaire et tous — ils sont des — » et disant très clairement
ce qu'ils étaient tous, il alluma sa petite pipe noire d'un geste
vif, tremblant comme un brin d'herbe.

Avec cet échantillon de torture médiévale, j'abandonne le
sujet des Femmes et m'attaque à celui, moins mouvementé mais
non moins révélateur, du Dimanche.

Le Dimanche, on se le rappellera, était la troisième arme
de Monsieur-le-Directeur. Je m'explique: de crainte que la proximité quotidiennement provocante des femmes fût insuffisante à
inciter les hommes à des prouesses qui les exposeraient d'office
à lui-même, à ses subordonnés et au châtiment, il avait fait en
sorte que, chaque semaine, cette proximité provocante soit rem-
placée par une quasi-intimité absolument exaspérante. Autrement
dit, les hommes et les femmes jouissaient, pendant une heure
ou un peu moins, de la même minuscule pièce, dans un but,
bien entendu, de dévotion — Monsieur-le-Directeur sachant
bien que les représentants des deux sexes à La Ferté-Macé
étaient par nature confits dans la piété. Et de crainte que son

côté obligatoire ne rende la chute moins tentante, il avait prévu
que l'assistance à ce rite strictement religieux serait facultative.

Les services pieux dont je parle se tenaient dans la pièce
même où on avait été, le Surveillant et moi, chercher ma paillasse la nuit de mon arrivée. Cette pièce était peut-être longue
de dix mètres et large de sept avec, au bout, un autel au sommet de quelques marches en bois, un grand cierge de chaque
côté. A droite en entrant, les bancs pour les femmes. Quand
les hommes entraient ils enlevaient leur casquette et se tenaient
contre le mur de gauche afin de laisser, entre eux et les femmes,
une allée large d'à peu près un mètre et demi. Dans cette allée
se tenait l'Etui Noir, képi planté sur la tête, les bras pliés, les
yeux guettant à droite et à gauche en vue d'intercepter tout
signal que pourraient échanger les brebis et les boucs. Ceux qui
choisissaient de s'occuper de leur salut quittaient la cour et la
promenade du matin au bout d'une heure, tandis que les esprits
moins élevés achevaient leur promenade; pour qui avait refusé
la promenade (comme cela arrivait fréquemment, puisque le
dimanche le temps était invariablement plus indescriptible que
d'habitude) un planton montait à l'Enorme Chambrée et criait:
« La Messe »
plusieurs fois; sur quoi les dévôts se mettaient en rang pour
être conduits avec diligence au théâtre des opérations spirituelles.

Il y avait un prêtre différent chaque semaine. Le sacristain,
que j'avais l'indicible plaisir de ne voir que le dimanche, était
toujours le même. Ses fonctions consistaient à relever le prêtre
quand il tombait, s'étant pris le pied dans la soutane; à lui
faire passer les objets du culte avant qu'il n'en ait besoin; à
sonner une immense cloche; à déranger les moments les plus
sacrés de l'office en faisant crisser ses souliers; à dévisager de
temps en temps les assistants dans un but d'intimidation; et enfin
et surtout à souffler les deux gros cierges à la toute première
occasion dans un but (sans doute) d'économie. Comme c'était
une créature courtaude, grasse, ancienne, étrangement pâteuse,
et que son costume noir un peu long était vaguement trop
grand pour lui, cette extinction des feux exigeait de lui toute
une série de pénibles efforts. En fait, il lui fallait escalader les
cierges à moitié pour arriver à la flamme, et à ces moments-là
il ressemblait tout à fait à un gros garçon faiblard (car il était
très nettement dans sa deuxième ou quatrième enfance) qui grim-

perait à un mât. Au repos, il abaissait ses joues blanchâtres et contemplait, les yeux glauques, le sol au bout de chaussures parfaitement cirées, ayant préalablement réuni ses vilaines mains courtes derrière son vaste dos.

Dimanche: de verts murmures dans le froid. Supplice, férocement fervent, priant sur des genoux osseux, se signant... Le Faux Soldat Français, alias Garibaldi, à côté de lui, un petit visage rempli d'effroi... la cloche précipite à genoux le curé au nez pointu... gloussements sur les bancs des putains — et cela me rappelle un dimanche après-midi passé allongé dans l'intégralité d'une colline à Chevancourt, découvrant une belle tarte aux pommes, B. et Jean Stahl et Maurice-le-Menuisier et moi, et le soleil qui descendait rondement devant nous.

Et puis un dimanche, un nouveau et grand vieillard, au visage anguleux et violet et aux cheveux verts: « Vous êtes libres, mes enfants, de faire votre immortalité. Songez, songez donc — l'Eternité est une existence sans durée — Toujours le paradis, toujours l'enfer (aux putains qui s'esclaffaient silencieusement). Le Ciel est fait pour vous —» et le Paysan belge, 2m 90, crachait trois fois et écrasait ça du pied, le nez coulant, et le Nègre envoya un mollard blanc dans un lointain mouchoir écarlate — et les cordons de l'Homme se défirent et il descendit les marches de guingois comme un crabe, les deux cierges agitant une douceur énergique...

Dans un autre chapitre, je raconterai le Nègre.

Et un autre dimanche, j'ai vu trois minuscules vieilles avancer en trébuchant, trois bonnets très naguère et même jadis perchés sur trois crânes ratatinés, pour s'affaler gauchement devant l'Homme, et recevoir l'hostie dans leurs faces de cuir.

VII

ON S'APPROCHE
DES DELICIEUSES-MONTAGNES

« Le dimanche (dit M. Pound, avec une profondeur infinie)
    est un jour atroce,
Le lundi est bien plus agréable.
Méditons donc pendant quelques instants
Sur la douce Nature et sa grâce morbide. »
    C'est un plaisir grand et distingué d'avoir approfondi Le
Dimanche et d'être parvenu à son extérieur. Nous pouvons
maintenant — la grâce morbide de la Nature étant une question
dont j'ai déjà amplement traité mais sur laquelle j'aurai à revenir
— nous tourner vers le « bien plus agréable », l'aspect, en effet
des lundis de La Ferté. Par cela j'entends les nouveaux, dont
l'arrivée et les façons de réagir constituaient l'aspect actuel ou
cinétique de notre non-être, qui autrement n'était que réel. Ser-
rons donc notre ceinture (tout le monde à La Ferté se serrait
la ceinture au moins deux fois par jour, mais pour une autre
raison: afin de suivre, et de suivre à la trace, le rétrécissement
de son anatomie), prenons notre bâton de pèlerin, et poursuivons
l'ascension qui a commencé aux premières pages de notre histoire.
    Un jour, je me surpris à attendre La Soupe n° 1 avec pres-
que de l'avidité. Mon appétit s'éteignit cependant à l'apparition
d'une vision qui s'acheminait vers la place vide à ma gauche.
Elle ressemblait quelque peu à un grand garçon d'à peine seize
ou dix-sept ans: des cheveux de lin, la figure la plus blanche
que j'aie jamais vue, et une expression d'inanition qui aurait
passé chez un être humain, mais qui était inutilement inquiétante chez un spectre. Ce spectre se dirigea, flottant et ténu,
vers la place à côté de moi, s'assit soudain et doucement comme
un fragment de vent blanc, et contempla le mur devant lui. La

soupe arriva. Il en obtint une assiettée (après quelques protestations de la part de certains membres de notre table, auxquels l'arrivée d'un nouveau ne signifiait qu'une plus petite part pour chacun), et ayant regardé sa portion pendant un instant, s'émerveillant
sans doute de ses dimensions, la fit doucement et soudain disparaître. Moi-même, en général, je ne perdais guère de temps,
mais je me trouvai surclassé de plusieurs minutes — ce qui,
me dis-je, n'est pas déshonorant, vu l'inutilité de vouloir concurrencer le surnaturel. Mais (tandis que je portais la dernière
cuillerée d'eau tiède et grasse à mes lèvres) le spectre se tourna
vers moi, tout comme si j'étais spectre moi-même, et dit à voix
basse:

« Voulez-vous me prêter dix sous? Je vais acheter du tabac
à la cantine. »

Il ne faut jamais indisposer un spectre: je produisis la
somme de bon cœur, elle disparut, le spectre se leva ténu et
sans bruit, ne laissant à côté de moi que le vide.

Par la suite, je sus qu'il se nommait Pete.

Pete était hollandais, aussi trouva-t-il des amis à toute
épreuve en Harrie, Jean-le-Baigneur et les autres Hollandais.
En trois jours, il eut dépouillé l'immatériel qui avait conféré à
son avènement une précision exquise, et l'eut remplacé d'un
vêtement de chair et d'os. Cette transformation provenait à
parts égales de la soupe, de la cantine et de la découverte
d'amis. Car Pete venait de faire trois mois de réclusion, tout
le temps au pain et à l'eau, ses gardiens l'ayant informé (ainsi
qu'il nous le raconta, sans la moindre amertume) qu'ils rédui-
raient son temps à condition qu'il se passât de soupe — autrement dit, le Gouvernement Français s'était offert une petite
plaisanterie aux frais de Pete. Par-dessus le marché, pendant
trois mois il n'avait vu personne sauf les cinq doigts qui dépo-
saient le dit pain et la dite eau par terre à côté de lui avec
une régularité consciencieuse. Etant hollandais, il ne mourut ni
de ceci ni de cela — au contraire, il ne fit que se transformer
en spectre, bernant ainsi l'excellent Gouvernement Français
comme jamais gouvernement français n'a été berné. C'était un
de nos meilleurs amis — je parle comme d'habitude de B. et
de moi-même — et du jour de son arrivée jusqu'à celui de son
départ pour Précigné, en compagnie de B. et de trois autres,
je n'ai pas cessé de l'aimer et de l'admirer. Il était d'une nature

sensible, l'antithèse extrême de grossier (ce que « raffiné », assez étrangement, n'indique pas), n'avait point pâti d'une « bonne », comme nous disons, éducation, et possédait une personnalité à la fois franche et modeste. De ce que son corps avait subi, très peu avait échappé à son esprit. Cet esprit s'était développé doucement et fermement à mesure que son pantalon devenait trop large à la taille — et, fait plus extraordinaire encore, ayant été transformé comme jamais personne ne le fut par la nourriture et les amis, Pete pensait et réagissait avec la même douceur, la même fermeté qu'auparavant. C'était une âme rare, et je le salue, où qu'il soit.

Mexique était un grand ami à Pete, comme à nous. Nous l'avons connu par un homme qu'on appelait David-le-bigleux, qui était marié et avait une femme en bas, avec laquelle on lui permettait de passer toute la journée — un planton étant chargé de l'amener à elle et de le ramener. Il parlait bien l'espagnol et passablement le français; avait des cheveux noirs, des yeux brillants de juif, une expression de poisson mort, et un caractère à la fois aimable et poli. David-le-bigleux avait été en prison à Noyon pendant l'occupation allemande de la ville, qu'il décrivit en détail et sans hyperbole, faisant remarquer que personne n'eût pu être plus généreux et correct que le commandant des envahisseurs. David avait vu, de ses yeux vu, une Française offrir une pomme à un simple soldat tandis que l'armée allemande pénétrait dans les faubourgs: « Prenez, dit-elle, « vous êtes fatigué. — Madame, le soldat allemand répond en français, je vous remercie, et il cherche dans sa poche et trouve dix sous. — Non, non, dit la jeune fille, je ne veux pas d'ar- « gent; je vous l'offre de bon cœur. — Pardon, madame, dit le soldat, il est interdit aux soldats allemands de prendre quoi que « ce soit sans payer. »

Et avant cela, David-le-bigleux avait parlé, à Noyon, avec un coiffeur dont le frère était aviateur dans l'armée française: « Mon frère, me dit le coiffeur, m'a raconté une belle histoire. « Un jour, volant au-dessus des lignes, il est épaté de voir que « les canons français ne tirent pas sur les Boches mais sur les « Français eux-mêmes. Il atterrit aussi vite qu'il peut, il saute de « l'appareil, il va directement au bureau du général. Il salue, et « il crie, tout excité: « Mon général, vous tirez sur les Français ! » « Le général le regarde sans intérêt, sans bouger, puis il dit sim-

« plement: « On a commencé, il faut finir. » Ce qui explique
peut-être, dit David-le-bigleux, regardant dans deux sens à la
fois de ses yeux déphasés, que les Allemands aient pris Noyon... » Mais revenons-en à Mexique.

Un soir il y eut une soirée, comme David l'appelait, autour
d'un pot de thé chaud que sa femme lui avait fait monter,
puisque (comme toujours) il faisait affreusement humide et froid
dans l'Enorme Chambrée. Précautionneusement et à voix basse,
David nous convia à partager ce régal extraordinaire sur sa
paillasse, et nous acceptâmes, B. et moi, avec grande joie. Nous
découvrîmes, assis déjà sur la paillasse, quelqu'un qui s'avéra
par la suite être Mexique — auquel notre hôte nous présenta,
sous son vrai nom, avec tout l'aplomb et la courtoisie qu'on
associe vulgairement aux salons du faubourg Saint-Germain.

Pour Mexique j'ai, et j'aurai toujours, une affection sans
bornes. Il avait peut-être dix-neuf ans. Grassouillet, de bon caractère, et d'une humeur égale qui projetait sur l'inconfort le
plus violent et évident une lumière subtile et placide, il parlait
un espagnol magnifique, étant né au Mexique, et se nommait
en réalité Felipe Burgos. Il avait vécu à New York, et je l'entendis une fois blâmer quelqu'un pour nous avoir dit: « Yes »,
faisant remarquer qu'aucun Américain ne dit: « Yes », mais au
contraire: « Yeuh »; quoi qu'en puisse penser le lecteur, c'était
là une observation très profonde. A New York il avait travaillé
de nuit à la chaufferie d'un gratte-ciel, dormant le jour, et avait
énormément apprécié cette façon de voir l'Amérique. Curieux
de voir le monde, il s'était engagé comme chauffeur à bord d'un
bateau. Il avait touché terre (je crois) au Havre; avait manqué
son bateau; avait demandé un renseignement à un gendarme
en français (langue qu'il ne parlait pas du tout, à part quelques
phrases de l'ordre de: « Quelle heure qu'il est? »); avait été bien
traité et informé qu'on le mettrait sur un bateau tout de suite;
était monté dans un train en compagnie de deux ou trois gentils
gendarmes; avait roulé pendant un temps infini; était enfin descendu plein d'espoir; avait marché un peu; était arrivé en vue
du mur gris et suant de La Ferté; et: « Alors je demande à
un: Où est Bateau? Il montre ici et me dit, Voilà Bateau. Je
dis: Ceci un Drôle Bateau » dit Mexique, en riant.

Mexique jouait aux dominos avec nous (B. avait façonné
un jeu à partir d'un morceau de carton), arpentait l'Enorme

Chambrée en notre compagnie, parlant de son père et de son frère au Mexique, du peuple, des coutumes; et une fois, dans la cour, il écrivit la conjugaison complète de *tengo* dans la gadoue avec un petit bâton, à croupetons, riant un peu, expliquant. Avec son frère, il avait joué un rôle dans la révolution qui porta Carranza à la présidence de la république mexicaine. Et sa description de cette affaire était inexprimablement délicieuse.

« Tout le monde courir avec fusils, dit-il. Et finalement faire trop noir pour tirer sur tout le monde, alors tout le monde rentre à la maison. »

Nous demandâmes s'il avait lui-même fait le coup de feu.

« Bien sûr. Je tirer sur tout le monde je non connaître, répondit-il en riant. Je pense personne m'atteindre » ajouta-t-il, contemplant son fort physique avec un amusement grand mais calme. Quand nous lui demandâmes son avis sur la Grande Guerre, il répondit:

« Je penser grande merde » — ce qui reflétait absolument mon propre point de vue, décidai-je après mûre réflexion.

Mexique était ouvert, incapable de stupidité ou de dépression, et doué du savoir-vivre qui est censé être la marque de tout *gentleman*. Dès son arrivée il écrivit au consul mexicain ou peut-être bien espagnol (« Il connaître mon père à Mexique ») exposant en un castillan parfait et clair les faits ayant donné lieu à son arrestation; et lorsque je dis adieu à La Misère, Mexique s'attendait à tout moment à recevoir une réponse favorable, comme il s'y était attendu déjà, allègrement, depuis un certain temps. S'il lit cette histoire j'espère qu'il ne m'en voudra pas trop si elle ne fait pas pleinement justice à l'un des compagnons somme toute les plus agréables que j'aie connus. Mes carnets — et surtout l'un d'entre eux — sont remplis de conjugaisons qui témoignent de sa patience inlassable. J'y trouve également son portrait de dos, quelque peu sommaire, pris tandis qu'il était assis devant le poêle. Je regrette de ne pas en avoir de lui dans le jardin, en compagnie d'un homme qui y travaillait, un Espagnol, que le Surveillant avait généreusement autorisé Mexique à aider, dans l'idée — d'ailleurs parfaitement exacte — que Mexique prendrait plaisir à causer avec quelqu'un qui parlait espagnol au moins passablement, sinon aussi bien que lui. Mais je dois me contenter de voir mon excellent ami assis près du poêle, les mains dans les poches, en compagnie de Bill-le-Hollandais. Et j'espère que ce ne fut pas longtemps après mon départ qu'on libéra Mexique. Car je sens qu'on le libéra... et si j'ai raison, je ne dirai de sa libération que ce que je l'ai entendu dire souvent, lentement et placidement, non seulement des problèmes que tous partageaient en commun, mais également de ses propres problèmes:

« C'est bien. »

Le jeune Cap'taine côtier — à ne pas confondre avec le Pacha hollandais, que j'ai déjà tenté de décrire — représentait un véritable apport à notre société. Pour sa part, il y apporta son second, une personne terriblement grande, au dos voûté, dont je me dis immédiatement: « Bigre, voilà un dur et un assassin. » Je me trompais, bien sûr: je dis « bien sûr » parce que, dans l'Enorme Chambrée, juger un nouveau à sa mine équivalait presque toujours à juger une voiture au nombre de ses chevaux et non à sa performance en montagne. En l'occurrence, le second était un jeune homme taciturne et très doux, coupable du seul crime d'avoir été de l'équipage du Jeune Cap'taine. Que cela fut loin d'être imputable à crime était démontré par le Jeune Cap'taine lui-même. Je n'ai jamais connu homme plus enjoué, plus expansif et par ailleurs plus généreux et authentique. Il portait une chemise sans col, rayée de couleurs voyantes, un veston et un pantalon faits pour résister aux irréparables outrages du temps, une casquette fantasque, une grosse chevalière à l'annulaire, et une paire de bottes de marin qui faisait l'envie et l'admiration de tous, sans excepter moi-même. Il avait l'habitude de se tenir assis sur un tabouret de bois incroyablement petit, faisant paraître encore plus gros son mètre cinquante de tour, presque rond, d'os et de muscles. Les Hollandais, et surtout Jan, faisaient grand cas de lui. Toujours sur le qui-vive mais sans agressivité, il avait des yeux francs, plaisants; un nez petit et heureux, un peu retroussé et couvert de taches de rousseur; et des mains grandes, fortes, dures, qui semblaient toujours un peu mal à l'aise de se retrouver à terre. Il nous dit en grand secret que Pete s'était échappé de la maison pour suivre la mer; que venant d'une excellente famille, qui s'en faisait une bile de chien, il avait trop d'orgueil, jamais il leur ferait dire qu'on l'avait arrêté; et que lui, le Jeune Cap' taine, quand il serait de retour en Hollande, se ferait un devoir d'aller sur-le-champ chez les parents de Pete leur dire où se trouvait leur fils, et qu'ils remueraient ciel et terre pour le faire libérer. Le dimanche, le Jeune Cap'taine se mettait sur son trente-et-un et se joignait à l'impeccable délégation hollandaise qui assistait à la messe — s'étant entiché, dès son arrivée, d'une belle qui ne manquait jamais un service religieux. Je me dois d'ajouter (à l'intention des lecteurs hautement moralisateurs de cette chronique) que cette admiration n'était destinée qu'à tromper l'ennui de la captivité, le Jeune Cap'taine ne s'écartant jamais sérieusement d'un attachement extrême à « ma fiancée » comme il l'appelait, dont il portait toujours la photo sur son cœur. Une personne bien en chair, à la tête ronde, qui avait sans doute un très grand cœur, elle aussi — je voudrais bien pouvoir en dire davantage... mais on ne peut jamais se fier aux photographies. Il nous raconta quelques incidents pleins de vie survenus au cours de ses voyages, qui (vu la guerre) comportaient un peu de danger et beaucoup de sensations fortes. Je me rappelle comme ses yeux brillaient lorsqu'il racontait comment son bateau était passé juste au-dessous d'un énorme zeppelin :

« Et les gars nous faisaient signe, et nous on a poussé un hourra en leur faisant signe nous aussi, et tous les gens dans le zeppelin débéquetaient » — mot en particulier qui me fit concevoir une grande amitié pour le Jeune Cap'taine. Il racontait la multitude de déserteurs anglais en Hollande, que « les filles en raffolent, et si un Hollandais vient les inviter à patiner sur le canal elles n'en veulent pas, parce que les soldats anglais ne savent pas patiner » — et plus tard, lorsque ces ¦orgueilleuses demoiselles se trouvaient « abandonnées » par leurs amours, « Nous on s'amenait se foutre d'elles. » ... Il parlait un excellent anglais, un hollandais clair et vibrant, un allemand imparfait mais courant et point de français.

« Cette sacrée langue me dépasse, disait en souriant le Jeune Cap'taine avec une franchise totale. Les jean-darmes me posent un tas de questions et je dis « pas parlezvous » alors ils m'amènent, moi et mon second (un geste vers le jeune homme doux et monumental près du poêle), et ils nous mettent sur des trains et tout et tout, et où on va dans ce nom de Dieu de pays, moi j'le sais pas avant d'être arrivé » — et il rit de bon cœur.

« Merci, dit-il lorsque je lui offris une Scaferlati jaune, j'en achèterai ce soir à la cantine et je te la rendrai (car il partageait avec Pete une grande délicatesse à l'égard des services reçus). Elles sont faites de poussière, celles-ci » dit-il, souriant agréablement après la première bouffée.

Je lui demandais ce qu'il portait comme cargaison. « Du charbon » répondit-il avec beaucoup d'emphase. Et il me dit qu'il fallait aller le chercher jusqu'en Norvège, et que ça payait bien (parce que les Français en avaient besoin et le payaient n'importe quoi) « à condition d'avoir les nerfs solides. »

Son mépris extrême et absolu du jean-darme nous réjouissait au plus haut point, B. et moi. Il ne fallait pas comparer à des hommes « ces types, avec leurs épées et leurs petits pardessus comme des capes ».

C'est le Jeune Cap'taine qui, un soir, réalisa l'un des gestes les plus délicats qu'on a jamais accomplis à La Ferté (j'ai failli dire: en prison): il s'approcha de nos lits où nous faisions cuire du cacao, ou plutôt du chocolat (car on coupait une tablette de Menier imitation achetée à la cantine, y ajoutait de l'eau, et chauffait le tout dans un quart suspendu, au moyen d'un jeu extraordinaire de fils (B. *fecit*), au-dessus d'une simple bougie), et nous dit, montrant du pouce quelqu'un derrière son dos:

« Il y a un pauvre type malade là-bas et je me demande si vous me donneriez un peu de chocolat chaud pour lui; lui-même il ne le demanderait pas. »

Il va sans dire que nous étions particulièrement heureux de le lui donner — et plus heureux encore de voir le Jeune Cap'taine s'approcher du lit du Silencieux et lui parler avec beaucoup de douceur et de persuasion en (sans doute) allemand — et tout à fait heureux de voir le Silencieux se lever à demi de sa paillasse et boire, le Jeune Cap'taine debout à côté de lui avec un sourire épanoui jusqu'aux oreilles.

Un être capable de surmonter avec tant de facilité la méfiance irrévocable du Silencieux échappe à toute description. Par les présentes j'en fais mes excuses au Jeune Cap'taine et lui souhaite toutes les joies possibles avec sa fiancée en Hollande, où j'espère de tout cœur qu'il se trouve. Et peut-être, un jour, nous irons tous patiner sur les canaux; et peut-être nous parlerons de ce qui arrive lorsque les digues se rompent, et des maisons et des fleurs et des moulins à vent.

Permettez que je présente ici le Garde-champêtre, dont j'ai déjà pris le nom plus ou moins en vain. Un petit personnage vif, à l'air affamé, qui, après avoir porté l'uniforme de la police rurale (ce dont il semblait assez fier), avait servi sa patrie — connue par ailleurs sous le nom de Belgique — en tant que motocycliste. Tandis qu'il portait des dépêches d'une extrémité des lignes à l'autre, ses yeux désagréablement gros avaient absorbé certains détails particulièrement encourageants de la guerre civilisée. Il avait une fois vu les alliés construire un pont provisoire sur l'Yser, et les cadavres des fidèles et de l'ennemi jetés pêle-mêle dans l'eau afin de constituer le gros œuvre sur lequel appuyer le tablier. Cette manière expéditive de faire avait outragé son sens des convenances. L'Yser, dit-il, a coulé tout rouge pendant longtemps.

« On était tous ensemble: les Belges, les Français, les Anglais... nous autres Belges, on ne voyait aucune raison de poursuivre la bataille. Mais on l'a poursuivie. Ah, oui, qu'on l'a poursuivie. Vous savez pourquoi? »

Je dis que non.

« Parce que devant il y avait les obus allemands et derrière les mitrailleuses françaises, toujours les mitrailleuses françaises, mon vieux.

— Je ne comprends pas bien » dis-je confus, me rappelant toutes les tartines prétentieuses auxquelles les Américains croyaient (l'héroïque petite Belgique martyrisée, protégée par les alliés contre l'envahisseur, et tout ce qui s'ensuit). « Pourquoi est-ce que les Français installaient des mitrailleuses derrière vous? »

Le Garde-champêtre leva craintivement ses gros yeux vides. Les énormes creux qu'ils habitaient s'obscurcirent. Sa petite figure, plutôt dure, tremblait de l'intérieur. Pendant un instant je crus qu'il allait piquer une crise à mes pieds — mais il répondit avec humeur, dans un souffle profond et éclatant:

« Pour qu'on continue à avancer. De temps en temps une compagnie laissait tomber ses fusils et se mettait à courir. Peuhpeuhpeuhpeuhp... (son bras court et disgracieux décrivait doucement le va-et-vient d'une mitrailleuse)... fini. Les soldats belges sur la droite et sur la gauche ont vite compris. Sinon: Peuhpeuhpeuhpeuhp... Ah, oui, on avançait. Ah, oui. Vive le patriotisme. »

Et il se leva d'un geste qui semblait balayer de sa mémoire ces bagatelles pénibles, traversa la Chambrée de son petit pas rapide, et se mit à parler à son meilleur ami, Judas, engagé, lui, à dresser ses moustaches bancales...

Vers la fin de ma visite à La Ferté, le Garde-champêtre fut vraiment heureux pendant deux jours, période au cours de laquelle il partagea la société d'un jeunot riche, intelligent, arrêté par erreur et parfaitement désagréable qui portait des lunettes en écaille, une chevelure abondante et des bandes molletières, et qu'avec B. nous nommions Jojo le Léontiasique, appellation qui réussit dans une certaine mesure à nous réconforter. Son dossier eût été plus mauvais que cette histoire eût été meilleure — mais heureusement pour tout le monde il était vide; et Jojo s'en retourna à son Paris d'origine, abandonnant le Garde-champêtre à Judas et aux crises d'un désespoir qui n'était intéressant que de loin en loin.

Le lecteur pensera peut-être qu'il serait temps qu'une autre Délicieuse-Montagne paraisse à l'horizon. Qu'il garde les yeux bien ouverts: en voilà une...

Chaque fois que notre cercle de famille devait grandir, une cloche quelque part dehors (en fait au portail par lequel un Cummings épuisé avait été admis à La Ferté au cours d'un soir mémorable dont il a déjà été rendu compte) tintait clairement — sur quoi les habitants les plus énergiques de l'Enorme Chambrée se précipitaient vers le judas qui leur procurait un aperçu fragmentaire du portail et des nouveaux arrivés, masculins et féminins, que la cloche annonçait. Une fois en particulier les spectateurs paraissaient presque indûment excités, criant: « Quatre ! — Une grosse malle ! — Cinq gendarmes ! » et autres incohérences, avec un enthousiasme qui laissait augurer des événements importants. Comme presque toujours, je m'étais tenu hors de la mêlée; et me reposais, confortable et horizontal, sur mon lit (remerciant Dieu qu'il ait été bien réparé par un codétenu que nous appelions la Grenouille — homme au regard extrêmement perçant et aux grandes moustaches noires à la Vercingétorix, dont nous dénommions l'ami intime le Homard, à cause notamment de sa forme et de sa démarche) lorsque les bruits qui accompagnaient normalement le déverrouillage de la porte éclatèrent avec une violence exceptionnelle. Je me redressai. La porte s'ouvrit en coup de vent, il y eut un moment d'hési-

tation, une série d'observations grommelées par deux voix assez
terrifiantes; et puis voici qu'entraient quatre nouveaux d'un
aspect incontestablemant intéressant. Ils entrèrent en deux rangs
de deux. Le premier rang était constitué d'un homme sans han-
ches, aux épaules immensément larges, et donc triangulaire, qui
portait un pantalon bleu avec un morceau de corde ordinaire
en guise de ceinture; et d'un poids-lourd à l'allure brutale dont
le signe le plus distinctif était des favoris hideux. Je sautai sur
mes pieds et me précipitai vers la porte, électrisé malgré moi.
Par les yeux bleus et, cette fois, fuyants, les cheveux pâles et
la puissante stature du propriétaire de la corde, je reconnus
immédiatement un Hollandais. Par les traits grossiers et brutaux
cachés à moitié par des favoris de pirate, comme par les yeux
lourds, méchants et fouineurs, je reconnus tout aussi rapidement
un Belge. Sur ses épaules le premier rang portait une grosse
malle noirâtre, bien construite, évidemment très lourde, qu'il
posa, grognant de soulagement, tout près du cabinet. Le dernier
rang suivit d'une façon quelque peu asymétrique: un jeune à
l'air stupide et au teint clair (évidemment un paysan, avec des
jambières noires et coûteuses et une casquette à visière vernie
noire) devançait légèrement un personnage haut, glissant, maigrichon et indéfinissable qui jetait sur chacun un regard tranquille et solennel de dessous la visière d'une casquette assez
large et mal soignée, faisant voir des quartiers d'un long visage
décharné et inconnaissable qui portait — ou, plutôt d'où descendaient — des moustaches identiques à celles qu'on attribue parfois, dans les peintures, aux dignitaires chinois: autrement dit,
extrêmement étroites, parfaitement tombantes et faites d'une
matière qui ressemblait à une aigrette de maïs noire. Derrière
les nouveaux titubaient quatre paillasses mystérieusement animées
par deux paires de petites jambes appartenant, ainsi qu'il s'avéra,
à Garibaldi et au petit Bricoleur; qui, quand les paillasses dé-
gringolèrent par terre, apparurent, couverts de sueur.
    La première chose que fit le Hollandais triangulaire aux
yeux fuyants fut de crier Gottverdummer. La première chose
que fit le Belge aux favoris fut de saisir sa paillasse et d'y monter la garde. La première chose que fit le jeunot aux jambières
fut de regarder désemparé autour de lui et de pleurnicher quelque
chose en polonais. La première chose que fit le quatrième nouveau fut de n'accorder aucune attention à personne; et ce faisant

d'allumer une cigarette d'une façon calme, tirant dessus avec silence et lenteur comme si, dans tout l'univers, il n'existait que le goût du tabac.

Un cercle de Hollandais entourait déjà le triangle, lui demandant tous à la fois, Venait-il de tel endroit? Qu'est-ce qu'il y avait dans la malle? Combien de temps avait-il mis à venir?, etc. Une demi-douzaine d'hommes se penchaient sur la malle elle-même, et au moins trois paires de mains allaient tripoter le cadenas — lorsque soudain, avec une agilité incroyable, le fumeur impassible avança de deux mètres et atterrit doucement à côté d'eux, poussant rapidement et brièvement à travers le nez:

« Mang. »

C'était dit presque avec irritation, ou comme un enfant qui dirait: « Gnan. »

Les spectateurs reculèrent, complètement étonnés. Sur quoi le jeunot désemparé en jambières noires s'avança de guingois et expliqua sur un ton pathétique, à la fois prévenant et condescendant:

« Il n'est pas méchant. C'est un brave bonhomme. C'est mon ami. Il veut dire que c'est à lui, la caisse. Il parle pas français.

— C'est la malle du Gottverdummer polack, dit le Triangulaire, explosant en hollandais. C'est une paire de Polacks: et celui-là (grimaçant de ses yeux bleus pâles vers les Favoris) et moi, c'est nous qu'il fallait qu'on se la tire pendant tout le Gottverdummer voyage jusqu'ici. »

Pendant tout ce temps l'Inconnaissable fumait lentement et calmement, fixant rien du tout de ses yeux noirs comme des boutons. Les esprits affamés qui scrutaient unanimes les contours presque sévères de sa figure n'y trouvaient aucune suggestion d'une expression quelconque. Les profonds sillons dans les joues de carton-pâte (sillons qui ressemblaient quelque peu aux ouïes d'un poisson extraordinaire qui ne respirerait pas) ne bougeaient pas d'un atome. Les moustaches tombaient avec quelque chose approchant une tranquillité mécanique. Parfois les lèvres se serraient, d'un mouvement à la fois abstrait et sensible, sur la cigarette, tenue légèrement et avec soin, et dont la fumée qui montait en spirale soulignait l'aplomb de la tête, alerte en même temps qu'indifférente.

Monsieur Auguste fit irruption, parlant ce que je pris pour du russe — et en un instant lui, les jambières, la cigarette de l'Inconnaissable, la malle, et l'Inconnaissable avaient disparu à travers la foule vers la paillasse de Monsieur Auguste, et aussi vers la paillasse de celui qu'on appelait parfois le Cordonnier — un homme exigu avec des moustaches immenses qui faisait la promenade en compagnie de Monsieur Auguste, parlant parfois le français mais en général le russe ou le polonais.

Et c'est ainsi que pour la première fois j'aperçus, et que le lecteur aperçoit, le Zoulou; c'était une Délicieuse-Montagne, et j'aurai donc à en reparler lorsque je ferai l'ascension des Délicieuses-Montagnes dans des chapitres ultérieurs. Jusque-là, le lecteur devra se contenter de la description ci-dessus, pour insatisfaisante qu'elle soit...

Bientôt après, le généreux Gouvernement Français introduisit dans notre sein l'un des personnages les plus repoussants que j'aie jamais connus — peut-être (à la réflexion: certainement) le plus repoussant: j'ai nommé le Youpin Bagarreur. Si c'est avant ou après le Maquereau espagnol qu'il débarqua, je ne saurais le dire. Bill-le-Hollandais — l'homme triangulaire à la ceinture de corde et aux yeux bleus fuyants, qui nous parvint en même temps que le Belge aux favoris que nous dénommions le Voleur-d'enfants en l'honneur de son aspect impossiblement brutal — Bill-le-Hollandais, qui avait vécu dans Notre Cher Pays pendant quatorze ans, en parlait la langue comme s'il y était né, et à tout prendre connaissait admirablement bien le Pays de la Liberté — Bill-le-Hollandais racontait monts et merveilles d'un millionnaire espagnol dont il avait partagé la cellule juste avant de découvrir La Ferté. « Il nous rejoindra d'ici quelques jours » ajouta-t-il. Et voilà moins de huit jours plus tard qu'arriva l'un des hommes les plus gros que j'aie jamais vus, habillé avec une recherche excessive et portant une bague à chaque doigt et un air parfaitement prospère. Il se découvrit sur-le-champ l'objet des attentions de Judas (qui subodorait les liquidités presque aussi facilement que le Gouvernement Français la sédition) et, à mon léger étonnement, du tout à fait respectable comte Bragard. Mais pas, surtout pas, de Mexique qui, après un entretien d'une demi-heure avec le nouveau dans leur langue commune, poussa sereinement jusqu'à nos lits et nous informa:

« Vous voyez ce type là-bas, ce gros type? Je lui parle espagnol. Lui vaut rien. Me dit il gagné cinquante mille francs année dernière diriger bordel à Brest. Salopard ! »

Ce gros type habitait un lit parfaitement énorme qu'il s'était arrangé à se faire porter dès son arrivée. Le lit, livré en pièces détachées, fut accompagné d'un technicien d'en ville qui se mit à le monter, s'offrant en même temps de nombreux coups d'œil autour de lui, qui exprimaient non seulement l'intérêt mais l'étonnement et même la peur. Sans doute que le lit devait être de dimensions spéciales afin de recevoir le millionnaire circulaire, et étant un lit extraordinaire il devait recevoir les soins d'un artisan expérimenté — en tout cas, la couche de ce gros type laissait celle du Pacha hollandais loin en arrière. Tandis que je regardais l'opération du montage, j'étais frappé par la pensée que voici, après tout, le dernier cri en matière de luxe: évoquer de la métropole non seulement un divan spécial, mais, pour l'accompagner, l'Esclave du Lit... Ce gros type faisait faire sa corvée par un des prisonniers. Ce gros type achetait à la cantine, deux fois par jour, des provisions suffisantes pour alimenter un paquebot de ligne pendant sept voyages, et jamais il ne mangea en compagnie des prisonniers. J'en reparlerai à propos de la Mecque du respectable, ce grand trône blanc de pureté, venez voir, venez nombreux: le comte Bragard, auquel j'ai présenté le lecteur depuis longtemps.

Et donc on en vient, qu'on le veuille ou non, au Youpin Bagarreur.

En arrivant, il portait la valise coûteuse d'un particulier roumain — livide et d'un aspect bizarrement déplaisant, vêtu d'un pullover tricoté d'un rouge bizarrement vilain, d'un costume impeccable et d'un chapeau de velours immaculé qui devait valoir au moins cinquante francs — zèbre que nous dénommions Rockyfeller. L'adjectif: désagréable décrit faiblement la personnalité de celui-ci. Celui-là, par contre, était une créature que l'adjectif: laid ne commence même pas à décrire. Il existe certains spécimens de l'humanité en présence desquels on ressent instantanément et instinctivement un écœurement profond qui — justement parce qu'il est profond, sans doute — résiste à l'analyse. Le Youpin Bagarreur en était un. Sa figure (ou, en bon français: sa gueule) excessivement grossière arborait une expression infatigable de brutalité pure — et pourtant l'impression qu'elle communiquait ne tenait pas à un plan ou à une ligne quelconque. Elle était à son plus hideux — c'est peut-être le mot — lorsque le Youpin Bagarreur souriait à pleines dents.

Lorsqu'il souriait, on sentait qu'il voulait vous bouffer, et que la seule chose qui l'en empêchait était le désir plus impératif encore de bouffer tout le monde à la fois. Lui et Rockyfeller nous arrivaient de la Santé, si je me rappelle bien; tous les deux devaient accompagner B. à Précigné. Pendant les semaines que le Youpin Bagarreur passa à La Ferté-Macé, l'inexistence des habitants de l'Enorme Chambrée fut rendue plus que misérable: elle en devint presque insupportable.

La nuit qui vit l'arrivée de Rockyfeller et de son esclave fut pour tout le monde une nuit mémorable — une des nuits les plus folles et insolites et parfaitement intéressantes que, pour ma part, j'aie jamais vécues. Rockyfeller avait été raccroché par Judas et jouissait d'un lit spécial sur notre droite à l'extrémité supérieure de l'Enorme Chambrée. A la cantine il avait acheté, outre un grand nombre de bougies, un grand assortiment de friandises que lui et Judas étaient occupés à savourer lorsque le planton monta, nous compta trois fois, divisa le total par trois, ordonna: « Extinction des feux », et descendit, cadenassant la porte après lui. Tout le monde se disposait à dormir. Tout le monde, c'est-à-dire, sauf Judas qui continuait à parler à Rockyfeller, et Rockyfeller, qui se mit en devoir d'allumer une de ses bougies et d'inaugurer une soirée agréable de conversation. Le Youpin Bagarreur était allongé tout nu sur une paillasse entre moi et son seigneur. Il avait raconté à tout un chacun que dormir nu était le seul moyen d'éviter les poux (dont tout le monde, moi compris, avait sa juste part). Il se tut pourtant sur l'ordre du planton, tandis que Rockyfeller continuait à parler et à mâchonner tout son soûl. A la fin, ça commençait à porter sur les nerfs de toute la chambrée. De toutes parts s'élevaient des protestations dans de nombreuses langues. Rockyfeller regarda autour de lui avec un air de mépris et poursuivit son monologue. Un juron tomba du noir. Le Youpin Bagarreur surgit, nu comme un ver; marcha à grands pas jusqu'au lit du coupable et demanda sur un ton féroce:

« Boxe? Vous? »

Le coupable paraissait dormir ferme; il ronflait même. Le Youpin Bagarreur s'en retourna, déçu, mais il atteignait à peine sa paillasse lorsqu'il fut accueilli par diverses observations, joyeusement désobligeantes, proférées dans une douzaine de langues. Il courut, menaça, ne reçut aucune réponse et s'en retourna à sa place. Encore une fois, dix ou douze voix sortant de l'ombre se prirent à l'insulter. Encore une fois, le Youpin Bagarreur s'y précipita et ne trouva que des innocents endormis. De nouveau il voulut se coucher. De nouveau les cris, cette fois avec une violence redoublée et en nombre grandement accru. Ne sachant plus à quel saint se vouer, il marchait de long en large, défiant tout le monde, ne recevant aucune réponse, jurant, injuriant, menaçant, faisant la brute. L'obscurité attendait toujours qu'il reprenne sa paillasse et puis éclatait, versant sur sa tête et sur la tête sacrée de son seigneur et maître des malédictions de toutes sortes. On intima au dit seigneur et maître l'ordre d'éteindre sa bougie, de s'endormir et de laisser aux autres la possibilité d'oublier leurs malheurs dans la mesure du possible. Indigné, il fit appel au Youpin pour y mettre fin. Le Youpin (presque en larmes) répondit qu'il avait fait de son mieux, que c'étaient tous des porcs, que personne ne voulait se battre et que c'était dégueulasse. Tonnerre d'applaudissements. Protestations, des membres les moins énergiques de notre cercle, contre le bruit en général: laissez-lui sa bon Dieu de bougie, taisez-vous, dormez vous-mêmes, et cétéra. Bien qu'il fût visiblement dérangé par la mauvaise éducation de ses codétenus, Rockyfeller poursuivit son entretien avec Judas, tout sucre et miel. Le bruit — ou, plutôt, le boucan — augmentait. J'étais pour une raison quelconque furieux contre Rockyfeller — sans doute avais-je la notion étrange que si moi, je n'avais pas droit à une lumière après l'extinction des feux, et mes excellents amis non plus, alors à quel titre Rockyfeller l'aurait-il? Quoi qu'il en soit, j'émis quelques observations destinées à flétrir l'*Uebermensch* maintenant un peu énervé; me levai, me mis une paire de sabots énormes (achetés à un affreux jojo que le Gouvernement Français avait arrêté avec son père pour des raisons inconnues et qui m'avait raconté avoir « trouvé » les sabots « dans un train », en route pour La Ferté), enfilai ma pelisse et marchai aussi lourdement que je pouvais jusqu'à la paillasse de David-le-bigleux, où Mexique nous rejoignit.

« Pas la peine d'essayer de dormir, dit David-le-bigleux en français et en espagnol.

— C'est vrai, dis-je. Alors faisons tout le bruit qu'on peut. »

Dans le noir le chahut continuait inapaisé. Les cris humains, les plaisanteries et les obscénités avaient cédé à des imitations

parfaitement inspirées d'animaux divers et même variés. Afrique
s'exclama — et c'est avec un grand plaisir que je reconnus sa
voix dans les ténèbres impénétrables:
     « Agahagahagahagahagah !
     — peut-être, dis-je, c'est une mitrailleuse; ça ou un singe. »
Le Fils du vent cocoriqua d'une façon superbe. Le Cordonnier,
le grand ami de Monsieur Auguste, produisit un
     « Miiii-aaaaaaOU ! »
étonnant qui provoqua une tornade de rires et quelques applaudissements. Des meuglements, des pépiements, des caquetages —
il y avait une poule superbe — des hennissements, des beugle-
ments, des rugissements, des bêlements, des grognements, des
coins-coins, des gazouillements, des hurlements, des mugissements — et bien entendu, un autre bruit encore — firent que
l'Enorme Chambrée prît soudainement et entièrement vie. Je
n'ai jamais imaginé une ménagerie telle que celle qui s'était par
enchantement matérialisée entre les quatre murs lourds et dépri-
mants qui nous enfermaient. Même des personnages sérieux tels
que le comte Bragard se permettaient de brailler un peu. A mes
étonnement et joie immenses, Monsieur Pé-tairsse énonça un in-
fime cocorico décrépit. Les mourants, les malades, les âgés, les
mutilés apportèrent leur contribution à la pétarade générale.
Et puis, sorti de l'obscurité en bas et à gauche, germait un des
bruits les plus sublimes qui aient jamais atteint l'oreille humaine:
le bruit d'un petit chien aux grandes oreilles qui poursuivrait
quelque chose, très bas sur pattes, portant droit dans l'air sa
queue très frisottée tandis qu'il courait; un petit chien plus affairé que sage, plus bruyant que grand; un petit chien ridicule,
hors d'haleine, déterminé, à la langue rouge, aux yeux noirs,
aux pattes laineuses et à l'énorme sourire — bruit, conçu et
exécuté par le Homard, qui jeta l'Enorme Chambrée en des
convulsions de joie absolues et incoercibles.
     Le Youpin Bagarreur était maté. Il ne savait plus où donner
de la tête. Enfin il se décida à se joindre aux insurgés et se
mit à vagir d'une façon brutale et cafardeuse. C'était la goutte
qui fît déborder le vase. Rockyfeller, qui ne pouvait plus se
faire entendre par Judas, même en criant à pleins poumons,
abandonna l'entretien et regarda autour de lui, furieux; furieux
et pourtant craintif, comme s'il s'attendait à ce que quelques-uns
de ces nombreux ours, lions, tigres et babouins, sortis de l'obs-

curité, lui sautent dessus. Sa figure livide et suprêmement désagréable tremblait en cadence avec sa bougie tremblotante. Ses
maigres lèvres se crispaient de mortification et de rage.

« C'est vous le chef de chambrée, dit-il à Judas d'un ton
féroce, pourquoi ne les obligez-vous pas à s'arrêter? C'est emmerdant.

— Ah, répondit Judas d'un ton sucré, mielleux, ce ne sont
que des hommes, et des butors par-dessus le marché; on ne
peut pas s'attendre à ce qu'ils soient bien élevés. »

Un chœur formidable d'autres bruits encore, en même temps
que des cris, injures, gémissements et barrissements linguistiques,
salua cette observation. Je me levai et descendis la chambrée
jusqu'aux cabinets (qui nageaient, comme toujours à cette heure
de la nuit, dans une mare d'urine, profonde par endroits de
quinze centimètres, dont mes sabots me protégeaient dans une
certaine mesure) et m'en retournai, en faisant claquer mes sabots
aussi fort que je le pouvais. Soudain la voix de Monsieur Auguste sauta à travers le vacarme avec un

« A-lors ! ça suf-fit ! »

Et en un instant il avait atteint la fenêtre juste au-delà des
cabinets (la seule fenêtre qui n'était pas clouée, avec de longs
clous en fil de fer, afin de conserver la chaleur) et criait d'une
voix folle, haute, douce et courroucée à la sentinelle en bas:

« Plan-ton ! C'est im-pos-si-ble de dor-mir ! »

Un grand cri: « OUI ! JE VIENS ! » remonta — tout bruit
s'arrêta — Rockyfeller darda la main jusqu'à sa bougie, s'en
saisit terrifié, la souffla comme si sa vie en dépendait — et
l'Enorme Chambrée pesa de silence; énormément dans l'obscurité,
énormément dans l'expectative...

VLAN ! La porte se rabattit. « Alors, qui m'appelle? Qu'est-ce
qui se passe ici? » Et l'Etui Noir, revolver à la main, braqua
sa torche dans le silence d'encre de la chambrée. Derrière lui
se tenaient deux plantons, blancs de peur; leurs mains tremblantes
étreignaient des revolvers dont les canons chevrotaient d'une
façon ridicule.

« C'est moi, plan-ton ! Personne ne peut dor-mir à cause
du bruit, et on fait du bruit par-ce que ce mon-sieur-là re-fuse
d'é-tein-dre sa bou-gie quand tout le monde veut dor-mir. »

L'Etui Noir se retourna vers la chambrée en général et
rugit:

« Fils de merde, que ça soit la dernière fois, ou j'aurai votre peau, à vous tous. » Ensuite il demanda (tout en brandissant son revolver) si quelqu'un voulait discuter cette affirmation et reçut pour toute réponse des ronflements paisibles. Ensuite il dit que par tous les dieux il arrangerait les coupables le lendemain, qu'il les arrangerait bien — et chercha du regard l'approbation de ses séides tremblants. Ensuite il émit vingt ou trente jurons à tout hasard, se tourna et sortit en coup de tonnerre sur les talons de ses confrères en fuite qui tombaient presque l'un sur l'autre dans leur hâte d'échapper à l'Enorme Chambrée. Jamais je n'ai vu une exhibition plus éclatante de bravoure que celle que présentait l'Etui Noir, revolver à la main, tenant aux abois les habitants ronflants et désarmés de l'Enorme Chambrée. Vive les plantons. Ils étaient dignes d'être gendarmes.

Rockyfeller ayant copieusement graissé la patte des responsables de La Ferté dès son arrivée, il va sans dire qu'on ne lui fit aucun reproche et qu'il ne reçut aucune ombre de châtiment pour avoir délibérément enfreint une règle établie — règle dont l'infraction aurait procuré à une quelconque des ordures communes (par exemple, Dieu merci, moi-même) une visite immédiate au cabinot. Certes non. Plusieurs des hommes, pourtant, étaient mis au pain sec — non pas pour avoir été pris par l'Etui Noir en flagrant délit de protestation tapageuse, car tel n'était pas le cas — mais par principe, afin de donner l'exemple aux autres et de leur inculquer le respect salutaire de (il faut bien le croire) l'ordre établi. Tous demeuraient d'accord que ça avait bien valu le coup. Bien entendu, tout le monde savait que c'était le Mouchard qui les avait vendus. Parce que, parbleu, même à l'Enorme Chambrée il se trouvait un homme à qui on consentait certains privilèges et une immunité totale aux châtiments à condition qu'il dénonce ses compagnons de souffrance chaque fois que l'occasion se présentait. Une personne réellement laide, à la figure dure, toute en articulations, et aux mains traîtresses, dont la fille habitait en bas dans une chambre à l'écart de celle des putains (« sales putes dégueulasses ») contre lesquelles il n'avait jamais son soûl de fulminer:

« Moi, j'aimerais mieux mourir que de savoir ma fille avec ces putains puantes » me fit observer une fois, en un anglais cockney, cet homme hautement moral, dont la dite fille (treize ans) était généralement supposée remplir des fonctions très précises auprès de Monsieur-le-Directeur. On n'avait nul besoin d'être prévenu contre le Mouchard, comme on nous prévint, B. et moi, dès notre arrivée — la seule vue de cette gueule suffisait à qui avait tant soit peu d'intelligence ou de sensibilité. Cette gueule ou trogne avait donc vendu la mèche. Ce que tout le monde prenait comme allant de soi, s'avouant qu'il déshonorerait la potence même.

Mais la ménagerie avait grandement et inexprimablement réussi en ceci, que peu de temps après, Rockyfeller quitta notre société de gens mal élevés pour l'« hôpital », ce même « hôpital » dont Monsieur-le-Surveillant nous avait si adroitement recommandé le confort et l'isolement. Rockyfeller conserva le Youpin Bagarreur à sa solde pour le défendre en promenade, mais autrement nos rapports se virent complètement coupés, ses nouveaux compagnons étant Muskowitz-le-millionnaire-loucheur et le Chansonnier belge, qui racontait à qui voulait l'entendre qu'il était haut fonctionnaire (de la blague, s'écria le petit Bricoleur, c'est un menteur ! Et ajouta qu'il avait entendu parler de cette personne en Belgique et que la dite personne faisait des chansonnettes). Si seulement on nous avait débarrassés de l'esclave en même temps que du maître — mais malheureusement le Youpin Bagarreur ne pouvait pas se permettre de suivre l'exemple de son seigneur. De sorte qu'il continua à se rendre odieux, s'efforçant de gagner les bonnes grâces de B. et de moi, cherchant noise et en général faisant le matamore.

En outre, cette personne au cœur de lion passa une nuit entière à pleurer et à gémir sur sa paillasse après avoir reçu une piqûre de Monsieur Richard — contre la syphilis. Au cours des jours suivants on découvrit que deux ou trois des hommes étaient atteints de syphilis depuis quelque temps. Ils l'avaient à la bouche. Je ne m'en souviens pas particulièrement, mais l'un d'eux au moins était belge. Bien entendu, eux et le Youpin Bagarreur avaient utilisé la louche et le seau à eau communs. Il ne fallait pas s'attendre à ce que le Gouvernement Français s'occupe de vétilles telles que les maladies vénériennes chez les prisonniers. N'était-il pas suffisamment occupé à guérir les soldats qui passaient leur permission à s'efforcer de choper à la fois une blennorragie et une syphilis? Que le lecteur ne croie pas que je rêve: qu'il se rappelle plutôt que j'ai eu l'honneur d'appartenir à la Section Sanitaire Vingt-et-un, qui avait évacué l'hôpital des maladies vénériennes de Ham, avec les hôtes duquel (à mes moments perdus) j'avais parlé et marché et appris certaines choses concernant la guerre. Que le lecteur se rende compte — s'il ne s'en est pas déjà rendu compte — que Cette Grande Guerre Pour l'Humanité, et tout ce qui s'ensuit, n'entrait pas dans les idées de certaines personnes, et que les idées de certaines personnes leur faisaient préférer à la gloire du front les tourments (vingt fois j'ai entendu hurler mes amis de Ham) qui accompagnent ces maladies. Ainsi que l'un de mes dits amis me le raconta — ayant découvert qu'à la différence des Américains en général, je dirigeais mes efforts non pas à faire faire à la France la découverte de l'Amérique, mais plutôt à découvrir moi-même la France et les Français:

« Mon vieux, c'est très simple. Je m'en vais en perme. Je demande à aller à Paris, parce que les gonzesses là-bas sont toutes malades. J'attrape une vérole et, quand je peux, une chaude-pisse aussi. Je reviens. Je monte en ligne. Je tombe malade. L'hôpital. Le toubib me dit: « Il ne faut ni fumer ni boire, « comme ça vous serez bientôt guéri. — Merci, monsieur le « major ! » Je fume toujours et je bois toujours et je ne guéris pas. Je reste cinq, six, sept semaines. Des mois, peut-être. Enfin, je suis guéri. Je rejoins mon régiment. Et de nouveau, c'est mon tour d'aller en perme. Je m'en vais. Encore la même chose. C'est chic, tu sais. »

Pour en revenir aux syphilitiques de La Ferté: avec quelque retard, bien sûr, on les isolait dans une pièce très petite et très sale pendant peut-être quinze jours. Et je veux bien être pendu si, pendant cette période, Monsieur-le-Surveillant ne s'assurait personnellement qu'ils prennent la soupe dans leurs propres bols en porcelaine.

Il est difficile de dire si le Youpin Bagarreur se rendit plus odieux pendant sa maladie ou pendant la période qui s'ensuivit — période marquée d'un nombre étonnant de bagarres, rixes, brutalités, etc. Son cas devait être bénin, parce qu'en un rien de temps il fut guéri, et sur le dos de tout le monde comme d'habitude. Eh bien, quittons-le pour l'instant; quittons-le jusqu'à ce que nous arrivons au Jeune Polonais, qui portait des jambières noires et parlait du Zoulou comme « mon ami » — le Jeune Polonais dont je raconterai les malheurs en même temps que je parlerai de la deuxième des Délicieuses-Montagnes elle-même. Je quitterai le Youpin en notant qu'il était presque aussi vain que vicieux; car avec quelle ostentation ne m'a-t-il pas montré, un jour que nous étions à la cuisine, une carte postale arrivée le jour même de Paris, et sur laquelle je lus: « Comme tu es beau » et des promesses d'envoyer de l'argent dès qu'elle en aurait gagné et, dans l'espoir qu'il avait bien profité de son dernier cadeau, la signature (d'une main grande et adoratrice):

« Ta môme, Alice »

et une fois ma lecture terminée, le Youpin Bagarreur me dit avec emphase, poussant sa trogne patibulaire presque dans ma figure:

« Pas travailler moi. Femme travaille, fait la noce, tout le temps. Toujours avec officiers anglais. Gagne beaucoup, cent francs, deux cents francs, trois cents francs, tout de suite. Anglais riches. Femme me donne tout. Moi pas travailler. Bon, eh? »

Reconnaissant de ce petit renseignement, et sentant sa grimace à un centimètre de mon menton, je répondis avec lenteur et calme que c'était bon en effet. J'ajoute que de préférence il parlait espagnol (selon Mexique un très mauvais espagnol); car le Youpin Bagarreur avait vécu pendant plusieurs années à Buenos Aires, dont son opinion peut se traduire approximativement par la phrase éloquente,

« C'est un chouette d'endroit. »

Charmant garçon.

Maintenant il faut que je raconte ce qui arriva au pauvre Maquereau espagnol. J'ai déjà fait remarquer que le comte Bragard avait conçu une affection immédiate envers ce personnage rondouillard, dont le ventre, quand il se reposait sur le dos au lit le matin — et compte tenu des draps, couvertures et édredons — dépassait de soixante bons centimètres le niveau de sa petite tête, stupide et ornée de mentons nombreux. J'ai dit que cette admiration, de la part de l'admirable comte et membre de l'Académie royale, envers un personnage qui exerçait le métier du Maquereau espagnol m'avait assez intrigué. Le fait est qu'il y avait eu récemment un changement dans nos rapports avec l'ami de Vanderbilt. Sa cordialité à l'égard de B. et de moi-même s'était considérablement effritée. Dès notre arrivée, le brave milord nous avait couverts de services et de conseils. Je pourrais même dire que pour moi il était extraordinairement gentil. Par exemple, nous parlions peinture: le comte Bragard plia une feuille de papier, la déchira au centre du pli, la déplia avec soin de sorte qu'un bon trou rond apparut; dit:

« Connaissez-vous ce truc? C'est un truc anglais, Monsieur Cummings »; tint le papier devant lui; et regarda profondément par l'ouverture circulaire vers un secteur particulièrement décevant du paysage tout à fait sinistre, que l'on apercevait par l'une des fenêtres ecclésiastiques de l'Enorme Chambrée.

« Regardez cela, Monsieur Cummings » dit-il avec une calme dignité.

Je regardai, cherchant à discerner quelque chose à gauche.

« Non, non, droit devant vous, le comte Bragard me corrigea. En voilà, un charmant fragment de paysage, dit-il, triste. Si seulement je disposais ici de mes couleurs. J'ai envisagé, voyez-vous, de demander à ma femme de ménage de me les faire parvenir de Paris — mais comment peut-on peindre en un *bloody* endroit comme celui-ci, entourés de tous ces *bloody* porcs? C'est impensable. Et tragique, d'ailleurs » ajouta-t-il entre les dents, avec quelque chose comme des larmes dans ses yeux fatigués et gris.

Ou bien: on arpente l'Enorme Chambrée après le souper — la promenade du soir dans la cour ayant été supprimée officiellement, compte tenu du noir et du froid qu'apportait le crépuscule d'automne — et à travers les vitres les couleurs sombres et bouffies du coucher de soleil se déversent faiblement; et le comte s'arrête net et contemple le coucher de soleil, sans parler, pendant une demi-minute. Puis:

« Glorieux, n'est-ce-pas, demande-t-il sobrement.

— Glorieux en effet » je réponds.

Avec un soupir il reprend sa marche, et je l'accompagne.

« Ce n'est pas difficile de peindre un coucher de soleil, pas difficile du tout, fait-il observer doucement.

— Non? je dis respectueusement.

— Pas du tout, dit le comte, commençant à gesticuler. On n'a besoin que de trois couleurs, vous savez. Très simple.

— Quelles couleurs? je demande dans mon ignorance.

— Mais, vous le savez, bien entendu, dit-il étonné. Terre de Sienne brûlée, cadmium sulfuré et, euh — Tiens! Je ne m'en souviens plus. Je ne connais pourtant que ça. Vous aussi. Que je suis bête! »

Ou bien: ses yeux usés posés avec bienveillance sur ma sacoche, il me prévient (à voix basse) contre le bleu de Prusse.

« Avez-vous remarqué le portrait qui est accroché dans le bureau du Surveillant? demanda un jour le comte Bragard. Du bon travail, M. Cummings. Jetez-y un coup d'œil lorsque vous le pourrez. Les moustaches vertes sont particulièrement bien venues. Ecole de Cézanne.

— Vraiment? dis-je, surpris.

— Oui, oui, dit le comte Bragard, tirant ses mains fatiguées des poches de son pantalon fatigué avec un geste cultivé. C'est un excellent jeune homme qui l'a fait, je l'ai connu. Un disciple du maître. Du travail bien honorable.

— Est-ce que vous avez jamais vu Cézanne? je me laissai aller à demander.

— Oui certes, des douzaines de fois, répondit-il sur un ton presque de pitié.

— Quel air avait-il? demandai-je, très curieux.

— Quel air? Son aspect, vous voulez dire? (Le comte Bragard semblait bien embarrassé.) Eh bien, rien d'extraordinaire. Je ne sais comment on pourrait le décrire. Mais vous connaissez une expression que nous avons en français: « l'air pesant ». Je ne crois pas qu'il existe en anglais une expression similaire; il avait l'air pesant, Cézanne, si vous me suivez. »

« Il faudrait que je travaille, il ne faudrait pas que je perde mon temps, le comte allait répétant, pleurnichant presque. Mais rien à faire, mes affaires ne sont pas ici. Et d'ailleurs je vieillis; je ne pourrais pas m'y appliquer dans ce sale trou, voyez-vous ! »

J'ai fait plusieurs croquis de Monsieur Pé-tairsse se lavant à l'aube, frottant sa calvitie avec une grande serviette. L'académicien royal me prit sur le fait et vint vers moi bientôt après, disant:

« Faites voir. »

Quelque peu inquiet (puisque le modèle était parmi ses meilleurs amis) je sortis l'un des croquis.

« Très bien; en fait, excellent. (L'académicien royal sourit d'une façon étrange.) Vous avez un vrai talent pour la caricature, Monsieur Cummings: vraiment vous devriez vous y perfectionner. Vous avez vraiment saisi Peters. Pauvre Peters, un homme très bien, vous savez; mais à vivre dans la boue et l'ordure, c'est malheureux. D'ailleurs, c'est un vieillard. C'est une sale *bloody* honte, voilà ce que c'est. Une *bloody* honte que nous soyons obligés de vivre comme des porcs parmi cette racaille.

— Je vais vous dire, Monsieur Cummings, reprit-il sur un ton quelque peu féroce, avec un reste d'éclat dans ses yeux las. Bientôt je sortirai d'ici, et lorsque je sortirai (j'attends seulement que le consulat anglais fasse suivre mon dossier) je n'oublierai pas mes amis. Nous avons vécu ensemble, nous avons souffert ensemble, et ce n'est pas moi qui oublierai ces choses-là. Cette erreur atroce sera bientôt rectifiée, et lorsqu'on m'aura libéré, je ferai n'importe quoi pour vous et pour Monsieur B. Je ne serai que trop heureux de le faire. Si vous voulez que je vous envoie des couleurs de Paris, j'en serais très heureux. Je connais le français comme ma propre langue (c'était vrai en effet) et tandis que vous, vous pourriez vous faire voler, moi je saurai trouver tout ce qu'il vous faut à bon compte. Parce que, voyez-vous, ils me connaissent là-bas, et je sais exactement où il faut aller. Donnez-moi seulement de quoi acheter ce qu'il vous faut et je vous trouverai le meilleur de ce que Paris peut offrir. Ne vous en faites pas (j'étais en train de protester que cela le dérangerait trop), ne vous en faites pas, mon cher, rendre service à un ami ne me dérangerait en rien. »

Et à B. et à moi-même il déclara, les larmes aux yeux:

« Chez moi à Paris j'ai de la confiture, de la vraie, pas du tout cette camelote qu'on vous vend par les temps qui courent. Nous savons comment la faire cuire. Dans des gros pots de grès. (Avec simplicité:) Eh bien, je vous destine ça à vous. »

Nous protestâmes qu'il était trop gentil.

« Pas du tout, dit-il avec un sourire délicat. J'ai mon fils qui sert dans l'armée anglaise (sa figure s'obscurcit d'inquiétude) et nous lui en envoyons de temps en temps. Il en est fou. Je sais à quel point il y tient. Vous aussi, vous en aurez votre part. Je vous en enverrai six pots. (Puis, avec un regard soudain et agréable:) Parbleu, est-ce que vous aimez le whisky? Le vrai whisky Bourbon? Je vois à votre expression que vous vous y connaissez. Mais vous n'avez jamais goûté à quelque chose qui ressemble à celui-ci. Connaissez-vous Londres? »

J'ai dit que non, ainsi que je l'avais déjà dit une fois.

« Quel dommage, dit-il, si vous connaissiez Londres vous connaîtriez ce bar. Je connais bien le patron, ça fait trente ans que je le connais. J'ai un tableau accroché chez lui. Regardez-le lorsque vous serez à Londres, passez à —— Street, vous le trouverez facilement, tout le monde le connaît. Le patron ferait n'importe quoi pour moi. Et maintenant je vais vous dire ce que je vais faire: donnez-moi ce que vous voulez dépenser et je vous ferai tenir le meilleur whisky que vous avez jamais goûté. C'est de sa réserve privée, voyez-vous. Je vous le ferai parvenir — Dieu sait que vous en aurez besoin ici. Je ne ferais cela pour personne d'autre, voyez-vous (et il sourit avec bienveillance), mais nous avons été prisonniers ensemble, nous nous comprenons, et pour des *gentlemen* cela suffit. Je ne vous oublierai pas. (Il se redressa de toute sa hauteur.) J'écrirai, dit-il lentement et distinctement, j'écrirai à Vanderbilt à votre sujet. Je lui dirai que c'est une *bloody* honte que deux jeunes Américains, des *gentlemen*, soient détenus dans ce vil endroit. C'est un homme qui agit vite. Il ne tolérera pas une telle situation — c'est une indignité, une *bloody* indignité perpétrée contre deux de ses compatriotes. Et alors, alors on verra ce qu'on verra! »

C'est à cette époque-là que le comte Bragard nous prêta, pour notre usage personnel, son trésor le plus précieux: un verre à eau.

« Je n'en ai pas besoin » dit-il, avec simplicité et pathétique.

Maintenant, ainsi que je l'ai déjà dit, survint une altération dans nos rapports.

Elle survint à la fin d'une après-midi détrempée de pluie. Pendant toute cette après-midi grise et désespérée le comte Bragard et B. arpentèrent l'Enorme Chambrée. Bragard voulait l'argent du whisky et des couleurs. La confiture et la lettre à Vanderbilt venaient, bien entendu, en prime. Bragard nous quittait. C'était maintenant qu'il fallait lui donner l'argent de ce qu'on voulait qu'il nous achète à Paris et à Londres. Pour ma part, je courais à droite et à gauche, me heurtant à des objets, renversant les gens, faisant des signes bizarres et secrets à B., signes qui signifiaient en clair: fais gaffe! Mais mes soins étaient superflus. Lorsque le planton annonça La Soupe une figure férocement fatiguée passa devant moi en route pour sa paillasse et sa cuiller. Je sus que B. avait fait gaffe. Un instant plus tard il me rejoignit et me le confirma...

En descendant nous tombâmes sur le Surveillant. Bragard sortit des rangs et déversa sur lui un torrent de français dont le sens général était: Vous leur avez dit de ne rien me donner.

Le Surveillant sourit, s'inclina, entortilla et désentortilla les mains derrière le dos, nia tout.

Il paraît que B. avait entendu dire que l'aristocrate bienveillant ne partait pas du tout pour Paris.

En outre, Monsieur Pé-tairsse avait laissé entendre à B. que le comte Bragard était un personnage suspect — Monsieur Pé-tairsse, le meilleur ami de l'académicien royal.

En outre, ainsi que je l'ai déjà dit, le comte Bragard avait fait au pauvre Maquereau espagnol une cour à tout casser. N'avait-il pas, chaque jour, prenant place sur un petit tabouret à côté du bibendum millionnaire, écrit sous sa dictée lettre après lettre en français — langue dont le bibendum était tristement ignorant... Et le lendemain, lorsque le comte Bragard reprit son trésor entre tous les trésors, son verre à eau personnel, disant brièvement qu'il en avait de nouveau besoin, je ne m'étonnai pas que Mexique vienne auprès de nous et observe avec placidité:

« Moi je donne ce type cinq francs. Me dit il m'envoie pardessus. Me dit: « Si vous plaît pas dire personne vient de moi. Si vous plaît dire tout le monde « votre famille l'envoie. » Et (souriant) moi je crois ce type faux-jeton. »

Et je ne m'étonnai pas non plus, un matin quelques semaines plus tard, de voir le pauvre Maquereau espagnol, encore au lit, s'arracher ses cheveux rares. Et Mexique dit, souriant:

« Ce type donne à ce type anglais cent francs. Maintenant il regrette. »

Le tout signifiant seulement qu'un nom plus approprié pour le comte aurait été Blaguard...

Et je m'étonne encore aujourd'hui que la seule lettre de moi qui soit parvenue à ma famille prodigue en Amérique ait été mise à la poste par ce très divertissant personnage une fois qu'il alla en ville, en tant qu'habitant de confiance de La Ferté, faire quelques courses; d'où il rentra avec de bonnes couleurs aux joues et une bonne quantité de vin rouge dans le ventre; l'aller-retour ayant eu lieu en compagnie de Tommy, le planton qui lui portait tous les jours le *Daily Mail* jusqu'à ce que Bragard ne puisse plus se le payer, après quoi c'était B., ou moi, ou Jean-le-Nègre, qui débarrassait Tommy du journal — Tommy pour lequel nous avions un nom délicieux que je regrette sincèrement de ne pouvoir citer, Tommy qui était Anglais malgré

son uniforme de planton français et qui baisait la trace des pas
du comte, Tommy qui avait l'air d'un homard bouilli et qui
avait les larmes aux yeux lorsqu'il dut emmener son idole en
captivité... C'était étrange, mais c'était ainsi.

Eh bien, voilà comment un grand homme nous quitta.

Et maintenant, rien que pour raviver la foi du lecteur en
la nature humaine, je reconterai un incident assez drôle qui eut
lieu vers la fin de mon séjour à La Ferté-Macé. Notre société
avait été égayée — ou du moins galvanisée — par l'apport
unique le plus important de son histoire, l'arrivée simultanée
de sept personnes purement extraordinaires, dont les seuls noms
ont un intérêt plus que théorique: la Loupe, le Youpin-à-l'imper-
cintré, le Télégraphiste, le Chapeau, l'Alsacien et le Maniaque-
sexuel-à-la-barbe-fleurie et son Fils. Afin de donner une idée de
la situation que cet arrivage créa, et qui prête à l'entrée du
Revendeur-de-machines-à-laver (l'incident drôle en question)
son parfum plein et unique, je dois forcément esquisser rapidement chaque membre de ce groupe vraiment imposant. Je
dois dire tout d'abord qu'ils créèrent une impression si profonde que chaque habitant de l'Enorme Chambrée se précipita
en cinquième vitesse à sa paillasse, où il se tint aux abois,
prenant une allure aussi terrifiante que possible. Dieu sait si
l'Enorme Chambrée était déjà assez peuplée. Entre soixante et
soixante-dix paillasses, avec leurs habitants et (dans presque
tous les cas) les bagages de ceux-ci, la remplissait si complètement
qu'il restait à peine de place pour le poêle du fond et la table
du milieu. Rien d'étonnant si on était frappés de terreur à la
vue des sept nouveaux. Judas protesta immédiatement, auprès
du planton qui les avait fait monter, qu'il n'y avait pas de
place, mais pour toute réponse il reçut un rugissement, et on
lui claqua la porte au nez par-dessus le marché. Mais le lecteur
ne doit pas croire que c'était le seul nombre des nouveaux qui
inspirait la crainte et la méfiance: leur allure aurait compromis
la santé mentale de n'importe qui. Je certifie que je n'ai jamais
ressenti une sensation plus profonde de méfiance, méfiance de
l'humanité en général et des individus suivants en particulier:

D'abord, un vieillard miteux habillé d'une redingote lustrée,
sur la figure inquisitrice et par ailleurs âgée duquel reposait une
paire de lunettes sales. Ayant trouvé une place, son premier
geste fut de s'asseoir sur sa paillasse comme un professeur, de

tirer en tremblant un journal de la poche gauche de sa redingote, de produire en tremblotant une grosse loupe de la poche
supérieure droite de son gilet, et d'oublier tout ce qui l'entourait. Par la suite je l'aperçus qui se promenait dans la Chambrée
avec une démarche de plantigrade, dépensant énormément d'énergie sous-voltée et se penchant vers l'intérieur lorsqu'il tournait
un coin comme s'il roulait à une vitesse vertigineuse. Il souffrait
le martyre de rhumatismes, ne pouvait bouger qu'à peine après
une nuit par terre, et devait avoir au moins soixante-sept ans.

En deuxième lieu, une créature pâlotte, affectée, rabougrie,
au nez proéminent, qui s'écoutait parler d'une voix profonde et
musicale et dont la coupe de l'imperméable cintré trahissait le
métier: il était souteneur, il en était fier, et dès son arrivée il
s'en fit gloire, démontrant à tout prendre la vanité bravache la
plus désagréable que j'aie jamais rencontrée (sauf dans le cas
du Youpin Bagarreur). Ainsi que le lecteur l'apprendra, Jean-le-
Nègre l'arrangea bien par la suite.

En troisième lieu, un espèce de jeune-vieux, tout à fait le
facteur-télégraphiste, manquant extraordinairement de beauté
sinon effectivement laid. Il avait une figure faible, grise, boutonneuse, et portait un uniforme brunâtre, des jambières (sur des
mollets comme des tuyaux de pipe) et une casquette ordinaire
de garçon de courses. S'étant trouvé une place, il se rendit immédiatement à la table, s'y assit en vitesse, sortit une liasse de
formulaires et adressa un télégramme à (sans doute) lui-même.
Puis il s'en retourna à sa paillasse, s'allongea avec un air de
contentement suprême, et s'endormit.

En quatrième lieu, un petit vieillard qui ressemblait à la
caricature d'un fripier du marché aux puces — avec une longue
barbe, un pardessus long, râpé et sale qui lui arrivait jusqu'aux
chevilles et, sur la tête, un petit chapeau melon. Dès le premier
soir ses voisins immédiats se plaignirent de ce que le Chapeau
(ainsi que le Zoulou le dénommait) était coupable de puces.
Immédiatement une grosse tempête s'éleva. Un planton fut convoqué en hâte. Il arriva, entendit les témoins, inspecta le Chapeau (couché sur sa paillasse dans son melon, sa main passée
dans le col de sa chemise, se grattant assidûment et protestant
de temps en temps de son innocence), prononça (étant l'Etui
Noir) un juron de dégoût et ordonna à la Grenouille, le successeur du Coiffeur:

« Coupez-lui les cheveux tout de suite et la barbe aussi ; après, il va au bain, le vieux. »

La Grenouille s'approcha et doucement demanda au Chapeau de prendre une chaise — la meilleure des deux chaises dont s'enorgueillissait l'Enorme Chambrée — et brandit ses ciseaux. Le Chapeau resta couché, se grattant.

« Allez, Nom de Dieu ! »

Le pauvre Chapeau se leva en tremblant, prit une attitude de prière, et se mit à bégayer d'une façon épaisse et soudaine.

« Assieds-toi là, tête de cochon ! »

Le Chapeau pitoyable obéit, serrant son melon sur la tête de ses deux mains fanées.

« Enlève ton chapeau, fils de putain ! s'écria le planton.

— Je ne veux pas » pleurnicha le Chapeau, tragique.

VLAN ! le melon rencontra le plancher, rebondit et s'immobilisa.

« Vas-y ! » tonna le planton à l'intention de la Grenouille ; qui le contempla avec une expression parfaitement inexpressive sur sa figure extrêmement vive, se tourna vers son client, cisailla en l'air et se mit à l'ouvrage. Les mèches, longues jusqu'aux oreilles, tombèrent en une succession rapide. Pete-l'ombre, qui se tenait près de la Grenouille, me poussa du coude ; je regardai ; et je les vis par terre qui se soulevaient et ondulaient d'une vie autonome...

« Maintenant la barbe, dit l'Etui Noir.

— Non, non, Monsieur, s'il vous plaît, pas la barbe, Monsieur, le Chapeau pleura, cherchant à se mettre à genoux.

— Tais-toi ou je te casse la gueule » répondit le planton aimablement ; et la Grenouille, après un autre regard, obtempéra. Et voilà, la barbe se tortilla doucement par terre, vivant d'un rythme à soi, s'élevant et ondoyant vivement sur le sol...

Quand le Chapeau eut été entièrement tondu, on le baigna et il devint relativement insignifiant, sauf pour le pardessus long et mité qu'il serra, frissonnant, autour de lui. Et par deux fois il m'emprunta cinq francs, me remboursa avec exactitude dès qu'il eut touché son argent, et m'offrit du chocolat par-dessus le marché, levant son chapeau rapidement et s'inclinant (ainsi qu'il le faisait toujours quand il adressait la parole à quelqu'un). Pauvre vieux Chapeau, B. et moi et le Zoulou étions les seuls à La Ferté à vous apprécier.

En cinquième lieu, un homme gros, gai, convenablement habillé. Il avait été dans un camp où tout le monde dansait parce que l'équipage tout entier d'un navire y avait été interné, équipage très musicien, et que le capitaine (ayant vendu son navire) était plein aux as et soudoyait régulièrement le directeur; de sorte que tout le monde dansait nuit et jour grâce aux membres de l'équipage, qui avaient amené leur musique avec eux. Il avait une façon d'emprunter le journal (*le Matin*) que nous achetions à un planton subalterne, qui allait le chercher en ville; de l'emprunter avant que nous l'eussions lu — à la lumière du coucher de soleil. Et ses remarques préférées étaient:
« Sale pays. Sale temps. »

En sixième et septième lieux, une créature vacillante, chancelante, décrépite, à la barbe blanche folle et aux yeux sauvages, qu'on avait arrêté — incroyable mais vrai — pour viol. Avec lui son fils, un jeune homme aimable, tranquille, questionneur, avec lequel nous parlions parfois de l'armée anglaise.

Voilà donc les individus dont l'arrivée collective mit à l'épreuve la capacité de l'Enorme Chambrée. Et maintenant mon incident —

Incident pas particulièrement remarquable mais qui servira peut-être (je l'espère) à raviver la confiance du lecteur dans le genre humain —

Dans l'encadrement de la porte, un jour peu après l'arrivée des messieurs que je viens d'énumérer, se tint tranquillement un bel homme d'âge moyen, bien habillé, à la figure sensible qui s'achevait en une barbe en pointe bien soignée. Je crus pendant un instant que le maire de l'Orne (quel que soit le titre dont il s'affublait) était venu faire une petite visite officieuse à l'Enorme Chambrée. Dieu merci, me dis-je, depuis que j'ai eu la joie de l'habiter, jamais elle n'a paru aussi chaotiquement dégueulasse. Et en effet, elle était dans un état de désordre réellement suprême: des chemises jetées un peu partout, quelques ficelles à linge qui portaient divers pantalons, mouchoirs et chaussettes, le poêle entouré d'un groupe gesticulant de prisonniers presque nus, une puanteur qui atteignait le sublime.

Tandis que la porte se refermait sur lui, le bel homme remonta, lentement et vigoureusement, l'Enorme Chambrée. Ses yeux étaient gros comme des navets. Son chapeau de feutre impeccable se soulevait à mesure que ses cheveux se hérissaient

sur la tête. Sa bouche s'ouvrait en un geste d'étonnement in-
coercible. Ses genoux tremblaient de stupéfaction et de terreur,
les plis de son pantalon vibraient. Ses mains se levaient lentement
vers l'avant et vers le haut jusqu'au niveau de la tête; se tor-
daient en arrière jusqu'à ce qu'elles serrent la tête; et s'arrê-
taient là. D'une voix profondément sonore, frappée d'une terreur religieuse, il s'exclama simplement et sincèrement:

« Nom de nom de nom de nom de nom de DIEU ! »

C'est ainsi que le lecteur fait la connaissance du Revendeur-
de-machines-à-laver, hollandais, propriétaire d'un magasin à Brest
où il vendait de ces appareils hautement utiles auxquels il devait
son nom. Si je me rappelle bien, il était accusé d'avoir facilité
l'évasion de déserteurs hollandais — mais je connais une meilleure
raison à son arrestation: sans l'ombre d'un doute le Gouvernement Français l'avait surpris à inventer une sur-machine à laver,
une machine à blanchir, à l'intention particulière du Kaiser et
de Sa Famille...

Ce qui nous amène, si vous le voulez bien, à la première
des Délicieuses-Montagnes.

VIII

LE FILS DU VENT

Un jour, avec quelqu'un, j'attrapais l'eau pour le Cuisinier. Attraper l'eau était normalement un plaisir mitigé. Il consistait, ainsi que je l'ai dit, à pousser et à tirer une charrette curieusement primitive sur quelque deux cents mètres jusqu'à une prise d'eau installée au coin d'une petite place sur laquelle donnait, stupide et menaçant, cet édifice médiéval connu sous le nom de Porte (ou Camp) de Triage. Un planton escortait toujours les attrapeurs par le portail aménagé entre le mur de pierre, qui fermait la cour des hommes, et l'extrémité du bâtiment, où était située la cantine. Comme tous les murs de pierre à La Ferté, celui-ci, haut de trois mètres, était coiffé d'un mètre supplémentaire de barbelés. Le portail par où, avec la citerne, on gagnait la rue était haut de près de trois mètres et s'enorgueillissait de plusieurs grosses serrures. L'un poussant par derrière, l'autre entre les brancards, on s'élançait, par un seuil surélevé, dans la rue, où les cris du planton nous ordonnaient d'attendre qu'il ait rebouclé la porte. Ayant enfin reçu l'ordre de repartir, on tirait et poussait le véhicule vacillant dans la rue sur notre droite, c'est-à-dire le long du mur du bâtiment mais en dehors. Tout cela était agréable et ébahissant. Se retrouver, même très provisoirement, hors de ces murs éternels dans une rue associée à une petite ville égoïste et placide, dont on ne voyait qu'une douzaine de maisons, donnait au prisonnier une sensation à la fois ridicule et bizarre, un peu comme celle qu'on ressent quand on reprend le patinage après une dizaine d'années. Bientôt la rue en rejoignait deux autres, et au carrefour poussait un aucuba très prospère, dont les baies heurtaient l'œil étonné d'une éclaboussure sauvage de vermillon. En dessous de cette couleur on découvrait l'objectif de tout bon attrapeur d'eau: un sorte d'engin en fer actionné par un levier tronqué qui, lorsqu'on appuyait dessus, faisait émettre à contre-cœur un jaillissement blanchâtre. L'engin était installé suffisamment près d'une murette basse pour que l'un des attrapeurs puisse facilement s'y asseoir et maintenir le jaillissement au moyen d'une pression continue du pied, tandis que l'autre faisait valser efficacement un seau en fer-blanc. Ayant rempli la barrique agencée sur la charrette, on tournait celle-ci, assez difficilement, et on l'envoyait dans la rue, couronnée du seau; l'homme dans les brancards devait s'arcbouter de toutes ses forces pour freiner l'élan de la descente, tandis que son camarade tirait désespérément sur la barrique elle-même. Arrivés devant la porte, on biaisait adroitement sur la gauche, portant la citerne à l'arrêt, tandis que le planton défaisait les serrures; on s'élançait par le seuil; et enfin on s'immobilisait devant la cuisine, où se tenaient trois énormes cuves de bois. On en approchait la barrique, et l'un des hommes ouvrait la cannette en même temps que l'autre, d'une façon astucieuse, soulevait les brancards, de sorte que le jet d'eau arrivait jusqu'à la première cuve. Quand celle-ci était pleine, on faisait passer tout aussi habilement le jet dans la suivante. Remplir les trois cuves, qui n'étaient pas toujours complètement vides, nécessitait entre six et huit de ces voyages délicieux. A la suite de quoi, on pénétrait dans la cuisine et recevait la récompense bien méritée: du café avec du sucre.

J'ai dit qu'attraper l'eau était un plaisir mitigé. Mitigé en effet, à cause des regards (que je préfère oublier) dont certains citoyens — et surtout citoyennes — hautement respectables de la ville de La Ferté-Macé avaient l'habitude de gratifier les pauvres attrapeurs d'eau, tout en serrant convulsivement sur leur sein l'enfant qu'elles portaient dans leurs bras, en voiture ou en laisse. Très franchement, je ne finis jamais de m'émerveiller du dédain, du mépris, du dégoût et, souvent, de la véritable férocité que manifestaient ces visages mâles et surtout femelles. Toutes ces dames, bien entendu, étaient en noir; leurs visages et leurs tailles manquaient totalement de beauté; certaines étaient positivement repoussantes; et il n'y en avait pas une seule avec laquelle j'aurais eu plaisir à lier connaissance, même dans des conditions moins défavorables. La première fois que j'ai attrapé l'eau, toute la ville s'en retournait de la messe, et quel spectacle c'était ! Vive la bourgeoisie, je me dis, esquivant les flèches réprobatrices en me cachant tout simplement derrière la barrique en mouvement.

Mais un jour — ainsi que j'ai commencé à le dire — j'attrapais l'eau avec quelqu'un, et en fait nous descendions la rue, ayant chargé la barrique pour la dernière fois, lorsque, courant à moitié derrière et m'efforçant des deux mains de réduire l'élan de la charrette, je trébuchai soudain et faillis tomber de saisissement.

Sur le bord du trottoir de la mesquine petite rue était assise une forme humaine, forme féminine, vêtue de teintes de rose et de vermillon totalement barbares, un fichu noir passé sur les épaules; une figure absolument arabe encadrée d'une écharpe de mousseline aux couleurs éclatantes; des mains dorées, fines, tenant avec une délicatesse extraordinaire un bébé qui ne devait pas avoir plus de trois mois; à ses côtés un enfant aux cheveux noirs de trois ans, peut-être, et à côté de celui-ci deux filles habillées, comme la femme, de couleurs violentes; le visage de l'une des deux, qui pouvait avoir quatorze ans, était le plus exquis que j'avais jamais vu.

Nom de Dieu, me dis-je ébahi, suis-je complètement endormi? Et l'homme dans les brancards allongea le cou, stupidement étonné, et le planton se tordit les moustaches et prit cet aspect intrépide que seul un planton, ou un gendarme, sait prendre devant la beauté féminine.

Ce soir-là, le Fils du vent manquait à La Soupe, ayant été convoqué chez Apollyon pour affaire importante. La nouvelle fit vite le tour. La femme et les quatre enfants du gitan, dont un enfant au sein, étaient dehors et demandaient qu'on les fasse prisonniers. Est-ce que le Directeur le permettrait? Les plantons leur avaient dit plusieurs fois de s'en aller, mais patiemment ils attendaient là qu'on les accueille en captivité. Arguments, supplications, menaces avaient échoué. La femme répétait avec insistance qu'elle en avait assez de vivre sans son mari — on entendit s'esclaffer tous les Belges et la plupart des Hollandais dont, hélas ! Pete — et qu'elle désirait seulement partager sa prison. De plus, disait-elle, sans lui elle n'arrivait pas à entretenir ses enfants, et mieux valait pour eux grandir prisonniers avec leur père que mourir de faim sans lui. Elle était intraitable. L'Etui Noir l'avait menacée de la chasser de vive force; elle ne répondait même pas. Enfin on l'avait admise provisoirement. Ainsi parla, grandement excité, Même-le-Balayeur.

« On dirait une pute » : tel fut le verdict belgo-hollandais qui — c'était l'évidence même — résultait du costume de la femme autant que du naturel peu sensible de ses juges. Avec B., on convenait qu'elle et ses enfants étaient les créatures les plus belles qu'on avait jamais vues, ou sans doute qu'on verrait jamais. Ainsi prit fin La Soupe, et tout le monde regagna l'Enorme Chambrée, rotant, hoquetant et trompetant comme d'habitude.

Vers six heures j'entendis un homme qui pleurait comme s'il avait le cœur brisé. Je traversai l'Enorme Chambrée. A moitié couché sur sa paillasse, sa grande barbe se déversant sur la poitrine, sa figure cachée, son corps tout entier secoué par les sanglots, était le Fils du vent. Plusieurs hommes, certains amusés à moitié, d'autres stupidement compatissants, l'entouraient et écoutaient l'angoisse qui — lorsque de temps en temps il levait sa tête majestueuse — s'écoulait lente, brisée, de ses lèvres. Je m'assis à côté de lui. Et il me dit : « Je l'ai acheté six cents francs et je l'ai revendu quatre cent cinquante. C'était pas un cheval comme ceux d'ici, c'était un (je n'ai pas entendu le nom de la race), long d'ici jusqu'au pilier là-bas. Ça fait un quart d'heure que je pleure comme si j'avais un gosse mort, et c'est pas souvent que je pleure un cheval, je dis : « Tu t'en vas, Bijou, au r'oir et bonne chance... »

Le petit Professeur-de-danse vaniteux interrompit par une observation sur les « chevaux réformés ». « Je demande bien pardon, c'était pas du tout un cheval réformé, comme ceux qu'on envoie au front. Il y a des chevaux, je demande bien pardon, on leur donne une chose à manger, c'est la colique ; on leur donne une autre, c'est la colique. Celui-ci, jamais ! il faisait ses quarante kilomètres par jour... »

L'un des hommes les plus forts que j'aie jamais vus pleure parce qu'il a dû vendre son cheval préféré. Pas étonnant que les hommes en général s'en désintéressent. Quelqu'un dit : « Console-toi, Demestre, ta femme et tes gosses vont assez bien.

— Oui. Ils n'avaient pas froid. Ils avaient un lit comme ça (un grand geste vers l'édredon bariolé sur lequel nous étions assis, édredon dont je n'ai jamais vu le pareil — une profondeur de plumes douce au toucher comme l'air du printemps) qui vaut trois fois celui-ci, mais, tu comprends, le matin il ne fait pas chaud. » Il baissa la tête et puis, la relevant, s'écria : « Et mes outils, j'en avais tant — et mes vêtements, où sont-ils, où, où? *Kis* ! Et j'avais des chemises — celle-ci ne vaut rien (se regardant comme un prince contemplerait les loques dont on l'avait affublé) — et des comme ceci, où?... Si la voiture n'est pas vendue... Jamais je ne resterai ici pour la durée de la guerre. Non — *basht* ! Somme toute, voilà pourquoi. »

(Plus que droit dans le lit sans prix — la noirceur de sa barbe en deux coulées; sa voix rauque et suave; sa figure immense, parfaite; la profonde douceur de ses yeux — tandis que la voix coulait à flots.)

« ... ma femme était assise là-bas, elle ne parlait à Personne et ne dérangeait Personne — pourquoi on a renfermé ma femme ici? Qu'est-ce qu'elle a fait? Il y a des femmes qui font la putain et qui vont avec celui-ci et celui-là, et qui prendront un autre, demain... mais une femme qui n'aime que son mari, qui n'attend que son mari... »

(Le ton se dilatait, les yeux fronçaient.)

« Ces cigarettes ne tirent pas. (Je lui fis mes excuses, lui ayant offert le paquet.) Pourquoi tu dépenses pour celles-ci? Elles coûtent quinze sous, tu peux dépenser ça si tu veux, tu comprends? Mais le jour où tu n'auras rien (extraordinairement doux), alors? Mieux vaut économiser pour ce jour-là... mieux vaut acheter du tabac et les rouler toi-même. Celles-ci sont faites de poussière de tabac. »

Et quelqu'un sur la droite dit, d'un ton fatigué: « Demain, c'est dimanche, alors. » Le roi, couché sur son énorme édredon, ses sanglots presque apaisés, l'entendit:

« Tiens ! — ah — il est né un dimanche — ma femme le nourrit — elle lui donne à téter (un geste charmant) — elle leur a dit qu'elle ne mangerait pas si on lui donnait ça, ça ne vaut rien du tout, il lui faut de la viande, tous les jours » il murmura d'un ton rêveur. J'essayai de le quitter. « Assieds-toi là. » (Grâce de geste entier. La majesté totale de la pauvreté. Il me lissa l'édredon, indescriptiblement doux, et je restai là à regarder le front bordé par le cube de cheveux, aux arêtes vives. Plus noirs que l'Afrique. Que l'imagination.)

Dès cette soirée, j'avais le sentiment de connaître un peu le Fils du vent, et lui moi.

La femme du Fils du vent, leurs deux filles et le bébé habitaient le quartier des femmes. Je ne les ai pas décrits: je ne peux pas les décrire. Le petit garçon, dont il était énormément fier, dormait avec son père sous le grand édredon, dans l'Enorme Chambrée. Ses yeux étaient des boutons nonchalants cousus sur une chair d'or; il avait l'habitude de faire la roue, habillé d'un tiers du pantalon de son père; nous l'appelions la Rafale. Il courait, il taquinait, il faisait la roue, il gênait, et même un jour il grimpa dans le plus grand des arbres maigrichons de la cour. « Tu vas tomber » fit remarquer, convaincu, Monsieur Pé-tairsse, dont les yeux âgés avaient de la tendresse envers cette créature incontrôlable. « Qu'il grimpe, dit son père doucement. J'ai grimpé dans des arbres. Je suis tombé. Je vis toujours. »

Avec des cris et des rires, la Rafale grimpa, comme un singe, sur une maigre branche noueuse — à l'étonnement du même planton qui, plus tard, se fit prendre à essayer de violer Céline. Le planton apprêta son arme et prit une vibrante pose d'héroïsme immuable. « Vous allez tirer? demandait poliment le père. En effet, ce serait une action remarquable, dont vous pourriez vous vanter pendant toute une vie: « Moi, planton, « j'ai tué un enfant de trois ans dans un arbre. » — C'est emmerdant, répliqua le planton, assez confus. Il essaie peut-être de s'évader. Qu'est-ce que j'en sais, moi? — En effet, qu'est-ce qu'on en sait? le père murmura doucement. C'est un mystère. »

Tout d'un coup la Rafale tomba. Heurtant le sol d'un bruit mat désagréable, il gisait sans souffle dans la boue. Le Fils du vent le ramassa avec amour. Ayant repris haleine, son fils se mit à beugler tumultueusement. « Bien fait pour lui, le polisson, grommela un Belge. — Je vous l'ai bien dit, n'est-ce pas, s'écria, tracasseur, Monsieur Pé-tairsse. J'ai bien dit qu'il allait tomber. — Pardon, vous aviez sans doute raison, sourit le père d'un air plaisant. Ne sois pas triste, mon fils, tout le monde tombe des arbres: c'est pour ça que Dieu les a faits. » Et il caressa la Rafale, accroupi dans la boue et souriant. Cinq minutes plus tard la Rafale grimpait sur le toit de la buanderie. « Descends ou je tire » s'écria le planton, nerveux... et il en était ainsi du fils du Fils du vent, du matin jusqu'au soir. « Jamais, dit Monsieur Pé-tairsse sur un ton de désespoir solennel, je n'ai vu un enfant si incorrigible, si parfaitement incorrigible » et il secoua la tête et dut sur-le-champ esquiver un projectile qui s'était tout d'un coup matérialisé, venant de nulle part.

Un soir après l'autre, la Rafale jouait autour de nos lits où, avec chocolat et bougie, nous tenions notre cour; taquinant, cajolant, flattant, faisant semblant de pleurer, contrefaisant l'insulté, ignorant les discours de Monsieur Pé-tairsse sur ce qui arrive aux petits garçons qui fument des cigarettes, nous entretenant dans un état d'agacement perpétuel. Quand il ne trouvait rien d'autre à faire, il chantait de toute sa voix légère et claire:

C'est la guerre,
Faut pas t'en faire,

faisant deux ou trois fois la roue pour mettre en relief son sentiment... Une fois, Mexique lui administra une claque pour le punir d'un tour particulièrement malicieux, et il se mit à gueuler comme un putois. En un instant le Fils du vent fut sur Mexique, mains serrées, yeux brillants. Ce qu'il en fallut, de force persuasive, pour convaincre le père que le fils était dans son tort ! — tandis que Mexique attendait placidement son destin... et malgré ses taquineries, ni B. ni moi, on ne pouvait s'empêcher de rire quand tout d'un coup la Rafale, cocoricant, se précipita sur le pilier le plus proche, se mit sur les mains, cambra le dos et resta là, tête en bas, les pieds touchant à peine le pilier. Pieds nus, vêtu d'une chemise brillante et du tiers du pantalon de son père...

Etant classé maintenant parmi « les hommes mariés », le Fils du vent passait la majeure partie de la journée en bas, remontant avec son fils tous les soirs pour dormir dans l'Enorme Chambrée. Mais on le voyait parfois dans la cour; et un jour sur deux, lorsqu'on entendait le cri horrible:

« Allez, tout le monde, corvée de pluches ! »
et qu'on descendait, par beau temps, jusqu'au passage entre le bâtiment et la cour ou, par vilain temps (très vilain, je devrais dire), aux murs suintants, couleur de dinosaure, du réfectoire — le Fils du vent paraissait, doucement et lentement, avec les autres hommes mariés, et se mettait à éplucher les pommes de terre, étonnamment froides, qui entraient comme ingrédient de base dans l'ordinaire de La Ferté. Et si les hommes mariés ne se présentaient pas tous à cette corvée déplaisante, un vacarme éclatait sur-le-champ:

« LES HOMMES MARIES ! »
et les délinquants se montraient, plus ou moins penauds.

Et je crois que le Fils du vent, avec sa femme et ses enfants qu'il aimait comme jamais je n'ai vu un homme rien aimer
en ce monde, était relativement heureux; se promenant au soleil
quand il y en avait, dormant avec son petit garçon dans une
large lampée de moelleux. Et je me le rappelle qui tirait sa fine
barbe en deux parts de noir — la chemise à carreaux roses et
manches bouffantes — se promenant gentiment comme un ours
— la largeur du pantalon de velours, dont la taille aspirait
toujours vers les genoux — les bouts des doigts qui frôlaient
à peine le haut des énormes poches. Quand il se sent relativement heureux, il corrige notre prononciation du Mot ineffable,
disant:

    « Oh, Mai-errrr-DE ! »
et il sourit. Et une fois Jean-le-Nègre lui dit, accroupi dans la
cour avec son petit garçon à ses côtés, son dos large et fort
appuyé, comme presque toujours, à l'un des pommiers macabres
et minuscules:

    « Barbu ! j'vais te couper la barbe, Barbu ! » Et le père ré-
pondit, lent et sérieux:

    « Quand vous voulez arracher ma barbe, il faut me couper
la tête » regardant Jean-le-Nègre avec des yeux indescriptiblement sensibles, énormément profonds, étrangement doux. —
« Ma barbe est plus fine que ça » fit-il remarquer gentiment un
jour, scrutant avec attention une « photographie » qu'il m'avait
surpris à perpétrer; et je baissai la tête, dans le silence et la
honte.

    « Demestre, Josef (femme, née Feliska) », j'ai lu un jour
sur les registres de cet archange: Monsieur-le-Gestionnaire. O,
Monsieur le Gestionnaire, à votre place je n'aurais pas voulu
voir ces noms-là dans mon livre des pécheurs, dans mon album
de crasse et de sang et d'incontinence... O petit, très petit
Gouvernement Français, et vous, les grands et confortables sei-
gneurs du monde, dites-moi donc pourquoi vous avez fourré
un gitan habillé comme Demain parmi les maquereaux et voleurs
chamaillards d'hier...

    Il avait été une fois à New-York.

    Un enfant était mort en mer.

    « Les Landes, s'écria-t-il, s'élevant sur l'Enorme Chambrée
soudainement, un soir d'automne, je les connais comme ma
poche. Bordeaux? Je sais où que c'est. Madrid? Je sais où que

c'est. Tolède? Séville? Naples? Je sais où que c'est. Je les connais comme ma poche.»

Il ne savait pas lire. «Dis-moi ce qu'ils racontent» me
fit-il, taciturne mais non pas irrité, lorsque, une fois, je lui
offris le journal. Et je pris plaisir à essayer de le faire.

Un jour splendide, peut-être le plus splendide de tous, j'ai
vu, par une des fenêtres de l'Enorme Chambrée (regardant vers
l'endroit où Lina avait joui de sa promenade d'une demi-heure
du temps qu'elle était au cabinot) — j'ai vu la femme du Fils
du vent, «née Feliska», baignant leur enfant dans un seau,
tandis que le Fils du vent restait assis au soleil, fumant une
cigarette. Plusieurs plantons, abandonnant pendant un instant
leur attitude plantonique, les observaient, appuyés sur leurs
fusils. Même, quelques-uns souriaient un peu. Et la mère, tenant
tendrement le bébé nu à la peau foncée, qui gazouillait, lui
faisait faire le va-et-vient dans l'eau, au grand plaisir de Céline
en particulier. Vers Céline il tendit les bras pour la saluer. Elle
se pencha, lui parla. La mère sourit. Le Fils du vent, regardant
sa femme de temps en temps, fumait sa cigarette et continuait
à réfléchir en lui-même, sous le soleil.

A chaque instant le bébé faisait les délices des putains.
Elles se relayaient pour le porter durant la promenade, la femme
du Fils du vent, douce et jalouse, les surveillant d'un air fatigué.

Ainsi que je l'ai déjà dit, le Fils du vent et sa femme avaient
deux filles. L'énorme tignasse noire de l'une, la plus petite fille
que j'aie jamais vu marcher et agir toute seule, la faisait res-
sembler parfaitement à un golliwog. Elle était très jolie. Elle
avait pour habitude de s'asseoir près de sa mère et de s'amuser
doucement à agiter ses doigts de pied. La plus grande était la
créature la plus divine que Dieu, dans sa sagesse experte et
infinie, ait jamais créée. Son visage, intensément sexuel, nous
accueillait presque toujours tandis que nous descendions vers La
Soupe. Déliée, elle nous approchait, B. et moi, et demandait,
ses yeux les plus brillants et les plus noirs du monde:

«Chocolat, m'sieu?»

et on lui donnait un morceau, gros ou petit selon le cas, de ce
qui passait pour du chocolat à La Ferté-Macé. Même, on l'appelait Chocolat. Sa peau était d'un or presque pur; ses doigts
et ses pieds délicatement formés; ses dents merveilleusement
blanches; ses cheveux incomparablement noirs et abondants.

Ses lèvres, à ce que je crois, auraient séduit même le Gouvernement Français. Ou un saint.

Eh bien...

Eh bien, le Gouvernement Français, dans sa sagesse infinie
mais maladroite, décida enfin que le Fils du vent, étant inexprimablement mauvais, coupable de qui sait quelles gentillesse,
force et beauté, devait souffrir tout ce qu'un homme peut souffrir. Autrement dit: par l'entremise de ses Trois Sages, qui
constituaient La Commission dont j'aurai à parler, il décida que
femme, bébé, deux filles et petit garçon devaient se voir séparés
du mari par des kilomètres et par des murailles de pierre et
par des barbelés et par La Loi. Ou peut-être (on le disait) les
Trois Sages avaient-ils découvert que le père et la mère de ces
enfants incroyablement exquis n'étaient pas légitimement unis
par les liens du mariage. Et bien entendu, dans ce cas-là, le
devoir du Gouvernement Français, d'une moralité entière et
incomparable, était clair: infliger aux pécheurs intéressés l'ultime
angoisse de la séparation. Je sais que le Fils du vent sortit de
son audience devant La Commission avec des larmes de fureur
dans ses gros yeux noirs. Je sais que quelques jours plus tard,
en compagnie de ce criminel implacable et venimeux: Monsieur
Auguste; et de cet archi-traître suranné: Monsieur Pé-tairsse;
et de ce personnage abominable: Supplice; et d'un être délabré,
gentil, qui un jour nous gratifia d'une cuiller cassée qu'il avait
ramassée quelque part — manifestant ainsi, de façon aussi
concrète que spontanée, son approbation et son affection (et qui
pour cette raison nous était connu comme l'Homme-à-la-cuiller)
— quelques jours plus tard il eut l'honneur vaste et incommensurable de partir à Précigné « pour la durée de la guerre ». Si
jamais, par un processus occulte de l'imagination, je parviens
à concevoir un exploit aussi parfaitement cruel que celui qu'on
a perpétré dans le cas de Demestre Josef, je m'estimerai un
génie. Admettons donc que les Trois Sages étaient des génies.
Et admettons, aussi et doucement, que seul un bienveillant et
tout-puissant gouvernement réussit à parfaitement nullifier la
miséricorde. Et, inclinant nos têtes, douceureux et sombres, répé-
tons avec Monsieur le Curé: « Toujours l'enfer... »

Le Fils du vent devint presque fou en apprenant la décision
de La Commission. Et ici je dois rendre hommage à Monsieur
Pé-tairsse, que j'avais toujours bien aimé, mais dont je n'avais

pas pleinement apprécié le cœur jusqu'à la veille de leur départ. Monsieur Pé-tairsse est resté pendant des heures à la table de jeu, ses lunettes se brouillant sans cesse, chapitrant le Fils du vent sur un ton d'irritation feinte pour ses affreux pleurs (et son propre nez, gros et rouge, reniflait de temps en temps); est resté pendant des heures, faisant semblant d'écrire sous la dictée de Josef Demestre, mais en fait composant une grande lettre — ou toute une série de grandes lettres — aux autorités civiles et, sans doute, militaires de l'Orne, au sujet de l'injustice faite au père de quatre enfants, dont un au sein, qu'on allait séparer de tout ce qu'il chérissait au monde. « Je fais appel (écrivit Monsieur Pé-tairsse, dans une calligraphie soignée, voire élégante) à votre sens de la compassion, de la justice, de l'honneur. Ce qu'on est en train de faire est non seulement injuste, non seulement déraisonnable: c'est contre nature... » En le voyant ainsi, j'avais du mal à croire que c'était le même bipède vieux, décrépit, tatillon que j'avais connu, que j'avais caricaturé, avec lequel j'avais discuté de sujets graves (par exemple, la comparaison entre l'emplacement des villes françaises et belges en tant que facteur favorisant le progrès et la prospérité); qui avec une espèce de timidité comique m'avait révélé un plan secret pour la restauration des territoires inondés, au moyen d'une pompe extraordinaire « de mon invention ». Et pourtant, c'était bien Monsieur Pé-tairsse; et je pris un étrange plaisir à faire complètement sa connaissance pour cette seule et unique fois.

Puisse le ciel lui sourire.

Le lendemain, le Fils du vent parut dans la cour, marchant fièrement dans une chemise vermillon uni.

Il embrassa sa femme — je demande pardon, Monsieur Malvy, je devrais dire: la mère de ses enfants — pleurant soudain d'une amertume infinie.

Les plantons lui crièrent de se mettre dans la file avec les autres qui, avec toutes leurs affaires, attendaient au-delà du portail. Il couvrit ses grands yeux de roi avec ses longues mains d'or, et sortit.

Avec lui disparurent un soleil inexprimable et la force obscure, aiguë, brillante de la terre.

IX

LE ZOULOU

C'est ainsi que se nomme la deuxième des Délicieuses-Montagnes.

Zoulou il se nomme, en partie parce qu'il ressemble à ce que je n'ai jamais vu, en partie parce que la sonorité du nom semble avoir quelque rapport avec sa personnalité, et en partie parce que le nom semble lui plaire.

De tous les êtres indescriptibles que j'aie connus, c'est de loin le plus complètement ou totalement indescriptible. Alors, dira le lecteur, j'espère que vous n'allez pas essayer de le décrire. — Hélas, le moyen d'expression dont je dispose pour le moment exige malheureusement une certaine quantité, ou du moins une certaine qualité, de description. Si je disposais d'une toile et de couleurs... mais je n'en dispose pas. Je tenterai donc l'impossible, de mon mieux. C'est après tout une bonne façon de perdre son temps.

Il ne venait pas, il n'allait pas. Il dérivait.

Son anatomie angulaire se dépensait et se ramassait avec cette spontanéité aisée qui caractérise peut-être les fées, ou en tout cas des créatures auxquelles nous ne croyons plus. Mais il était plus que cela. Il y a certains phénomènes auxquels on ne peut croire pour la simple raison qu'on ne cesse jamais de les ressentir. Des phénomènes de ce genre, qui demeurent toujours au fond de nous-mêmes, qui en effet nous composent et qui par conséquent ne se laissent pas isoler ou éloigner de telle sorte que nous puissions les penser — ne sont plus des phénomènes; ils, et le nous qu'ils composent, égalent Un Verbe; un EST. En ce sens, je dois forcément dire du Zoulou que c'est un EST.

Au cours de ce chapitre je prétends signaler brièvement certains aspects et attributs d'un EST. EST que nous avons nommé le Zoulou, qui Lui-Même échappe, intrinsèquement et indiscutablement, à l'analyse. En avant, donc.

Je parlerai d'abord d'un dimanche matin où, en ouvrant les yeux, nous avons assisté à la bataille des tuyaux de poêle.

Je fus réveillé par un rugissement, rugissement humain, rugissement que seul un Hollandais peut pousser quand un Hollandais est franchement furieux. Tandis que j'émergeais du domaine de l'inconscient, le sentiment que le rugissement émanait de Bill-le-Hollandais devint une conviction. Bill-le-Hollandais, dit Lacs-d'Amérique, dormait à côté du Jeune Polonais (le jeune paysan à l'air stupide, à la peau de pêche et aux jambières noires qui, avec le Zoulou Lui-Même, avait fermé la marche lors de l'arrivée du Voleur-d'enfants, de Bill, du Zoulou et du dit Jeune Polonais). Or, le Jeune Polonais était un cas. Insupportablement vain et sûr de soi. Monsieur Auguste voulait excuser la plupart de son agressivité egoïste en plaidant que ce n'était qu'un gamin, et nous l'excusions en raison de son amitié manifeste et indubitable pour le Zoulou. Je me rappelle que, bientôt après son arrivée, le Jeune Polonais me fit dessiner sur le mur au-dessus de sa paillasse un soldat viril brandissant un drapeau assez problématique — dessiné d'après les indications de Monsieur Auguste et du Jeune Polonais lui-même — qui était censé représenter les couleurs polonaises. En dessous de ce tableau merveilleux je dus exécuter l'inscription tapageuse:

« Vive la Pologne »,

ce que je fis de mon mieux par égard pour Monsieur Auguste. La « photographie » n'était pas plus tôt achevée que le Jeune Polonais, dans un élan de patriotisme, se mit à démontrer la supériorité de sa race et nation en se rendant odieux. Je dirai pour lui qu'il n'était pas méchant, seulement stupide. Le Youpin Bagarreur lui fit baisser provisoirement le ton en l'aplatissant au cours de la séance quotidienne de boxe que le Bagarreur avait instituée dès l'arrivée de l'Imper-cintré — son ancien co-détenu à la Santé, l'identité de métiers (ou de non-métiers: j'ai nommé la profession de proxénète) ayant cimenté entre ces deux-là une amitié solide. Mais si le costume du dimanche du Jeune Polonais fut atrocement sali, et ses jambières luisantes ternies et rayées contre le sol (tout en échardes) de l'Enorme

Chambrée, quand il alla valser au-delà de la couverture sur
laquelle le match devait en principe se dérouler, lui-même ne
fut abattu que pendant un instant. Il se mit sur-le-champ à se
nettoyer, à s'astiquer, à se peigner, à lisser sa casquette — et
le lendemain il était plus effronté que jamais. Davantage même,
sans doute; parce qu'il se mit à charrier Bill-le-Hollandais en
français, langue que ce dernier ne connaissait qu'à peine et dont
il se méfiait d'autant plus. Allongé sur sa paillasse le soir, après
l'extinction des feux, le Jeune Polonais taquinait son voisin
costaud d'une voix d'enfant, presque féminine, s'esclaffant lorsque
le Triangle se hissait sur un coude et l'inondait d'un flot de
hollandais, s'arrêtant lorsque la bonne humeur du Triangle semblait arriver au point de rupture, reprenant le jeu deux ou
trois minutes plus tard lorsque le Triangle était sur le point
de s'endormir. Pendant plusieurs soirs cet asticotage se poursuivit sans résultat catastrophique. Mais il était inévitable que,
tôt ou tard, il se passe quelque chose — et en ouvrant les yeux
ce dimanche matin nous ne fûmes pas étonnés de voir le Hollandais qui se tenait sur le Jeune Polonais, pattes serrées, épaules
frémissantes, et une figure apocalyptique plus blanche que le
destrier de la Mort.

Le Jeune Polonais paraissait incapable de comprendre que
l'heure de régler les comptes avait sonné. Il restait sur le dos,
se dérobant un peu et riant bêtement. Le Zoulou, qui couchait
auprès de lui de notre côté, venait, à ce qu'il semble, d'allumer
une cigarette, qui pointait vers le haut du bout d'un long fume-
cigarette. Comme toujours, son visage était absolument inexpres-
sif. Son menton, où poussait une ample barbe, sortait tranquillement de dessous de la couverture qui cachait tout son corps
à l'exception des pieds, fourrés dans de grosses bottes de cuir.
Puisqu'il ne portait pas de chaussettes, les croix que formaient
les lacets de cuir sur sa chair nue (bleue, bien entendu, de froid)
présentaient une cinétique très intéressante. Pour autant qu'on
pouvait voir, il contemplait le plafond...

Bill-le-Hollandais, en chemise, ses longues jambes maigres
et musclées écartées, menaçait du poing le Jeune Polonais étendu,
tonnant (en anglais, assez curieusement):

« Allons, espèce de Gottverdummer fils de putain de bâtard
de Polonais, viens te battre ! Lève-toi de là, crapule de Polack,
je vais te tuer, espèce de Gottverdummer vermine ! Je t'ai sup-

porté assez Gottverdummer longtemps, espèce de Gottverdummer, etc. »

Devant ce crescendo ininterrompu de tonnerre, qui remplissait les coins les plus éloignés de l'Enorme Chambrée de Gottverdummer dont les échos se chevauchaient, le Jeune Polonais
riait de moins en moins; se mit à plaider, à s'excuser, à mini-
miser, à protester — et pendant tout ce temps la tour triangulaire, jambes nues, chemise palpitante, secouait des énormes
poings toujours plus près, ses lèvres d'un jaune blafard proje-
taient des volumes accumulés de jurons rythmés, ses yeux bleus
pétillaient comme des feux d'artifice, sa large poitrine velue se
soulevait et s'affaissait comme une algue monstreuse, ses pieds
noirs crispaient et décrispaient leurs dix orteils rances et mutilés.

Le Zoulou, lui, restait couché, tirant doucement sur sa cigarette.

La mâchoire de Bill-le-Hollandais, avec la figure impitoya-
blement dévastatrice qui la couronnait, était dirigée vers les
gestes impuissants du Jeune Polonais, et donnait l'impression
d'une maison cubique portée devant un cyclone blanc. Le Zoulou baissa le menton; ses yeux, pointant lentement de dessous
la visière de sa casquette (qu'il portait toujours, au lit comme
debout), considéraient avec un intérêt abstrait la tour éructant.
Une main s'échappa délicatement de la couverture et enleva
doucement de ses lèvres le fume-cigarette avec son contenu, qui
se consumait toujours —

« Ah, tu ne veux pas, espèce de lâche de Polack ! »
et plus vite que l'éclair la tour fit résonner deux claques sur les
joues de pêche de sa victime couchée sur le dos, qui lança à
son tour un mugissement tragique, se tortilla sur sa paillasse
quelque peu disloquée, leva les coudes devant la figure pour se
protéger, commença à se hisser sur des genoux tremblotants —
et se fit aussitôt allonger de nouveau. J'ai rarement entendu un
hululement comme celui que poussa le Jeune Polonais: il rampa
sur le côté; se mit sur un genou; se lança vers l'avant — fut
pris d'un uppercut sec, vola un mètre dans l'air, et finit vautré
contre le poêle, qui s'effondra dans un tintamarre de tous les
diables, douchant les combattants de suie, tandis que trois
tronçons de tuyau longs de quatre pieds manquaient d'assom-
mer le Hollandais. Le Jeune Polonais atterrit sur le sol, beuglant, la tête en bas, à l'apogée d'une culbute en arrière, artiste-

ment exécutée; s'écroula; se releva en hurlant et, les yeux éclatants, ramassa et leva en l'air un tronçon du tuyau démoli — et du coup le Hollandais saisit des deux mains un autre tronçon et sans hésiter, à une vitesse impensable, fit un moulinet qui, prenant le Jeune Polonais en plein, l'envoya bouler, par-dessus le lit du Zoulou, à deux mètres de là; où il atterrit d'un coup, tuyau et tout, dans un fracas d'effondrement total. Le Zoulou, faisant remarquer:

« Meuh »,

flotta comme sur des gonds jusqu'à une position assise, où le salua un

« Couche-toi, sale Gottverdummer Polack, ton tour arrive — »

en dépit de quoi il se ramassa pour se lever, et prit un coup de tuyau du Hollandais qui fit adroitement sauter cigarette et fume-cigarette en l'air et au loin. Maintenant le Jeune Polonais s'était suffisamment repris pour se réfugier à quatre pattes derrière le Zoulou, mais celui-ci se propulsait — rapidement mais avec calme — vers le fume-cigarette bien-aimé, qui avait roulé sous ce qui restait du poêle. Bill-le-Hollandais se dirigea vers son ennemi, le sommet du tuyau, cabossé et méconnaissable, levé trois mètres en l'air, ses poings massifs l'entourant aisément, les muscles de ses bras, en tronc d'arbre, gonflés comme des ballons. Avec un cri de panique le Jeune Polonais grimpa sur le Zoulou, et parvenu sur la crête de cette haie humaine il reçut sur le fond de son pantalon noir un coup qui le dressa droit sur la tête. Pivotant un peu, il tomba flasque de tout son long sur sa paillasse, où il gisait, sanglotant et mugissant, un coude protecteur levé, intercalant ses inarticulations de douleur de nombreux « Assez ! » énoncés avec une sincérité qui ne laissait pas de place au doute. Entretemps le Zoulou avait récupéré son trésor et avait, dérivant, repris sa position primitive; maintenant il réinsérait dans son trésor la cigarette, également récupérée, qui semblait quelque peu confuse à la suite de son voyage aérien aussi brusque que mouvementé. Sur le Jeune Polonais se tenait, comme une tour, Bill-le-Hollandais, sa chemise en lambeaux autour du cou gonflé, tonnant comme seul un Hollandais sait tonner:

« Tu en as assez, espèce de Gottverdummer Polack? »

et le Jeune Polonais, tâchant à la fois de masser la chair mortifiée de ce qui restait de sa figure, et de la protéger avec des

gestes futiles, désespérés et presque enfantins de ses mains trem-
blotantes, sanglotait:

« Oui, oui, oui, assez ! »

Et Bill-le-Hollandais, énorme, se tourna vers le Zoulou,
s'approchant avec précision de la paillasse de celui-ci, et demanda:

« Et toi, espèce de Gottverdummer Polack, tu en veux? »
mais le Zoulou agita son fume-cigarette gentiment pour remercier
du compliment et répondit, délicatement mais sans perdre de
temps, entre des bouffées langoureuses:

« Mogh. »

Entendant quoi, Bill-le-Hollandais envoya au Jeune Polonais un
dernier coup de pied de dégoût et, émettant toujours des jurons,
se réinstalla sur sa paillasse.

Tout cela, notez bien, dans l'obscurité, terriblement froide,
du demi-crépuscule.

Le jour même (le Surveillant ayant interrogé en profondeur
les protagonistes de cette lutte homérique, sans réussir à mettre
en lumière la culpabilité ou l'innocence ni de l'une partie ni de
l'autre), Judas, vêtu d'une blouse blanche impeccable, arriva d'en
bas avec un escabeau et se mit, tout le monde aidant, à recons-
truire le tuyau, faisant un joli tableau mais un affreux travail.
Quoi qu'il en soit, le feu tirait, et tout le monde remerciait
Dieu et se battait pour avoir une bonne place près du poêle.
Et Monsieur Pé-tairsse espérait qu'il n'y aurait plus de bagarres
pendant quelque temps.

On aurait pu penser que le Jeune Polonais avait appris sa
leçon. Mais non. Il est vrai qu'il avait appris à foutre la paix
à son voisin Lacs-d'Amérique, mais c'est bien tout. Après quelques jours il était remis sur pied, et blagueur comme toujours.
Parfois le Zoulou semblait s'en préoccuper. Souvent ils parlaient
ensemble en Polonais, le Zoulou sur un ton très sérieux. Ainsi
qu'on le saura par la suite, ses conseils étaient perdus pour son
jeune ami. Mais regardons un peu le Zoulou lui-même.

Il va de soi qu'il ne savait écrire en aucune langue. Il ne
connaissait que deux mots de français: « fromage » (qu'il prononçait « groumiche ») et « chapeau ». Son vocabulaire anglais
était encore plus limité: il se réduisait au seul mot « *peau-lisse-
manne* ». Ni B. ni moi ne connaissions une syllabe de polonais
(par la suite nous apprîmes *djinn-dobri, nima-zats, zampni-pisc*

et *chimé-pisc*, et nous faisions un plaisir inouï au Zoulou à lui donner un

    « *Djinn-dobri, pan* »

tous les matins, et aussi à lui demander une « *papierossa* »), de sorte que de ce côté-là, les communications étaient virtuellement fermées. Et pourtant — et je le dis non pas pour étonner le lecteur mais dans le seul intérêt de la vérité — jamais je n'ai si parfaitement compris, dans ses plus exquises nuances, toute idée qu'un être humain voulût me communiquer, que dans le cas du Zoulou. Et si je m'exprimais dans la langue écrite avec le tiers de la facilité qu'avait le Zoulou dans la langue non écrite et non parlée — dans cette langue qu'on ne peut ni écrire ni parler — alors ce récit prendrait certainement place parmi les chefs-d'œuvre de tous les temps.

On pourrait croire par là qu'il avait maîtrisé un système complexe et délicat permettant de communiquer les idées au moyen de diverses sortes de signes. Au contraire. Il employait bien quelques signes, mais tous étaient extraordinairement simples. Le secret de son moyen de communication complet et indicible résidait en cette même essence que je n'ai pu qualifier que comme un EST; prenait sa fin et son commencement en un contrôle inné et non enseignable de tout ce qu'on ne peut qualifier que de tactilement homogène. Par exemple, un jour peu après son arrivée le Zoulou communiqua les faits suivants en très peu de minutes, avec une aisance extrême:

Il avait été paysan en Pologne, avec femme et quatre enfants, mais avait quitté son pays pour venir en France, où on gagnait mieux sa vie. Son ami (le Jeune Polonais) l'avait accompagné. Ils vivaient placidement à — Brest? je ne m'en souviens plus — quand, un soir, les gendarmes avaient fait irruption dans leur chambre, l'avaient mise sens dessus dessous, avaient attaché les deux archi-criminels ensemble avec des menottes et avaient dit: « Venez avec nous. » Ni le Zoulou ni le Jeune Polonais n'avaient l'ombre d'une idée de quoi il s'agissait ni d'où ils allaient. N'ayant pas le choix, ils avaient obéi. Tout le monde est monté dans un train. Tout le monde en est descendu. Bill-le-Hollandais et le Voleur-d'enfants, attachés ensemble avec des menottes, eux aussi, étaient apparus sous escorte. On les avait attachés à leur tour à la délégation polonaise. Les quatre coupables sont passés rapidement par plusieurs petites prisons avant d'arriver à La Ferté-Macé. Pendant le voyage, qui avait exigé plusieurs nuits et jours, on ne leur avait pas enlevé une seule fois les menottes. Les prisonniers avaient dormi assis ou couchés les uns sur les autres. Tous ensemble ils avaient uriné et déféqué. De temps à autre, ils s'étaient plaints à leur escorte de la douleur atroce de leurs poignets gonflés — gonflés à cause des menottes trop serrées, qu'un gardien aurait pu facilement entrouvrir sans perte de temps ni de face. Mais on avait accueilli leurs doléances avec l'ordre de fermer leurs gueules, sans quoi on leur ferait voir pire. Enfin ils avaient vu La Ferté poindre à l'horizon, et on leur avait enlevé les menottes afin que deux des prisonniers puissent charger la malle du Zoulou sur leurs épaules, ce qu'ils n'étaient que trop heureux de faire, tout bien considéré. La malle, qui contenait non seulement les effets personnels du Zoulou mais aussi un grand déploiement de cartouches, de couteaux et de qui sait quels souvenirs extraordinaires qu'il avait ramassés Dieu sait où, avait pesé lourd en sa défaveur dès le début, et on l'avait donc embarquée comme preuve. A l'arrivée on avait fouillé tout le monde et la malle, et tout le monde et la malle avaient été consignés à l'Enorme Chambrée. Ayant conclu ce récit muet et éloquent, le Zoulou fit gentiment monter sa manche au-dessus du poignet et nous exhiba un cercle bleuâtre, dont la persistance sur la chair lui procurait un grand plaisir et étonnement, qu'il communiqua en nous adressant un clin d'œil enchanté. Plusieurs jours plus tard, j'entendis la même histoire du Jeune Polonais, en français, mais seulement à la suite de quelques difficultés linguistiques et d'une demi-heure d'entretien intense. Pour la concision, la précision et la vitesse, il n'y avait aucune comparaison entre le langage du commun et celui du Zoulou.

Peu de temps après son arrivée, je fus témoin d'un mystère. C'était vers l'heure de la deuxième Soupe, et (cuiller en main) B. et moi nous dirigions vers la porte lorsque le Zoulou surgit soudain à côté de nous, nous prit gentiment par les épaules et (regardant avec soin autour de lui) produisit, semble-t-il de son oreille droite, un billet de vingt francs qu'il nous pria, en quelques silences bien choisis, d'employer à l'achat de confiture, de fromage et de chocolat à la cantine. Toujours en silence il s'excusa de nous déranger ainsi, expliquant qu'à son arrivée on l'avait trouvé sans argent et qu'il souhaitait maintenir intacte cette petite tradition. Nous n'étions que trop heureux de rendre service à un prestidigitateur aussi prodigieux — à cette époque nous ne le connaissions qu'à peine — et après La Soupe nous fîmes les emplettes qu'il avait demandées, portant les trésors à nos lits et montant bonne garde. Un quart d'heure environ après que le planton eut cadenassé la porte, le Zoulou dériva jusqu'à nous. Nous voulûmes lui passer son bien; mais avec un clin d'œil il nous demanda de bien vouloir lui garder le tout, et à la suite de cette proposition nous pria d'ouvrir la marmelade, ou la confiture, — mieux vaut sans doute l'appeler: conserve de fruits. Nous nous exécutâmes avec empressement. Maintenant, dit-il silencieusement, si vous voulez, vous pouvez m'en offrir un peu. Ainsi fut fait. Maintenant, prenez-en vous-mêmes, ordonna le Zoulou. Alors nous nous attaquâmes à la confiture de bon cœur, la tartinant sur des morceaux — ou, plutôt, des quignons — de ce pain brunâtre dont le remugle était un des constituants les moins oubliables de la vie à La Ferté. Ensuite, de la même façon, nous ouvrîmes le fromage et en offrîmes à notre hôte; et enfin le chocolat. Après quoi le Zoulou se leva, nous remercia énormément de notre hospitalité et — avec un clin d'œil solennel — s'en alla à la dérive.

Le lendemain il nous dit de manger tout notre soûl des friandises que nous avions achetées, qu'il fût ou non dans les alentours, et quand il n'en resterait plus d'en acheter d'autres, jusqu'à épuisement de ses vingt francs. Et si féroces étaient nos appétits que quinze jours ou trois semaines après, le Zoulou, apprenant l'état d'épuisement de nos réserves, dut produire, semble-t-il de ses cheveux, un billet de vingt francs, soigneusement plié, grâce auquel nous pûmes faire une descente sur la cantine avec une violence renouvelée. Vers cette époque, le Mouchard se mit à l'œuvre et le Zoulou, avec le Jeune Polonais lui servant d'interprète, fut appelé par devant Monsieur-le-Directeur, qui fit mettre le Zoulou à poil et qui fouilla chaque ride et crevasse de son anatomie à la recherche de l'argent (c'est le Zoulou lui-même qui nous l'a raconté) — sans trouver un sou. Bientôt après, le Zoulou, qui s'était énormément complu à observer la déconfiture de Monsieur-le-Directeur, a extrait précautionneusement un billet de vingt francs de sa nuque et nous l'a présenté avec un soin extrême. Comme chaque fois, sa fortune partait surtout en fromage, dont le Zoulou était presque anor-

malement friand. Je n'ai pas eu d'expérience plus soudainement
délicieuse que celle que j'ai connue, un jour que je me pen-
chais de l'avant-dernière fenêtre de l'Enorme Chambrée —
l'usufruit de la dernière étant réservé aux usagers du cabinet —
et que je contemplais en bas le sol boueux, en me demandant
comment les Hollandais avaient jamais permis qu'on ouvre les
deux fenêtres du bout. De la porte du bâtiment, Margherite
passa à la buanderie. Le dos du planton étant tourné, je la saluai, et levant les yeux elle sourit aimablement. Puis, venant de
ma droite, une main se détacha silencieusement du mur, les doigts
serrant doucement la moitié d'un fromage qu'on venait de partager; silencieusement la main porta fromage et papier vers moi,
s'arrêtant à peut-être quinze centimètres de mon nez. J'acceptai
le fromage de la main, qui disparut comme par enchantement;
et un peu plus tard le Zoulou me fit le plaisir de me rejoindre
à la fenêtre, en essuyant des bouts de fromage de ses moustaches
à la mandarin, et exprima un profond étonnement et une satisfaction tout aussi profonde à découvrir que moi aussi, je venais
de goûter aux plaisirs du fromage. Plusieurs fois, B. et moi
fûmes saisis de cette apparition fantasmatique: en fait, la mo-
destie extrême et la timidité incomparable du Zoulou ne trouvaient qu'en ce procédé une méthode satisfaisante pour faire des
cadeaux à ses deux amis... Si seulement je pouvais revoir cette
longue main, les doigts sensibles posés sur un demi-camembert,
le bras détaché du corps oscillant doucement et sûrement vers
moi avec la grâce et la précision d'un automate...

C'était également peu de temps après l'arrivée du Zoulou
qu'eut lieu un incident que je raconte avec plaisir parce qu'il
illustre l'étoffe impavide, indomptable, intrépide dont sont faits
les plantons. L'unique seau à eau qui alimentait à cette époque
la soixantaine d'habitants de l'Enorme Chambrée s'était tari
bientôt après le retour de la première Soupe, tant et si bien
que bon nombre de malheureux, dont moi-même, étaient restés
sans eau. L'intervalle entre La Soupe et la promenade menaçait
les dits malheureux d'une soif noire, et avec le passage des minutes la menace se fit toujours plus lourde. Au bout d'un quart
d'heure notre soif — aiguisée par une dose particulièrement
salée d'eau tiède au cours de La Soupe — avait atteint des
proportions désespérées. Plusieurs des assoiffés les plus courageux, se penchant des fenêtres de la Chambrée, criaient:

« De l'eau, planton, s'il vous plaît, de l'eau »
sur quoi le gardien de l'ordre public leva les yeux, soupçonneux,
s'arrêta un instant comme pour identifier les scélérats assez
téméraires pour, en bravant le bon sens, s'adresser à lui planton, de façon si familière; et puis reprit sa marche, fusil à
l'épaule, revolver à la hanche, l'image même de majesté naturelle
et imperturbable. Voyant donc qu'il ne servait à rien de supplier,
nous réunîmes nos têtes séditieuses et redoutables et ourdîmes
un complot immense, à savoir: descendre à Margherite au grand
cœur (qui faisait la navette entre la porte du bâtiment et la
buanderie) un petit seau vide en fer-blanc, haut d'environ vingt
centimètres, qui avait renfermé de la confiture mais dont Monsieur Auguste, le Zoulou, le Jeune Polonais (en sa qualité d'ami
du Zoulou), B. et moi-même avaient depuis longtemps englouti
le contenu. Margherite nous le remplirait à la pompe, située
directement en dessous de nous dans un réduit froid et humide
au rez-de-chaussée, le rattacherait à la corde et le guiderait
pendant la remontée. Le reste était entre les mains du Destin.
   Du coup, on est devenus aussi affairés que le planton était
courageux. On a demandé à tout le monde de nous prêter leurs
ceintures. Le Zoulou (je ne pourrais même pas indiquer l'étendue du plaisir que cette aventure lui procurait) se dépouilla de
sa ceinture avec une agilité surhumaine; Monsieur Auguste fournit la sienne, dont on ajusta l'ardillon à la ceinture du Zoulou;
qui apporta une cravate, qui un lacet de botte; le Jeune Polonais son cache-nez, dont il était impossiblement fier; etc. La
corde extraordinaire ainsi agencé, mesurée dans l'Enorme Chambrée, faisait une douzaine de mètres: largement assez, car la
fenêtre ne se trouvait qu'à trois étages au-dessus de la terre
ferme. Profitant de ce que le dos du planton était tourné (ce
qui était le cas exactement la moitié du temps, puisque sa ronde
courait perpendiculairement à l'aile du bâtiment dont nous habi-
tions le troisième étage), on alerta Margherite par des signes.
Ayant attaché le petit seau au bout de notre corde improvisée
(le bout qui, comportant davantage de ceintures et moins de
cravates et mouchoirs, paraissait le plus fort), nous — B.,
Harrie, moi-même et le Zoulou — attendîmes à la fenêtre et
puis, saisissant le moment au vol, laissâmes filer notre dispositif
infernal à toute vitesse. Le seau délictueux descendit, passant
sain et sauf le rebord de la fenêtre en dessous, droit entre les

mains de la fidèle Margherite, qui défaisait déjà la boucle le
reliant à la première ceinture lorsque voilà paraître, tournant
le coin du bâtiment, le sergent des plantons lui-même, jambières
luisantes, uniforme brillant, figure pustuleuse. J'ai rarement vu
une expression de stupéfaction qui égalât celle qui s'empara de
son visage mesquin. Il s'arrêta net; contempla pendant une seconde la fenêtre, les prisonniers, le mur, les sept cravates, les
cinq ceintures, les trois mouchoirs, l'écharpe, les deux lacets,
le seau à confiture, et Margherite; puis, pivotant sur lui-même,
aperçut le planton qui, paisible et digne, poursuivait un chemin
qui l'éloignait toujours davantage de la zone des opérations;
et finalement, pivotant de nouveau, glapit:
    « Qu'est-ce que vous foutez avec ce machin-là ? »
cri qui amena le planton à trébucher, à se retourner, à descendre maladroitement son fusil de l'épaule, et à fixer son supérieur, tremblant de tout son corps.
    « Là-bas ! » s'écria le pustuleux sergent, nous désignant du
bras.
    Margherite, au premier cri, avait lâché le seau et s'était
réfugiée dans le bâtiment. Tandis qu'elle disparaissait on se mit
à tirer sur la corde de toutes nos forces, faisant rebondir le
seau contre le mur.
    Au son de l'exclamation affreuse: « Là-bas ! » le planton
faillit s'écrouler. D'un suprême effort il se tourna vers notre
aile du bâtiment. Ce qu'il vit lui fit excréter une bouchée de
jurons éclatants et s'agripper à son fusil en héros, vibrant de
chaque nerf de son corps noble et loyal. Il semblait pourtant
avoir oublié complètement que son fusil avait une fonction:
l'arme reposait, dans la fidélité et l'expectative, entre ses deux
nobles mains.
    « En joue ! » cria le sergent.
    Le planton tripota son fusil, futilement mais en hâte.
    « FEU ! » hurla le sergent, écarlate de rage et d'humiliation.
    Le planton, froid comme l'acier, leva le fusil.
    « TIREZ, NOM DE DIEU ! »
    Le seau, faisant de grands bonds joyeux et résonnants, ar-
rivait à hauteur de la fenêtre au-dessous de la nôtre.
    Le planton tomba bravement sur un genou, ferma les deux
yeux, et visa. J'avoue que mon sang se tenait sur la pointe des
pieds; mais la mort, qu'était-elle contre la perte de ce seau,

sans parler de tous les articles de vestimenture si généreusement
prêtés? En silence nous continuions à tirer. Du coin de l'œil
je voyais le planton — maintenant à deux genoux, fusil serré
contre l'épaule par le bras gauche et pointé ferme vers nous
tous — qui de la main droite fouillait sa ceinture à la recherche de cartouches. Quelques secondes après que cette vision
momentanée de dévouement héroïque eut pénétré ma sensibilité
remarquablement aiguisée, le seau s'encadra dans la fenêtre et
nous tombâmes tous à la renverse sur le sol de l'Énorme Chambrée. En tombant j'entendis un hurlement comme d'une sirène
qui annonce midi:

« Trop tard ! »

Je me rappelle que je restai allongé par terre pendant plusieurs minutes, cachant à moitié le Zoulou, étouffé aux trois
quarts par Monsieur Auguste, secoué comme eux d'un rire inex-
tinguible...

Puis on regagna nos paillasses à quatre pattes.

Pour curieux que cela puisse paraître, je crois bien que personne ne fut puni pour ce crime atroce — sauf le planton,
coupable de ne pas nous avoir fusillés, bien qu'il eût fait de
son pauvre mieux, Dieu le sait.

Et maintenant je dois faire la chronique du fameux duel
entre le Jeune Polonais, compatriote du Zoulou, et le Youpin
Bagarreur, maquereau que le lecteur a déjà rencontré. Ce duel
en effet marqua la fin de la campagne de harcèlement menée
par le Jeune Polonais, qui — ainsi que je l'ai dit — n'avait
décidément pas appris sa leçon de Bill-le-Hollandais aussi parfaitement qu'on aurait pu le croire.

Outre un peu de français et beaucoup d'espagnol, le larbin
de Rockyfeller parlait le russe, très (on n'avait pas besoin de
me le dire) mal. Le Jeune Polonais, irrité peut-être d'avoir été
aplati par le digne Youpin, se mit à le persécuter exactement
comme il avait fait dans le cas de son voisin de lit, Bill. L'épi-
thète qu'il préférait adresser à son vainqueur était « *moski* » ou
« *moshki* », je n'ai jamais pu en être parfaitement sûr. Quoi
qu'elle ait signifié (le Jeune Polonais et Monsieur Auguste me
dirent que c'était « Juif », dans un sens hautement péjoratif),
l'effet qu'elle produisait sur le noble Youpin était très nettement
déplaisant. Et liée au mot « *moskosi* », accentué sur la deuxième
syllabe, elle produisait un effet non seulement déplaisant mais

franchement désagréable. De temps en temps au cours de la journée, à la promenade, pendant la soirée, la vilaine phrase
     « *MOSki mosKOsi* »
sonnait à travers l'Enorme Chambrée. Le Youpin Bagarreur, alors en train de se remettre, rapidement, d'une syphilis, attendait son heure. Par-dessus le marché le Jeune Polonais prenait plaisir à rigoler de l'infirmité du Youpin. Particulièrement au cours de la promenade de l'après-midi, il se mettait à crier, à l'adresse des femmes, des allusions point trop subtiles à l'état physique de Moshki. Lui répondaient, venant des fenêtres des femmes, des éclats de rire, éclats aigus et éclats profonds et gutturaux se croisant et s'entremêlant comme des ardoises sur le toit de la Folie. Un après-midi cette réponse se fit si chaleureuse que, faisant droit aux doléances bruyantes du Moshki outragé, le pustuleux sergent des plantons lui-même se présenta devant la grille dans les barbelés et nous fit un cours sur la gravité des maladies vénériennes (cours qui venait du cœur, aurait-on dit à le voir), comme suit:
     « Il ne faut pas rigoler de ça, voyez-vous, c'est une maladie, ça » (petit sermon qui faisait agréablement contraste avec ses observations habituelles au sujet et en la présence des femmes, dont l'essence résidait en une seule phrase, de signification prépositionnelle:
     « bonnes pour coucher avec »
disait-il d'un ton aigu, avec dans ses yeux mesquins une expression de sapience amoureuse qui lui seyait bien...). Le Youpin prit un air penaud, et attendit.
     Un jour qu'il faisait beau temps (pour la région), on était tous à la promenade de l'après-midi sous la bonne garde du spécimen du genre humain de loin le plus petit, le plus doux et le plus délicat qui ait jamais assumé les devoirs élevés et hasardeux d'un planton. Comme dit B.: « Il avait toujours l'air d'une mariée. » Ce nabot ne devait pas faire un mètre cinquante. De proportions parfaites (exceptions faites pour le fusil à son épaule et la baïonnette à sa ceinture), il allait et venait en valsant avec une gracilité féminine qui suggérait le nom extrêmement authentique: tapette. Il avait un si joli visage ! et une si mignonne moustache ! et de si adorables jambes ! et un si merveilleux sourire ! Dans l'exécution de ses fonctions plantoniques, le sourire — qui mettait à ses joues roses deux petites fossettes — était le plus souvent réprimé. Mais il n'était pas possible à

cette petite chose de prendre un air sévère: au mieux, il ne
parvenait qu'à paraître d'une tristesse poignante. Ce qu'il faisait
très bien, se tenant comme un tragique dernier morceau de
chocolat dans sa grande boîte au fond de la cour, contemplant
les pêcheurs avec ses yeux tristes. Est-ce qu'il n'y a personne
qui veuille me manger? semblait-il demander. Je suis vraiment
délicieux, vous savez, parfaitement délicieux, c'est vrai, je le suis.

Bref: tout le monde étant dans la cour, celle-ci se trouvait
bien remplie, tant de bruit que de gens. Une cour de ferme
bondée de porcs, vaches, chevaux, canards, oies, poules, chats
et chiens n'aurait jamais pu produire le cinquième du boucan
qui en émanait, spontané et inévitable. Dominant ce boucan
j'entendis, tout d'un coup, un hurlement de douleur et d'étonnement, et regardant par là, avec intérêt mais aussi avec inquiétude, j'aperçus le Jeune Polonais qui allait et venait, glissant dans la boue profonde sous l'effet des crochets, des directs,
des swings que lui balançait le Youpin Bagarreur. Celui-ci,
veste tombée, sans casquette, chemise ouverte au col, cognait
de toutes ses forces sur cette faible figure ronde et sur cette
peau de pêche. D'où j'étais, à sept ou huit mètres de là,
le choc du poing du Youpin sur la mâchoire et les joues du
Jeune Polonais était perceptible à un degré troublant. Ce dernier
ne faisait absolument rien pour se défendre, encore moins pour
rendre les coups qu'il recevait; il se contentait de déraper à
droite et à gauche, mugissant, tenant hors d'atteinte, désespérément, son précieux cache-nez blanc. N'était-ce la brutalité pure
du spectacle, c'eût été hautement comique. Le Youpin balançait
comme un moulin à vent et martelait comme un forgeron. Sa
vilaine tête baissée, le menton saillant, les lèvres rétrécies, gri-
maçantes, les crocs sortant comme ceux d'un gorille, il cognait
comme si sa vie dépendait de l'anéantissement total de cette
physionomie lunaire en face de lui. Et il l'aurait bel et bien
anéantie sans l'héroïsme prompt, voire opportun, de La Mariée
qui, ôtant son fusil de l'épaule, se précipita vers le lieu des
hostilités; s'arrêta à une distance prudente; et se mit à miauler
de toutes ses bronches délicates:

« Aux armes ! Aux armes ! »

vagissement plaintif et intrépide qui du seul fait de sa fragilité
pénétra dans le bâtiment et fit démarrer l'Etui Noir, qui arriva en catastrophe par la grille, rugissant un salut, et eut vite

fait de séparer les combattants avec deux ou trois bonnes ta-
loches. « Bon, à qui la faute? » mugit-il. Et bon nombre de
spectateurs hautement respectables, dont Judas et le Youpin
Bagarreur lui-même, dirent que c'était la faute au Jeune Polonais. « Allez ! Au cabinot ! De suite ! » — et le Jeune Polonais
s'écoula en direction des cachots, sanglotant et s'enroulant dans
son cache-nez pour se réconforter.

Quelques minutes plus tard nous tombâmes sur le Zoulou
qui parlait avec Monsieur Auguste. Monsieur Auguste était
navré. Il avouait que le Jeune Polonais l'avait bien cherché.
Mais ce n'était qu'un enfant. Le Zoulou réagit à toute l'affaire
d'une façon absolument profonde: il montra les femmes d'un
œil, son pantalon de l'autre, et pendant plusieurs secondes con-
vertit sa personnalité parfaitement plastique en une machine à
faire l'amour, identifiant ainsi de façon très éloquente la racine
du mal — puis partit doucement à la dérive pour aller jouer
à cache-cache avec le Bonhomme-à-la-casquette-orange, qui en
était ravi. Que la stupidité de son ami le Jeune Polonais peinait
le Zoulou profondément, je l'ai découvert à le regarder au lit
le lendemain matin, inerte, allongé tristement; à côté de lui la
paillasse vide qui signifiait le cabinot... sa figure parfaitement
extraordinaire (à la fois parfaitement éloquente et anguleuse,
inexpressive et sensible) me disait beaucoup de choses dont
même le Zoulou ne pouvait pas parler, choses que, afin de les
souffrir entièrement, il retenait soigneusement et intégralement
blotties au fond de ces yeux rigides et mobiles.

Du jour où le Jeune Polonais sortit du cabinot il fut notre
ami. A la fin il avait été ramené à la raison, grâce à un Man-
geur-de-blanc, ainsi que le petit Bricoleur dénommait le Youpin
Bagarreur. Mangeur qui, soit dit en passant, à peine exonéré
de toute responsabilité dans l'affaire par les spectateurs les plus
éclairés du combat inégal, s'avança férocement vers B. et moi,
un rictus hideux crépitant à la surface rugueuse de sa gueule,
et demanda, tirant sur son pantalon:

« Bon, hein? Bien fait, hein? »
et qui, quelques jours plus tard, nous demanda de l'argent, sous-
entendant même qu'il aurait plaisir à devenir notre garde de
corps particulier. Je crois, en fait, qu'on lui a « prêté » le hui-
tième de ce qu'il voulait (on lui a peut-être donné deux sous)
pour qu'il nous foute la paix. Quoi qu'il en soit, il ne vint

plus nous embêter par la suite; et si deux sous peuvent faire
cela, alors deux sous peuvent être fiers.

Et toujours, à travers le gris déclinant de l'automne désolé,
le Zoulou était à nos côtés, ou roulé autour d'un arbre dans
la cour, ou fondu derrière un pilier après avoir touché Mexique
dans un jeu de chat, ou souffrant le martyre d'une rage de dents
— Dieu, comme je voudrais le revoir en train de nous dépeindre l'abomination d'une rage de dents ! — ou perdant ses chaussures et les retrouvant sous le lit de Garibaldi (avec un grand
clin d'œil perpendiculaire qui disait des volumes au sujet du
penchant fatal de Garibaldi pour les biens d'autrui), ou s'émerveillant silencieusement du pouvoir qu'exerçaient les femmes sur
son jeune ami qui, reprenant parfois sa bravade ancienne, se
tenait sous la méchante pluie noire, entortillé dans son écharpe
blanche et chaude, chantant comme avant:

> « *J'suis content*
> *De l'mettre dedans,*
> *J'suis pas pressé*
> *De l'retirer*
> *Ah-la-la-la...* »

... Et quand le Zoulou sortit du bureau de La Commission il arbora l'expression identiquement inexpressive avec laquelle il y était entré; et Dieu sait ce que les Trois Sages lui
ont trouvé, mais quoi qu'il ait pu être, ils ne trouvèrent jamais
et ne trouveront jamais ce Quelquechose dont la découverte
m'était plus précieuse que tout l'argent rond et impuissant du
monde — la grâce d'étain des membres, le clin d'œil inscru-
table, le corps sans épaules et au ralenti, la vitesse d'une sau-
terelle, l'âme au niveau des aisselles, trébuchant mystérieusement
sur l'apanage de deux pieds, poisson dérivant de sa sveltesse
mi-oiseau...

Messieurs, je suis inexorablement reconnaissant du don de
ces choses ignorantes et indivisibles.

X

SUPPLICE

Faisons l'ascension de la troisième Délicieuse-Montagne, qui a nom Supplice.

Je dois avouer dès le début que je n'ai jamais connu Supplice, pour la simple raison que je ne veux jamais connaître si ce n'est en dernier ressort. C'est par contraste avec Harrie-le-Hollandais, que j'ai connu, et Judas, que j'ai connu, que je pourrais peut-être vous donner un peu de Supplice, que je n'ai pas connu. D'ailleurs, je crois que seul Monsieur Auguste aurait pu le connaître; mais je doute que Monsieur Auguste fût capable de descendre à de telles profondeurs dans le cas d'une personne aussi merveilleuse que Supplice.

Prenez le cas d'un homme entièrement animal. Prenez le Hollandais incroyable avec son pantalon bleu cobalt, sa tignasse orange collée sur le front, sa longue figure rose, vingt-six ans, avait visité tous les pays du monde: « Fille Australie fille épatante — fille japonaise fille plus propre du monde — fille espagnole assez bien — fille anglaise vaut rien, pas de visage — trouver partout ces choses: marins de Norvège, filles allemandes, allumettes suédoises, bougies de Hollande — »... avait été à Philadelphie; avait travaillé sur un yacht de millionnaire; connaissait, pour y avoir travaillé, les usines Krupp; avait été deux fois torpillé, puis une troisième fois à bord d'un bateau qui a heurté une mine en vue de la côte « par la vue-longue »; « Hollande presque pas soldats — Inde (les Indes hollandaises) bon endroit, fait toujours chaud, j'étais cavalerie; tuer homme ou voler cent francs ou n'importe quoi, prison vingt-quatre heures; chaque semaine fille noire couche avec toi parce que gouvernement vouloir enfants blancs, fille noire fille très bien, toujours faire quelque chose, tes ongles ou nettoyer tes oreilles ou éven-

ter quand trop chaud... Personne peut battre Allemands; si
Kaiser dire homme tuer père et mère il fait tout de suite!»
— le jeune homme grand, fort, grossier, vital, qui observa:
« Moi coucher avec fille noire qui fumer pipe la nuit. »
Prenez cet animal. Vous l'entendez, vous en avez peur, vous
le flairez et vous le voyez et vous le connaissez — mais vous
ne le touchez pas.

Ou un homme qui vous ferait remercier Dieu pour les
bêtes, Judas comme on l'appelait: qui garde ses moustaches
serrées la nuit dans une espèce de cadre translucide qui tient
en place au moyen d'un ruban passé derrière la tête; qui cul-
tive avec des soins infinis l'ongle de ses deux petits doigts; qui
flirte, habile et prudent, avec deux des filles, sans jamais se faire
prendre; qui parle français; cause flamand; connaît huit langues
et donc est toujours utile à Monsieur-le-Surveillant — Judas au
front horrible, grêlé, luisant, à la figure de Renart — Judas
sous la douche, son corps pâle, graisseux, presque putrescent
— Judas avec lequel j'ai parlé un soir de la Russie, lui enveloppé dans ma pelisse — Judas l'atroce et l'impeccable: prenez
cet homme. Vous le voyez, vous sentez l'odeur chaude et rance
de son corps; vous n'en avez pas peur, en fait vous le haïssez;
vous l'entendez et vous le connaissez. Mais vous ne le touchez
pas.

Et maintenant prenez Supplice, que je vois et entends et
flaire et touche et que je goûte même, et que je ne connais pas.

Prenez-le dans le carré doux de l'aube, se penchant lentement pour ramasser sur le sol glaireux des mégots mâchouillés...
Entendez-le, toute la nuit; des toussotements qui éclairent le
noir... Voyez-le toute la journée et tous les jours, réunissant
ses mégots trempés et les fourrant doucement dans sa pipe ronde
(quand il n'en trouve pas il fume tranquillement des échardes
de bois)... Regardez-le se gratter le dos (tout à fait comme
un ours) contre le mur... Ou dans la cour, ne parlant à personne, son âme au soleil...

A ce que nous croyons, il est polonais. Monsieur Auguste
le traite avec beaucoup de gentillesse, il comprend quelques mots
de sa langue et pense qu'ils sont censés être du polonais. Ils
font de leur mieux pour l'être, sans jamais y parvenir.

Tous les autres lui rugissent après, Judas le traite de sale
cochon; Monsieur Pé-tairsse s'écrie, furieux:

« Il ne faut pas cracher par terre »,
arrachant des excuses humbles, voire abjectes; les Belges lui
crachent dessus; les Hollandais le blaguent et parfois se payent
sa tête, criant: « Syph'lis » — sur quoi il rectifie d'un air de
majesté offensée:

« Pas syph'lis: Supplice »,
faisant s'esclaffer tout le monde — il ne peut appeler personne
Ami, il n'a jamais dit, il ne dira jamais à personne: Ennemi.

Quand il y a du travail à faire, il travaille comme un
bœuf... Le jour où nous étions de corvée pour le nettoyage
de la chambrée, par exemple, c'est Supplice et le Chapeau qui
firent le gros du boulot; et un planton nous prit, B. et moi, à
vouloir nous faufiler dans la cour... Tous les matins il descend
le seau aux excréments solides, sans que personne le lui dise;
le descend comme si c'était à lui, le vide dans l'égout juste
au-delà de la cour des femmes, ou en verse un peu (un tout
petit peu) très délicatement dans le jardinet où Monsieur-le-
Directeur fait venir une fleur pour sa fille — en fait, il a une
affinité silencieuse pour l'excrément; c'est son milieu; il en est
chargé, taché, éclaboussé; il dort dedans; il le met dans sa pipe
et le trouve délicieux...

Et il est intensément dévot, dévot avec une intensité terrible, excessivement belle, absurde... Tous les vendredis on le
découvre assis sur un espèce de tabouret près de sa paillasse,
lisant dans son bréviaire, qu'il tient à l'envers; tournant avec
une délicatesse impressionnante les feuilles minces et glissantes,
souriant en lui-même tandis qu'il voit et ne lit pas. Supplice
est vraiment croyant, comme le sont Garibaldi et, à ce que je
crois, la Marmotte (un petit homme sombre, triste, qui crache
du sang avec régularité); je veux dire par là qu'ils vont à la
messe pour la messe, tandis que tous les autres y vont pour
les femmes. Et je ne sais pas à coup sûr pourquoi la Marmotte
y va, mais je crois bien que c'est parce qu'il est tout à fait
certain qu'il va mourir. Et Garibaldi a peur, immensément peur.
Et Supplice y va afin d'être étonné, étonné par la douceur et
la délicatesse stupéfiante du Seigneur — Qui le fait s'agenouiller
à La Ferté-Macé sachant que Supplice Lui en sera reconnaissant.

Il est complètement ignorant. Il croit que l'Amérique se
trouve juste derrière une des fenêtres de gauche dans l'Enorme
Chambrée. Il ne peut pas imaginer le sous-marin. Il ne sait

pas qu'il y a la guerre. Instruit de ces choses, il est infiniment surpris, inexprimablement étonné. Cet étonnement lui procure un très grand plaisir. Sa figure crasseuse, assez fièrement noble, rayonne du plaisir qu'il éprouve à apprendre qu'il y a des gens qui sont en train de tuer d'autres gens sans que personne sache pourquoi, que des bateaux naviguent sous l'eau, tirant des boulets longs de deux mètres contre des navires, que l'Amérique n'est pas vraiment située juste derrière cette fenêtre auprès de laquelle nous conversons, qu'en effet l'Amérique est située au-delà de la mer. La mer: « C'est de l'eau, m'sieu? » Ah: une grande quantité d'eau; des quantités énormes d'eau, de l'eau et ensuite de l'eau; de l'eau et de l'eau et de l'eau et de l'eau. « Ah ! On ne peut pas voir de l'autre côté de cette eau, m'sieu? Merveilleux, m'sieu ! » Il songe là-dessus, souriant doucement; la merveille que c'est, comme c'est merveilleux, pas d'autre côté, et pourtant — la mer. Dans laquelle nagent des poissons. Merveilleux.

Il est on ne peut plus dévoré par la curiosité. Il est on ne peut plus dévoré par la faim. Nous avons acheté du fromage avec l'argent du Zoulou. Supplice s'approche, s'incline d'une façon timide et engageante, avec les mines d'un chien mille fois battu mais tout de même assez fier. Il sourit. Il se tait, terriblement gêné. Pour l'aider dans sa gêne, nous faisons semblant de ne pas le voir. Cela arrange les choses:

    « Fromage, m'sieu?
    — Oui, c'est du fromage.
    — Ahhhhhh... »

son étonnement est extrême. C'est du fromage. Il y réfléchit. Après un temps

    « M'sieu, c'est bon, m'sieu? »

faisant la demande comme si sa vie dépendait de la réponse — oui, c'est bon, nous le rassurons.

    « Ahhh. Ahh. »

De nouveau il est magnifiquement heureux. C'est bon, le fromage. Qu'est-ce qui pourrait être plus merveilleusement étonnant? Après une minute ou deux:

    « M'sieu, m'sieu — c'est cher, le fromage? »

Très, nous lui disons, sans mentir. Il sourit, aux anges d'étonnement. Puis, avec une délicatesse extrême et une timidité inconcevable:

« M'sieu, combien ça coûte, m'sieu ? »
Nous le lui disons. Il trébuche d'étonnement et de bonheur.
Alors seulement, comme si l'idée venait juste de nous effleurer,
nous disons négligemment:
« Vous en voulez ? »
Il se redresse, frémissant du haut de sa tête crasseuse et assez
belle jusqu'aux chaussons sans semelles qu'il promène par les
pluies et les gelées:
« Merci, m'sieu ! »
Nous lui coupons un morceau. Il le prend, tremblant; le
tient un instant comme un roi tiendrait et contemplerait le
joyau le plus gros et le plus précieux de son royaume; se retourne et nous remercie avec profusion — et disparaît...
Il est peut-être curieux surtout de cette chose au nom
agréable que tous autour de lui, tous ceux qui le maudissent et
le rudoient et lui crachent dessus, désirent d'un désir terrible —
la Liberté. Quand quelqu'un part, Supplice vit une extase d'excitation tranquille. L'heureux est peut-être Fritz, à l'intention
duquel Jean-le-Baigneur fait la quête comme si Fritz était un
Hollandais et non pas un simple Danois — à l'intention duquel
Jean-le-Baigneur déambule à droite et à gauche, secouant un
chapeau dans lequel nous laissons tomber des pièces pour Fritz;
Jean-le-Baigneur, aux joues d'écureuil, qui parle le belge, le
français, l'anglais et, dans son sommeil, le hollandais, qui est à
La Ferté depuis deux ans (et on dit qu'il a refusé de partir une
fois que l'occasion s'est présentée), qui s'écrie, « Baigneur des
femmes, moi ! » et qui tous les soirs se hisse dans son lit de
bois en criant « *Gou-dnaï-te* ! »; dont la plaisanterie préférée
consiste à clamer « Une section pour les femmes » dans la cour,
levant ses pieds dans leurs chaussons doublés de papier et battant la semelle dans la boue gelée, gloussant et se mouchant
dans le drapeau anglais... Et maintenant Fritz, rayonnant de
joie, serre des mains et nous remercie tous, et me dit: « *Good-
bye, Johnny* » et agite le bras et disparaît pour toujours — et
derrière moi j'entends une voix timide:
« M'sieu, la Liberté ? »
et je dis Oui, sentant ce Oui à la fois dans le ventre et dans
la tête; et Supplice se tient à côté de moi, s'émerveillant doucement, extrêmement heureux, peu soucieux que le partant n'ait
pas pensé à le saluer. Ou ce sera Harrie et Pompon, qui cou-

rent de long en large dans un état d'excitation frénétique, serrant
la main de tout le monde, et j'entends une voix derrière moi:
« Liberté, m'sieu? La Liberté? »
et je dis Non, Précigné, me sentant obscurément abattu, et
Supplice se tient à ma gauche, contemplant le départ des incorrigibles avec une déception concernée — Supplice dont personne ne se préoccupe en partant, que ce soit vers l'enfer ou
vers le paradis...

Et une fois par semaine le chef de chambrée jette du savon
sur les paillasses, et j'entends une voix:
« M'sieu, voulez pas? »
et c'est Supplice qui nous demande notre savon pour faire la
lessive.

De temps en temps, quand il s'est gagné quelques sous à
laver le linge pour les autres, il s'avance tranquillement jusqu'au
fauteuil du Boucher (tous les autres qui voulaient se faire raser
ayant été servis) et subit, les yeux fermés et l'air patient, la
lame la plus émoussée du Boucher — car ce n'est pas le Boucher qui gâcherait un bon rasoir sur Supplice; ce successeur
de la Grenouille (qui parvint un jour à disparaître comme son
prédécesseur le Coiffeur) étant un apache et un cambrioleur qui
aime nous raconter, sur un ton aimable, les villes et prisons
d'Allemagne, des prisons où il est interdit de fumer, des prisons
propres où la visite des malades a lieu tous les jours, où ceux
qui ont à se plaindre peuvent présenter leurs doléances immédiatement et directement; lui, le Boucher, étant peut-être le plus
heureux quand il passe la soirée à nous faire voir des petits
tours de prestidigitation bons pour des enfants de trois ans;
tout à fait bien dans sa peau quand il affirme:
« La maladie n'existe pas en France »
voulant dire par là qu'ou bien on est en bonne santé ou bien
on est mort; ou
« S'ils (les Français) produisent un génie ils le foutent en
taule. »

Le Boucher donc se penche lourdement sur Supplice et le
charcute et le balafre avec rapidité et négligence, ses grosses
lèvres froncées, ses yeux de porc, enfouis profondément dans
sa figure, luisant — et en un rien de temps il crie: « Fini ! »
et le pauvre Supplice se relève trébuchant, horriblement taillladé,
saignant d'au moins trois entailles de cinq centimètres et d'une

douzaine de grandes éraflures; chancelle jusqu'à sa paillasse, tenant sa figure comme s'il craignait qu'elle tombe d'un instant à l'autre; et se couche doucement, de tout son long, soupirant d'un étonnement agréable, contemplant les délices inestimables de la propreté...

A l'époque, il m'a semblé très intéressant de constater que plus cruelles sont les misères que certains êtres ont à supporter, plus cruels ils deviennent vis-à-vis de ceux qui ont le malheur d'être plus faibles ou plus misérables qu'eux-mêmes. Je devrais peut-être dire que presque tout homme, placé dans des conditions de vie assez misérables, réagira contre ces conditions (qui mutilent sa personnalité) en mutilant délibérément une personnalité plus faible ou déjà plus mutilée. Cela va sans doute de soi: je ne prétends pas avoir fait une grande découverte. Au contraire, je me limite à indiquer ce qui m'a particulièrement intéressé au cours de mon séjour à La Ferté: je fais remarquer que j'étais extrêmement ému de me rendre compte que, pour autant qu'une soixantaine d'hommes puissent être occupés à souffrir en commun, il s'y trouvera toujours un homme, ou deux, ou trois, qui se débrouilleront pour garantir à leurs camarades un peu de souffrance supplémentaire. Dans le cas de Supplice, être en butte au ridicule de tout le monde ne peut pas être qualifié au juste de souffrance, parce que Supplice, se sentant indiciblement seul, prenait plaisir à encaisser toutes les injures possibles et imaginables, pour la simple raison qu'elles constituaient — ou du moins impliquaient — une reconnaissance de son existence. Etre tourné en bourrique constituait, pour cet individu qui était par ailleurs l'objet d'une indifférence complète, une marque de distinction; une expérience qui faisait plaisir; qui rendait fier. Les habitants de l'Enorme Chambrée avaient confié à Supplice un rôle petit mais essentiel dans le drame de La Misère: il remplirait ce rôle de son mieux; le bonnet à clochettes ne parerait pas une tête indigne de sa haute tradition. Il serait un grand fou, puisque c'était là sa fonction; un amuseur suprême, puisque son devoir était d'amuser. Après tout, dans La Misère comme partout ailleurs, l'homme a le droit d'exiger une certaine ration d'amusement; en effet, l'amusement est, assez étrangement, essentiel à la souffrance; notre capacité de souffrance est à la mesure de notre capacité d'être amusé; moi, Supplice, je suis donc un personnage très nécessaire.

Je me rappelle un jour où Supplice a montré magnifiquement sa capacité de jouer les fous. Quelqu'un s'était glissé derrière lui tandis qu'il arpentait l'Enorme Chambrée (la tête fièrement en l'air, les mains dans les poches, la pipe entre les dents) et était parvenu, après plusieurs échecs navrants, à épingler dans son dos une énorme pancarte, soigneusement préparée à l'avance, et qui portait l'inscription:

606

en chiffres démesurés. Ce haut fait accompli, le farceur s'esquiva. Dès qu'il eut rejoint sa paillasse, une salve de cris s'éleva de tous les côtés, cris qui unissaient toutes les nationalités, cris ou plutôt huées qui firent trembler les piliers et résonner les vitres —

« SIX-CENT-SIX ! SYPH'LIS ! »

Supplice s'éveilla en sursaut de sa rêverie, retira sa pipe de ses lèvres, se redressa avec orgueil et — faisant face l'un après l'autre aux quatre coins de l'Enorme Chambrée — bredouilla rapidement dans son mauvais français:

« Pas syph'lis ! Pas syph'lis ! »

à quoi tout le monde, se tenant les côtes, répondait à tue-tête:

« SIX-CENT-SIX ! »

Enragé, Supplice fit un bond vers Pete l'Ombre, qui le reçut avec:

« Fous le camp, saloperie de Polack, ou tu le regretteras ! »

Intimidé, mais majestueux comme toujours, Supplice chercha à reprendre à la fois sa promenade et son calme. Le boucan ressurgit, s'enflant à chaque instant:

« Six-cent-six ! Syph'lis ! Six-cent-six ! »

Supplice, hors de lui, fonça sur un autre de ses compagnons de captivité (un petit vieillard, qui courut se réfugier sous la table), et fit jaillir des menaces:

« Allons, putain de Polack, laisse tomber ou tu vas te faire démolir », sur quoi il se fourra les mains dans les poches de son pantalon diaphane et s'éloigna, furieux, littéralement écumant.

« Six-cent-six ! »

criait tout le monde. Supplice tapait du pied, fou de colère et d'humiliation. « C'est dom-mage, dit doucement à côté de moi Monsieur Auguste, c'est un homme gen-til, le pau-vre, il ne fau-drait pas l'em-mer-der. »

« Regarde derrière toi ! »
cria quelqu'un. Supplice pivota, exactement comme un chaton
qui essaie d'attraper sa queue, déchaînant de nouveaux tonnerres
de rire. On ne pourrait d'ailleurs rien imaginer de plus piteux
et ridicule, de plus drôle et horrible.

« Ta veste ! Regarde ta veste ! »
Supplice se pencha en arrière, loucha par-dessus son épaule
gauche, puis par-dessus la droite, tira sur sa veste de ce côté
et de l'autre — faisant agiter sa queue improvisée et déclen-
chant ainsi de nouveaux accès de rire dans l'Enorme Chambrée
— et enfin s'aperçut de l'appendice incriminateur; tira sa veste
sur la gauche, se saisit de la pancarte, l'arracha, la jeta par
terre férocement, et piétina le « 606 » chiffonné; bredouillant et
tempêtant et agitant les bras; bavant comme un chien enragé.
Puis il fit face au coin de l'Enorme Chambrée qui avait été le
plus bruyant et marmotta épaissement, comme un fou:

« Ouèouèouèouèouè... »
Puis, à grandes enjambées, il regagna sa paillasse et se coucha;
et quelques minutes plus tard je l'attrapai dans cette position,
souriant et même rigolant... très heureux... comme seul peut
l'être le comédien dont les prestations ont été saluées d'applaudissements unanimes...

En plus de « Syph'lis », on l'appelait communément «Chaude-
pisse le Polack ». S'il y a une caractéristique des prisons qui est
plus terrifiante que toutes les autres, c'est peut-être la totale
clarté dans laquelle, tout à fait à leur insu, les prisonniers illustrent, bon gré mal gré, certaines lois psychologiques fonda-
mentales. Le cas de Supplice en est un exemple exquis: tout le
monde redoute, bien entendu, les maladies vénériennes — et
donc tous choisissent un individu (dont ils ignorent et veulent
ignorer tout de la vie intérieure, mais dont l'extérieur physique
satisfait tous les critères du dégoûtant et de l'immonde) et,
s'étant tacitement accordés pour faire de cet individu le Symbole de tout ce qui est mauvais, ils se mettent à l'injurier et
à jouir de son humiliation parfaitement naturelle... Mais je
n'oublierai pas Supplice, à deux genoux, en train de balayer
religieusement la sciure d'un crachoir que le talon du tout-
puissant planton avait renversé; souriant de la façon dont il
souriait à la messe en entendant Monsieur le Curé lui assurer
qu'il y a toujours l'enfer...

Il nous fit un jour la narration énorme d'un incident critique
de sa vie, dans les termes suivants:

« M'sieu, réformé moi — oui, m'sieu — réformé — travaille, beaucoup de monde, maison, très haute, troisième étage,
tout le monde, planches, en haut — planches pas bonnes — dé-
gringole, tout — (ici il se mit à chanceler et à pivoter sur
lui-même) — tout commence à tomber — tombe, tombe, tout,
tous, vingt-sept hommes-briques-planches-brouettes-tous — dix
mètres — zeuzeuzeuzeuzeuPOUM ! — tout le monde blessé,
tout le monde tué, pas moi, réformé — oui, m'sieu » — et il
sourit, se frottant la tête, bêtement. *Vingt-sept hommes, briques,
planches et brouettes...*

Il nous dit encore un soir, de sa voix douce, folle, résignée,
qu'autrefois il avait joué du violon avec une grande dame en
Alsace, pour cinquante francs la soirée; « c'est rien du tout »
— et ajouta tranquillement, « Moi jouer bien. Moi jouer n'importe quoi. »

Chose que sans doute je ne crus guère — jusqu'à l'après-
midi où un des hommes sortit un harmonica qu'il avait acheté
en ville; et l'homme s'y essaya; et tout le monde s'y essaya;
et c'était sans doute l'instrument le meilleur marché et le plus
méchant qui existât, même dans la doulce France; et tout le
monde en avait marre — mais vers six heures du soir, une voix
surgit de derrière le dernier amateur; une voix timide et pré-
cipitée:

« M'sieu, m'sieu, permettez? »
et le dernier amateur se retourna et s'étonna de voir Chaude-
pisse le Polack, que tout le monde avait (bien sûr) oublié —

L'homme jeta l'harmonica sur la table avec un regard de
dédain (et de dédain menaçant) pour l'objet de l'exécration universelle; et tourna le dos. Supplice, tremblant du haut de sa
tête crasseuse et belle jusqu'aux plantes nues de ses pieds crasseux et beaux, couvrit l'harmonica, délicatement et avec assurance,
d'une patte vibrante; s'assit d'un mouvement étonnamment délibéré
et gracieux; ferma les yeux, sur les cils desquels étaient suspen-
dues de grosses larmes crasseuses...

... et tout d'un coup:
Il reposa doucement l'harmonica sur la table. Il se leva.
Il alla vite à sa paillasse. Il ne bougea pas, ni ne parla, ni ré-
pondit aux appels de ceux qui réclamaient encore de la musique,

aux cris de: « Bis ! — Bien joué ! — Allez ! — Vas-y ! » Il
pleurait, doucement et soigneusement, sans vouloir déranger
personne... espérant qu'on ne remarquerait pas que le Fou
avait pour cette fois mal joué son rôle.

Le lendemain, comme d'habitude, il était debout avant
tout le monde, cherchant des mégots mâchouillés sur le sol
glaireux, glissant, de l'Enorme Chambrée; prêt à se faire injurier, ridiculiser, rosser, maudire.

Alors —

Un soir, quelques jours après que tout le monde qui était
digne d'être entendu par La Commission eut goûté le privilège
d'être examiné par cet organisme inexorable et délicieux —
très tard un soir, en effet juste avant l'extinction des feux, un
planton inconnu se présenta dans l'Enorme Chambrée et lut en
vitesse une liste de cinq noms; ajouta:

« Partir demain de bonne heure »
et referma la porte sur lui. Comme d'habitude, Supplice était
intéressé, énormement intéressé. Nous aussi: car les noms étaient
ceux, respectivement, de Monsieur Auguste, Monsieur Pé-tairsse,
le Fils du vent, Supplice et l'Homme-à-la-cuiller. Ces hommes
avaient été jugés. Ils partaient à Précigné. Ils seraient prisonniers pour la durée de la guerre.

J'ai déjà raconté comment Monsieur Pé-tairsse s'assit auprès
du Fils du vent, qui pleurait frénétiquement, écrivant des lettres,
reniflant avec son gros nez rouge, et répétant de temps en
temps: « Soyez un homme, Demestre, ne pleurez pas, ça ne sert
à rien de pleurer. » Monsieur Auguste avait le cœur brisé. Nous
fîmes de notre mieux pour le consoler; on lui offrit une sorte
de Sainte-Cène autour de nos lits; on fit chauffer du vin rouge
dans nos quarts et il but avec nous. On lui présenta quelques
témoignages de notre amitié et estime, dont — il me souvient
— un énorme fromage... et puis, tremblant d'émotion, Supplice
se tint devant nous —

On le pria de s'asseoir. Les spectateurs (il y avait toujours
des spectateurs pour toute fonction, aussi privée fût-elle, qui
comportait de quoi manger ou boire) se renfrognèrent et rica-
nèrent. Le con, Supplice, Chaude-pisse — comment pouvait-il
s'asseoir avec des hommes et des messieurs? Supplice s'assit
avec grâce et légèreté sur l'un des lits, attentif à ne pas en
mettre en péril le mécanisme assez capricieux; s'assit très fière-

ment; droit; modeste mais sans crainte. Nous lui offrîmes du
vin. Une espèce d'énorme convulsion saisit férocement, pendant
un instant, sa figure tout entière: puis il dit dans un souffle
d'émerveillement absolu et indicible, se penchant un peu vers
nous sans aucunement suggérer que la question fût susceptible
de recevoir une réponse affirmative:

« Pour moi, m'sieu? »

On lui sourit et dit: « Prenez, monsieur. » Ses yeux s'ouvrirent. Depuis, jamais je n'ai vu d'yeux. Il dit doucement, en
avançant la main avec une délicatesse majestueuse:

« Merci, m'sieu. »

... Avant qu'il ne s'en aille, B. lui donna des chaussettes,
et moi une chemise de flanelle, qu'il accepta avec douceur et
lenteur et simplicité, exactement comme un Américain n'accep-
terait pas un million de dollars.

« Je ne vous oublierai pas » nous dit-il, comme si dans
son pays il était un très grand roi, et davantage encore... et
je crois savoir où se trouve ce pays-là, je crois le connaître;
moi, qui n'ai jamais connu Supplice, je le connais.

Car à lui sont la terre des harmonicas, les arpents sur arpents de flûtes, les prés de clarinettes, le domaine des violons.
Et Dieu dit: « Pourquoi t'a-t-on mis en prison? Qu'as-tu fait
aux gens? — Je les faisais danser et ils m'ont mis en prison.
Les gens noirs de suie sautaient; et je les faisais pétiller comme
les étincelles sur un fond de cheminée, et je gagnais quatre-
vingts francs tous les dimanches, et de la bière, et du vin, et
bien manger. Maintenant... c'est fini... Et tout de suite (geste
comme de se couper le cou), la tête. — Et Il dit: O toi qui
donnas vie à la joie, monte ici. Il y a ici un certain Jésus-
Christ, qui aime bien le violon. »

XI

JEAN-LE-NEGRE

Un certain jour, le son de la cloche, et la course des hommes jusqu'à la fenêtre qui donnait sur le portail d'entrée, s'accompagnèrent d'un barrage d'interjections enthousiastes, dans toutes les langues de La Ferté-Macé, à vous faire croire que c'était la reine de toutes les reines de beauté qui arrivait. Mais cette erreur s'évanouit, d'une façon palpitante, quand j'entendis le cri: « Il y a un noir ! » C'était Fritz qui se tenait au meilleur poste d'observation, repoussant les assauts d'une douzaine de codétenus, et je lui demandai, en anglais: « Qui c'est? — Oh, tout un tas de filles, me cria-t-il, et il y a aussi un NEGRE ! » — se tordant de rire.

J'essayai d'atteindre la fenêtre, mais rien à faire, parce que maintenant au moins deux douzaines d'hommes y étaient, se poussant et gesticulant et se tapant dans le dos de joie. Ma curiosité devait pourtant être vite assouvie. J'entendis dans l'escalier un bruit de pieds qui montaient, et je savais qu'un couple de plantons ne tarderaient pas à arriver avec leur nouvelle proie. Les autres le savaient aussi — et des lits les plus éloignés surgirent des formes bizarres qui se précipitèrent vers la porte, avides d'un premier aperçu du nouveau; fait chargé de sens, étant donné que normalement quand des prisonniers arrivaient, chacun se précipitait vers son lit et y montait la garde.

Tandis que les plantons tripotaient les serrures, j'entendis le rire inimitable, indubitable, divin, d'un Noir. Enfin la porte s'ouvrit. Il entra un magnifique pilier de muscle noir et baladeur, couronné d'un étalage formidable des dents les plus blanches du monde. Le muscle s'inclina poliment vers nous, le grand sourire dit musicalement: « Bo'jour, tou'l'monde »; puis vint une

cascade de rires qui eut un effet instantané sur les spectateurs:
ils rugissaient et dansaient de joie. « Comment tu t'appelles?
sortit du boucan. — J'm'appelle Jean, moi » le muscle répondit rapidement, soudainement solennel, regardant fièrement à
droite et à gauche comme s'il s'attendait à ce qu'on mette en
cause cette déclaration: mais comme personne ne le contredit,
il fondit tout aussi soudainement en un rire — comme si tout
l'amusait énormément: lui-même, et tout le monde, et même
un petit dur que je n'avais pas remarqué auparavant, bien que
son entrée eût coïncidé avec celle du muscle.

Ainsi pénétra dans la misère de La Ferté-Macé, léger et
fier, Jean-le-Nègre.

De tous les gens merveilleux de La Ferté, Monsieur Jean
(« le noir », ses ennemis l'appelaient) rayonne dans mon souvenir
comme le plus merveilleux.

Sa première action fut d'achever la distribution (commencée,
annonça-t-il, parmi les plantons qui l'avaient escorté en haut)
de deux poches pleines de pastilles à la menthe. Il les passait
à droite et à gauche, jusqu'à la dernière, disant avec indifférence, « J'en veux pas, moi. »

Après La Soupe, qui eut lieu quelques instants après l'arrivée du noir, je descendis avec B. et la plupart des prisonniers
pour la promenade de l'après-midi. Le Cuisinier nous remarqua
tout de suite, et nous envoya attraper l'eau; ce que nous fîmes,
trois barriques entières, gagnant ainsi notre café sucré habituel.
Quittant la cuisine après ce repas délicieux (qui, comme d'habitude, mitigeait quelque peu les effets des immondices qui constituaient notre ordinaire officiel) nous passâmes dans la cour. Et
remarquâmes tout de suite une forme bien faite, se tenant visiblement seule, plongée avec une attention extravagante dans les
pages d'un numéro du *Daily Mail* de Londres, qu'elle tenait
à l'envers. Le lecteur en cueillait des faits divers d'un caractère
hautement sensationnel, s'exclamant de temps en temps: « C'est
pas vrai ! V'là, le roi d'Angleterre est malade. Quelque chose !
— Comment? La reine aussi? Bon Dieu ! Qu'est-ce que c'est?
— Mon père est mort ! Merde ! — Eh b'en ! La guerre est
finie. Bon. » — Jean-le-Nègre passait le temps à jouer un petit
jeu avec lui-même.

En remontant à l'Enorme Chambrée, deux ou trois des hommes voulurent parler en français avec ce personnage d'exception;

sur quoi il prit un air très supérieur et annonça: « J'suis anglais, moi. Parlez anglais. Comprends pas français, moi. » Sur ce, une foule l'amena vers B. et moi, dans l'espérance de grands exploits linguistiques. Jean nous regarda, l'air critique, et dit: « Vous parlez anglais? Moi parler anglais. — Nous sommes Américains, nous parlons anglais, répondis-je. — Moi anglais, dit Jean. Mon père, capitaine de gendarmerie, Londres. Comprends pas français, moi. *Spi-quinne-glice* — » il s'écroula de rire.

Devant cette exhibition d'anglophonie, les Hollandais qui parlaient la langue s'esclaffèrent. « Le fils de putain est fou » dit l'un d'eux.

Et à partir de ce moment-là, B. et moi, on s'entendit à merveille avec Jean.

Son esprit était celui d'un enfant. Son utilisation du langage consistait tantôt en une fabulation exaltée, tantôt en un pittoresque pur. Surtout il courtisait le bruit des mots, sans grand égard pour leur sens. Il nous dit tout de suite, en petit-blanc, qu'il était né sans mère parce que sa mère était morte en le mettant au monde, que son père avait (d'abord) seize (ensuite) soixante ans, que son père gagnait cinq cents francs par jour (plus tard, par an), qu'il était né à Londres mais non pas en Angleterre, qu'il faisait partie de l'armée française et qu'il n'avait jamais fait le militaire.

Pourtant, à l'une de ses déclarations il ne renonça jamais: « Les Français sont des cochons » — avis que nous partagions sans réserves, et qui lui gagna aussi l'approbation des Hollandais.

Le lendemain j'eus fort à faire à servir d'interprète au « noir qui comprend pas le français ». On me fit venir de la cour afin d'éclaircir un grief majeur que Jean n'avait pas pu exposer à Monsieur-le-Gestionnaire. Remontant avec un planton, je trouvai Jean hors de lui; sans paroles; les yeux lui sortant de la tête. D'après ce que j'ai pu comprendre, Jean avait eu soixante francs sur lui en arrivant, et les avait donnés à un planton pour être déposés en son nom chez le Gestionnaire (Jean ne savait pas écrire). Quand j'eus exposé la version de Jean, le planton en question, qui faisait l'innocent d'une façon remarquable, nia l'accusation, tandis que le Gestionnaire soufflait et marmonnait, se défendant de rien en savoir et protestant fort que c'était la première fois qu'il entendait parler de ces soixante francs. Avec son gros doigt porcin il indiqua le livre où, dit-il, étaient consignées toutes ses transactions financières, du commencement des temps jusqu'à l'actuel an, mois, jour, heure et minute (ou quelque chose d'approchant). « Mais c'est pas là » répétait-il stupidement. Monsieur-le-Surveillant poussait des euh-ah à tout casser et cherchait en français à calmer Jean. Moi-même, je craignais un peu pour son équilibre mental, et j'étais outré par le comportement du planton. A la fin on renvoya celui-ci à ses affaires et Jean à la cour, où je l'accompagnai. Mes efforts pour le réconforter restèrent entièrement sans effet. Comme un enfant injustement puni, il était inconsolable. De grosses larmes jaillissaient de ses yeux. Il répétait à n'en plus finir: « *Si-sti franc*. Planton voleur » et — exactement comme l'enfant qui, dans son angoisse, se donne le nom que des adultes lui ont conféré — «vole Jean *monnie*». En vain je traitai le planton de menteur, voleur, fils de putain et diverses autres appellations. Jean était trop conscient du tort qu'on lui faisait pour s'intéresser à ma dénonciation de celui qui n'était que l'agent de cette iniquité.

Mais vingt-quatre heures plus tard — toujours comme l'enfant inconsolable qui pleure toutes les larmes de son corps sans se laisser réconforter et qui se réveille le lendemain matin sans aucune trace apparente de la douleur récente — Jean-le-Nègre avait complètement retrouvé son allégresse. Les *si-sti franc* étaient partis. Une injustice avait été, en l'occurrence, perpétrée. Mais tout cela, c'était hier. Aujourd'hui —

Et il se promena de long en large, plaisantant, riant, chantant:

Après la guerre finie...

Dans la cour, Jean était le point de mire de toutes les femmes. On lui agitait des mouchoirs; les phrases les plus passionnées saluaient chacune de ses entrées. A ces manifestations il n'était aucunement indifférent; au contraire, Jean était irrévocablement vain. Il se targuait d'avoir toujours eu un énorme succès auprès des filles et de n'avoir jamais dédaigné leur admiration. A Paris un jour — (et c'est ainsi que nous sûmes pourquoi le Gouvernement Français l'avait arrêté) —

Un après-midi qu'il n'avait rien à faire et qu'il était plein aux as (grâce à son adresse de voleur, métier dont il se glorifiait, ajoutant aux sommes qu'il se vantait d'avoir raflées autant

de zéros que sa fantaisie lui dictait), ses yeux tombèrent sur une
vitrine où étaient exposés tous les accessoires possibles pour le
militaire. La vanité était enracinée profondément dans l'âme
de Jean. Un uniforme de capitaine anglais attira son regard.
Sans hésiter un instant il pénétra dans le magasin, s'offrit l'uniforme tout entier, sans oublier les jambières de cuir et le cein-
turon (dont il était tout spécialement fier), et s'en alla. Le
magasin d'à-côté vendait des décorations de toutes sortes. Sachant qu'à un uniforme sans médailles il manquera toujours
quelque chose, il entra dans ce magasin et les acheta toutes,
sans oublier la croix coloniale, ni surtout la croix de l'ordre
de Léopold dont les dimensions et la couleur lui plurent particulièrement. De là, il remonta dans sa chambre; épingla les décorations à la poitrine de sa tunique; se mit en uniforme; et
sortit à la conquête de Paris.

Partout le triomphe. Des femmes de toutes les conditions,
de la putain à la princesse, le poursuivirent frénétiquement. Les
policiers lui firent de grands saluts. Son bras était fatigué à
force de rendre des saluts. Ses médailles le servirent tant et si
bien qu'une fois qu'il avait défoncé la tête d'un frère d'armes
anglais (n'étant que lieutenant, celui-ci était mal venu de protester quand Jean lui vola les affections de sa compagne de la
soirée) et qu'un gendarme s'était permis de l'arrêter, le commis-
saire devant lequel on porta le galant capitaine refusa ne serait-ce
que d'entendre les témoins, et renvoya l'accusé en se confondant
en excuses. « Monsieur, le gouvernement français vous présente,
par ma voix, l'expression de son regret le plus sincère pour
l'injure faite à votre honorabilité. » — « Ce sont des cochons,
les Français » dit Jean, tout son corps secoué d'un grand rire.

Ayant vu les dames les mieux nées de la capitale roucouler
sur sa poitrine héroïque; ayant assommé — avec le plein appui
de la loi — tous ceux de grade inférieur qui se mettaient en
travers de son chemin ou qui refusaient de le saluer; s'étant
« bien amusé » à saluer des généraux sur les grands boulevards
et à être salué à son tour (« tous les généraux, tous, me saluent,
Jean avoir plus médailles »), et tout cela pendant trois mois
environ, Jean commença à en avoir assez (« moi très ennuyé »).
Un accès de fureur (« moi très fâché ») attribuable à cet état
d'ennui aboutit à une bagarre avec des agents, à la suite de
laquelle (Jean, bien que seul contre trois, ayant failli tuer l'un

de ses assaillants) notre héros se vit arrêter de nouveau. Cette fois les autorités compétentes allèrent jusqu'à demander à l'héroïque capitaine à quelle branche de l'armée anglaise il était actuellement affecté ; à quoi Jean répliqua d'abord « Parle pas français, moi » annonçant immédiatement après qu'il était ministre de la marine, qu'il avait effectué des vols à Paris pour un montant total de « *sisse mille-yon franc* », qu'il était le fils du Lord-Maire de Londres par la reine, qu'il avait perdu une jambe en Algérie, et que les Français étaient des cochons. Ces assertions ayant été infirmées, on avait envoyé Jean à La Ferté pour observation psychiatrique et détention, sous l'inculpation formelle de port illégal de l'uniforme britannique.

A La Ferté, la fille qu'il préférait était « LOU-lou ». Avec Lulu c'était comme avec les princesses à Paris — « moi non travailler, ja-MAIS. Les femmes elles travaillent, donner Jean monnie, *sisse, sisti, sisse*-cent franc. Jamais travailler, moi. » Lulu lui fit passer de l'argent, et la femme qui dormait à côté d'elle mit un certain temps à s'apercevoir de sa perte. Lulu lui envoya aussi une pochette en dentelle, que Jean serrait et portait aux lèvres avec un sourire de béatitude parfaite. L'affaire Lulu tenait Mexique et Pete-le-Hollandais furieusement occupés à transcrire des lettres, que Jean dictait, en roulant les yeux et se grattant la tête à la recherche des mots.

A cette époque, Jean était énormément heureux. Il faisait continuellement des farces à l'un ou l'autre des Hollandais, ou à Mexique, ou au Fils du vent, et en fait à tous ses amis préférés. Aux intervalles entre ces manifestations irrésistibles (qui maintenaient tout le monde dans un état de rire perpétuel), il se baladait dans la Chambrée crasseuse, les mains dans les poches de sa blouse élégante, chantant à tue-tête sa version particulière de la fameuse chanson des chansons :

> « *Après la guerre finie,*
> *soldat anglais parti,*
> *mademoiselle que je laisser en France*
> *avec des* pickaninny. PLENTY ! »

et riant jusqu'à ce qu'il soit obligé de s'appuyer au mur pour ne pas tomber.

B. et Mexique se fabriquèrent un jeu de dominos. Jean n'avait aucune idée du jeu, mais lorsque nous nous réunissions pour une partie tous les trois, on le découvrait toujours, penché sur nos épaules, totalement absorbé, offrant de temps en temps une suggestion, pouffant de rire lorsque quelqu'un faisait une quinte.

Un certain après-midi, dans l'intervalle entre La Soupe et la promenade, Jean se sentait de très bonne humeur. J'étais couché sur mon lit pliant quand il vint de notre côté de la Chambrée et se mit à se faire valoir, exactement comme un enfant. Cette fois-ci, il jouait à l'armée française. « Jamais soldat, moi. Connais toute l'armée française. » Jean-le-Baigneur, allongé confortablement sur sa paillasse près de moi, poussa un grognement. « Toute » répéta Jean. — Et il se tint devant nous; droit comme un bâton, imitant un lieutenant français devant une compagnie imaginaire. D'abord il était le lieutenant qui donnait des ordres, puis l'armée qui les exécutait. C'était d'abord le maniement des armes: « Com-pa-gnie... » Puis, tandis qu'il exécutait l'exercice avec un fusil imaginaire: « Htt, htt, htt. » Ensuite l'officier qui félicite ses hommes: « Bon. Très bon. Très bien fait » — riant (la tête rejetée en arrière et les dents éclatantes) de sa propre réussite. Jean-le-Baigneur était si énormément amusé qu'il renonça à dormir afin de regarder. L'armée attira une foule d'admirateurs de tous les côtés, et le jeu se poursuivit pendant au moins trois quarts d'heure...

Un autre jour, Jean, contrarié du temps qu'il faisait et ayant ingurgité une quantité impressionnante de soupe, se mit à hurler de tous ses poumons: « MERDE à la France » et à rire à belles dents. Bien que personne n'y fît la moindre attention, il continua ainsi, heureux de ce nouveau jeu solitaire, pendant un quart d'heure. Puis le Youpin-à-l'imper-cintré (ce modèle réduit qui portait des vêtements ajustés comme une femme, et des chaussures voyantes), maquereau de son métier, grand comme la moitié et fort comme le dixième de Jean, s'approcha de lui, qui se trouvait maintenant près de mon lit, et, poussant sa figure blafarde aussi près de celle de Jean que le permettait son cou, dit sur un ton solennel: « Il ne faut pas dire ça. » Jean, étonné, contempla pendant un instant l'importun, puis demanda, « Qui dit ça? Moi? Jean? Jamais, ja-MAIS. MERDE à la France ! » et n'en démordait pas, se sentant fort de l'appui moral de tous sauf le Youpin qui, disposé à suivre le bon parti jusqu'au feu, mais exclusivement, se retira en marmonnant des

menaces obscures, laissant Jean maître de la situation. Celui-ci,
du coup, cria plus fort que jamais, à l'intention toute particulière
du Youpin: « MEEE-RRR-DE à la France ! »

Peu d'heures après la bataille épique des tuyaux de poêle
entre le Jeune Polonais et Bill-le-Hollandais, le poêle démoli
(qui attendait patiemment sa reconstitution) fournit à Jean ce
qui fut peut-être son inspiration la plus brillante. Le dernier
tronçon du tuyau (destiné à amener la fumée jusqu'à l'extérieur par un trou ménagé dans le mur) était resté en place tout
seul, avançant dans la pièce d'environ deux mètres, à une hauteur de deux mètres et demi au-dessus du sol. Jean s'en aperçut;
se saisit d'une chaise; grimpa dessus; et en appliquant d'abord
son oreille, puis sa bouche, au bout du tuyau, il se créa un
téléphone, à l'aide duquel il mena une conversation imaginaire
avec le Fils du vent (en visite avec sa famille à l'étage en-dessous)
comme suit:

Jean, parlant dans le tuyau sur un ton irrité, de toute évidence mécontent de la mauvaise communication: « Allô, allô,
allô, al-ll-lô ! » Regardant, consterné, le tuyau: « Merde, ça marche
pas ! » Essayant de nouveau, avec un froncement des sourcils:
« AL-LO ! » Enormément agité: « ALLL-LLL-OOO ! » Un sourire béat remplace le froncement: « Allô, Barbu. Est-ce que tu
es là? Qui? Bon ! » Faisant montre d'un plaisir infini d'avoir
réussi à établir la liaison de façon satisfaisante: « Barbu? Tu
m'écoutes? Qui? Qu'est-ce que c'est, Barbu? Comment? Moi?
Qui, MOI? JEAN? Ja-MAIS ! Jamais, ja-MAIS, Barbu. J'ai
jamais dit que tu avais des puces. C'était pas moi, tu sais.
Ja-MAIS, c'était quelqu'un d'autre. Peut-être que c'était Mexique.
(Se tournant vers celui-ci et pouffant de rire:) Allô, AL-LO.
Barbu? Tu sais, Barbu, j'ai jamais dit ça. Au contraire, Barbu.
J'ai dit que tu avais des totos. (Un autre éclat de rire.) Com-
ment? C'est pas vrai? Bon. Alors, qu'est-ce que tu as, Barbu?
Des poux — OHHHHHHHHH. Je comprends. Tant mieux.
(Secoué d'un grand rire, puis soudain terriblement grave:)
Allôallôallôallô AL-LL-LO ! (S'adressant au tuyau:) C'est un
mauvais appareil, ça. (Articulant très clairement:) AL-LL-LO.
Barbu? Liberté, Barbu. Oui. Comment? C'est ça. Liberté pour
tou'l'monde. Après La Soupe ! » — plaisanterie qui suscita une
réaction surprenante de la part d'un vieillard connu sous le nom
du Nègre-antillais (une créature trapue, crédule, que Jean ne

pouvait pas voir, et dont en effet les histoires de Brooklyn ne pouvait pas concurrencer les histoires d'amour de Jean), qui sauta, rhumatisant, de sa paillasse au mot: « Liberté » et se précipita de tous les côtés en boitant, et demandant à tout le monde: « C'est vrai? » — ce qui amusait énormément et affreusement l'Enorme Chambrée en général.

Après quoi, Jean, épuisé de rire, descendit de sa chaise et se coucha pour lire une lettre de Lulu (incapable qu'il était de lire un mot). Un peu plus tard il se précipita vers mon lit, excité au possible, le blanc des yeux luisant, les dents découvertes, les cheveux crépus dressés, et s'écria:

« *You fuck me, me fuck you?* Pas bon. *You fuck you, me fuck me:* BON. *Me fuck me, you fuck you!* » et partit en gambadant et hurlant de rire, dansant avec une grâce et une agilité infinies, et avec une partenaire imaginaire, tout le long de la Chambrée.

Et il avait un autre jeu — un pur jeu d'enfant: le jeu des noms. Il s'amusait pendant des heures d'affilée à se coucher sur sa paillasse, à pencher la tête en arrière, à tourner les yeux vers le haut, et à crier d'une voix haute et plaintive: « JAAAniiiiiie. » Après deux ou trois répétitions de son nom en anglais, il demandait brusquement: « Qui m'appelle? Mexique? Est-ce que tu m'appelles, Mexique? » et s'il arrivait que Mexique dormait, Jean se jetait sur lui, en lui criant à l'oreille et le secouant d'importance: « C'est toi qui m'appelles, toi? » Ou c'était Barbu, ou Pete-le-Hollandais, ou B., ou moi, à qui il faisait sévèrement la demande — à laquelle succédaient invariablement des tempêtes de rires de sa part. Il ne se trouvait parfaitement heureux qu'en exerçant son imagination inépuisable…

De toutes les personnalités extraordinaires de Jean, la personnalité morale était à la fois la plus rare et la moins raisonnable. En ce qui concernait les femmes, son pire ennemi ne pouvait guère l'accuser de puritanisme. Et pourtant, le côté puritain émergea un jour, au cours d'une discussion de plusieurs heures. Comme dans le cas de la nature porcine des Français, Jean fut dogmatique. Sa thèse était tout à fait simple: « La femme qui fume n'est pas une femme. » Il la soutenait chaudement contre les assauts de tous les pays représentés: en vain Belge et Hollandais, Russe et Polonais, Espagnol et Alsacien attaquaient et contre-attaquaient — Jean était inébranlable. Une femme pou-

vait faire n'importe quoi, sauf fumer — si elle fumait elle cessait automatiquement d'être une femme et devenait une chose
innommable. Etant donné que pendant tout ce temps Jean était
assis d'abord sur mon lit, puis sur celui de B., et qu'il se jetait
d'un lit à l'autre de plus en plus fréquemment à mesure que la
discussion s'échauffait, nous ressentîmes quelque soulagement
quand le cri du planton: « A la promenade, les hommes ! » vint
disperser les combattants et que Jean (qui avait plus d'une fois
failli en venir aux mains avec tous ses opposants à la fois)
courut en riant à la porte, ayant déjà tout oublié.

Maintenant nous arrivons à l'histoire de la perte de Jean,
et puissent les dieux qui l'ont créé me donner la force de la
raconter telle qu'elle se passa.

Tout commença avec Lulu. Un après-midi, peu de temps
après le coup du téléphone, il était clair à tous que Jean avait
la mort dans l'âme. Rien ne l'amenait à quitter sa paillasse ni
à prononcer une parole. Tout le monde en savait la cause:
Lulu était partie ce matin-là à destination d'un autre camp. Le
planton dit à Jean de descendre à La Soupe avec les autres.
Pas de réponse. Etait-il malade? « Oui, moi malade. » Et ob-
stinément il refusait de manger, jusqu'à ce que le planton, épuisé,
abandonnât la lutte et le renfermât seul dans l'Enorme Chambrée. En remontant après La Soupe nous le retrouvâmes tel
que nous l'avions laissé, allongé sur sa paillasse, de grosses
larmes aux joues. Je lui demandai s'il ne voulait rien; il secoua
la tête. On lui offrit des cigarettes — non, il ne voulait pas
fumer. En nous éloignant, nous l'entendîmes qui gémissait en
lui-même: « *Jâ-nie no see Lou-lou no more.* »

En dehors de nous deux, les habitants de La Ferté-Macé
prirent la détresse de Jean à la grosse rigolade. Des cris de
« Lulu ! » éclatèrent de tous les côtés. Jean les supporta pendant
une heure; puis il se mit debout, furieux; et demanda à l'homme
qui avait lancé le cri en dernier: « *Fi-niche Lou-lou?* » L'homme
le renvoya tranquillement à l'homme à côté; celui-ci à un autre;
et, à la recherche du coupable, Jean parcourait la Chambrée
à grandes enjambées, poursuivi par des cris toujours plus forts
de « Lulu ! » et « Jâ-nie ! » dont les auteurs, aussitôt mis en
cause, niaient toute responsabilité et invitaient Jean à regarder
de plus près la prochaine fois. Enfin il regagna sa paillasse,
excédé et misérable. Les autres hommes descendirent comme

d'habitude à la promenade; pas Jean. Il ne soupa pas. Ce soir-là aucun cri ne provint de sa paillasse.

Le lendemain matin il s'éveilla avec un grand sourire et répondit aux salutations de « Lulu ! » avec un rire éclatant, disant: « *Fi-niche Lou-lou.* » Sur quoi ses bourreaux, ne trouvant plus en lui une victime, renoncèrent; et la vie reprit son cours normal. Si parfois un « Lulu ! » se fit entendre, Jean se contenta d'en rire, répétant avec un geste du bras: « *FI-NICHE* ! » Et il semblait que Lulu était bel et bien finie.

Mais un jour j'étais resté en haut pendant la promenade, parce que je voulais écrire et qu'il faisait encore plus mauvais que d'habitude. D'ordinaire, quelle que fût la profondeur de la boue dans la cour, Jean et moi en faisions le tour au trot, nous reposant de temps à autre sous la buanderie, à l'abri du crachin, parlant de tout et de rien. Je me rappelle une fois où nous étions les seuls à relever le défi de la pluie et de la ga-doue — Jean dans des plantoufles aux semelles fines comme du papier (qu'il avait récemment réussi à tirer du Gestionnaire), moi dans mes énormes sabots — courant çà et là sous une pluie qui tombait à seaux, lui très fier. Ce jour-là, pourtant, je refusai ce défi.

Les promeneurs avaient été exceptionnellement bruyants, à ce qu'il me semblait. Maintenant ils remontaient à la Chambrée dans un boucan vraiment imposant. La porte n'était pas plus tôt ouverte qu'une demi-douzaine d'amis surexcités accoururent pour me raconter, tous à la fois, l'acte stupéfiant que mon ami le noir venait d'accomplir. Il paraît que le Youpin-à-l'imper-cintré avait tiré sur la pochette de Lulu, que Jean arborait toujours; que Jean avait pris la tête du Youpin entre ses mains, l'avait tenue ferme, avait baissé sa propre tête et avait envoyé au Youpin, réduit à l'impuissance, un violent coup de boule. Sous le choc, le nez du Youpin s'était déplacé jusqu'au voisi-nage de son oreille droite. B., tout en confirmant cette version des faits, ajouta que le nez du Youpin était cassé et que tout le monde en voulait à Jean pour son comportement incorrect. Je trouvai Jean encore sous le coup de la fureur, et ulcéré en plus du fait que tout le monde le boycottait. Je lui dis que pour ma part j'étais très content de ce qu'il avait fait; mais rien ne le consola. Là-dessus le Youpin fit son entrée, terrible à voir, Monsieur Richard l'ayant rafistolé à l'aide d'une copieuse

application de sparadrap. Son nez n'était pas cassé, dit-il épaissement, seulement gauchi. Il fit entendre d'une façon obscure que
des ennuis attendaient le noir; et recueillit la sympathie de tous
sauf Mexique, le Zoulou, B. et moi. Le Zoulou, il me souvient,
indiqua son propre nez (qui n'était pas insignifiant), puis Jean;
puis il fit une grimace de douleur atroce; et nous donna un
clin d'œil gigantesque.

Mais Jean était brisé. Sa condamnation presque unanime
avait convaincu son âme minutieusement sensible qu'il avait mal
agi. Il gisait silencieux sur sa paillasse, sans vouloir rien dire à
personne.

Un peu après La Soupe, vers huit heures, le Youpin Bagarreur et l'Imper-cintré se jetèrent sur Jean-le-Nègre à propos de
rien, et se mirent à le bourrer cruellement de coups. Plein de
remords, le pilier de muscle splendide — qui aurait facilement
tué ses deux assaillants d'un seul coup — non seulement s'ab-
stint de rendre violence pour violence, mais refusa même de se
défendre. Sans résister, grimaçant de douleur, les bras levés automatiquement et la tête baissée, il se laissa bousculer sous des
coups affreux jusqu'à la fenêtre près de son lit, puis jusque dans
le coin (renversant le tabouret dans le pissoir), puis le long du
mur jusqu'à la porte. Tandis que la violence augmentait, il
criait comme un enfant: « Laissez-moi tranquille, laissez-moi
tranquille ! » et un ton de folie vint rapidement dominer sa
voix. Enfin, hurlant de douleur, il se précipita à la fenêtre la
plus proche et, les deux Youpins cognant toujours, cria au secours vers le planton dans la cour.

La consternation et les applaudissements sans pareils auxquels cette bataille inégale donnait lieu avaient depuis longtemps
ému les autorités constituées. Je m'empressais encore de faire
une brèche dans la haie de cinq rangs de spectateurs (parmi
lesquels le Télégraphiste, qui me conseilla de laisser tomber et
reçut un bon conseil en retour), quand la porte s'ouvrit avec
un tintamarre énorme, et quatre plantons entrèrent, revolver au
poing, l'air terrorisés; puis parut Monsieur-le-Surveillant, portant
une espèce de bâton et criant faiblement: « Qu'est-ce que c'est? »

Au premier bruit de la porte les deux Youpins s'étaient
éclipsés, et maintenant ils jouaient le rôle de spectateurs innocents. Jean occupait la scène seul, bouche ouverte, yeux énormes,
haletant à fendre l'âme, tenant toujours les bras levés comme

s'il voyait partout devant lui de nouveaux ennemis. Du sang tachait le merveilleux tapis chocolat de sa peau, et tout son corps luisait de sueur. Sa chemise était réduite en rubans sur sa belle musculature.

Sept ou huit hommes à la fois se mirent à expliquer la bagarre à Monsieur-le-Surveillant qui, n'y comprenant rien, demanda donc sa version à un homme plus âgé et digne de confiance. Tous les deux se retirèrent. Les plantons, trouvant le loup attendu métamorphosé en agneau, agitaient leurs revolvers autour de Jean et le menaçaient, dans la langue insignifiante et vile que les plantons emploient vis-à-vis de toute personne qu'ils peuvent malmener. « Laissez-moi tranquille. Ils voulaient me tuer » répétait Jean sourdement, sa poitrine terriblement secouée de profonds sanglots.

Monsieur-le-Surveillant rentra et fit un discours, disant qu'il avait recueilli les témoignages indépendants de quatre témoins, que d'après tout le monde le nègre était fautif, que le nègre avait dérangé impardonnablement les autorités et ses codétenus par sa conduite totalement injustifiée, et qu'à titre de châtiment le nègre allait maintenant expier sa faute au cabinot. — Jean avait laissé tomber ses bras. Sa figure se tordait d'angoisse. Il fit un geste d'enfant, un mouvement piteux, désespéré, de ses mains fines. Sanglotant, il protesta: « C'est pas ma faute, Monsieur le Surveillant ! Ils m'attaquaient: J'ai rien fait ! Ils voulaient me tuer ! Demandez à lui ! » Il m'indiqua avec une désespérance totale. Mais avant que je puisse dire un mot le Surveillant, de la main, commanda le silence: le nègre était coupable. Qu'on l'amène au cabinot.

Comme un éclair, avec un horrible sanglot déchirant, Jean rompit le cercle des plantons qui l'entourait et se précipita vers la blouse sur son lit, criant: « AHHHHH, mon couteau ! — Attention, il va se tuer ! » s'écria quelqu'un; et les quatre plantons l'attrapèrent par les deux bras, juste au moment où il se saisissait de la blouse. Déçu dans cet espoir et brûlant de l'ignominie de sa situation, Jean jeta ses yeux énormes sur le pilier le plus proche, criant, hors de lui: « Tout le monde me fout au cabinot parce que je suis noir. » En un instant, d'un seul mouvement des bras, il envoya bouler les plantons à trois mètres de là; sauta vers le pilier; le saisit des deux mains comme un Samson, et (contemplant sa longueur avec un sourire de

béatitude parfaite) s'y cogna la tête. Une fois, deux, trois, il se
cogna, avant que les plantons puissent le rattraper — et soudain toute sa force l'abandonna; se laissant maîtriser, il se tint
tranquille, la tête basse, les larmes sourdant des yeux — tandis
que le plus petit planton le visait, héroïquement, droit au cœur.
Monsieur-le-Surveillant n'en avait pas demandé tant. Maintenant que la puissance de Jean s'était effondrée, le Croix-de-
Guerre s'avança et d'une voix douce, apaisante, chercha à calmer
la victime de son injustice. Mais là, c'était plus que je ne pouvais supporter, et, écartant violemment les spectateurs, je me
poussai sous le nez de Sa Magnificence. « Savez-vous, demandai-je, ce que c'est que cet homme? Un enfant. Il y en a plein
de Jean, dans mon pays. Vous avez entendu ce qu'il a dit? Il est
noir, n'est-ce pas, et il n'a rien à espérer de votre justice. Vous
l'avez entendu. J'ai tout vu. On l'a attaqué, il ne s'est pas dé-
fendu, il s'est fait rosser par deux lâches. Il n'a pas plus tort
que moi. » — Monsieur-le-Surveillant, agitant sa baguette ma-
gique, roucoula: « Je comprends, je comprends, c'est malheureux.
— *You're god damn right it's* malheureux, dis-je, oubliant mon
français. — Tout de même, il a résisté à l'autorité, poursuivit
Monsieur-le-Surveillant doucement. Maintenant, Jean, tais-toi,
on va te porter au cabinot. Laisse-toi faire comme un brave
garçon. »

A entendre cela, les yeux me sortaient de la tête. Tout ce
que je pus trouver à dire fut: « Attendez un petit moment. »
Gagner mon lit ne demanda qu'une seconde. Une seconde de
plus et je fus de retour, portant ma grosse pelisse sacrée. Je
m'approchai de Jean. « Jean, je dis avec un sourire, tu vas au
cabinot, mais tu vas revenir tout de suite. Je sais bien que tu
as parfaitement raison. Mets ça — et je l'entourai doucement
de mon manteau. Voici mes cigarettes, Jean; fume autant que
tu veux. » Je sortis tout ce que j'avais, un paquet jaune de
Maryland et une demi-douzaine de cigarettes en vrac, et les
déposai avec soin dans la poche droite de la pelisse. Puis je
lui donnai une tape sur l'épaule et le salut immortel: « Bonne
chance, vieux ! »

Il se redressa fièrement. Comme un roi il passa la porte,
suivi des plantons émerveillés et du Surveillant gêné, qui ferma
la porte sur lui, me laissant au cœur d'une nuée de témoins
enragés.

Une heure plus tard, la porte s'ouvrit, Jean entra tranquillement et la porte se referma. Couché sur mon lit, je le voyais parfaitement. Il était presque nu. Il posa ma pelisse sur son lit, s'approcha calmement d'une paillasse voisine, en sortit adroitement et avec assurance une brosse, retourna à son lit sur la pointe des pieds, s'y assit et se mit à brosser ma pelisse. Il brossa pendant une bonne demi-heure, n'adressant la parole à personne, et sans que personne la lui adressât. Enfin il remit la brosse à sa place, drapa la pelisse avec soin sur son bras, vint jusqu'à mon lit et avec tout autant de soin l'y déposa. Puis il retira de la poche droite un paquet jaune entier et six cigarettes en vrac, me les fit voir et les remit en place. « Merci » fut tout ce qu'il dit. B. le fit asseoir sur son lit, et nous bavardâmes pendant quelques instants, évitant le sujet de la lutte récente. Puis Jean revint à sa paillasse et s'y coucha.

Ce fut seulement plus tard que nous eûmes le fin mot de l'histoire — seulement quand le petit Belge-au-bras-cassé vint en courant jusqu'à notre extrémité de la Chambrée et s'assit avec nous. Surexcité, il agitait son bras valide et remuait son moignon, incapable de parler. Enfin les paroles vinrent:

« Monsieur Jean (maintenant que j'y pense, on a dû lui dire qu'en Amérique on donne à leur naissance le nom Jean à tous les enfants mâles) j'ai vu QUELQUE CHOSE ! Le nègre, vous savez, il est FORT ! Monsieur Jean, c'est un GEANT, croyez-moi ! Croyez-moi, c'est pas un homme, sais-tu ? Je l'ai vu, moi » — et il indiqua ses yeux.

Nous dressâmes l'oreille.

Le Balayeur bourra sa pipe nerveusement avec son pouce minuscule, disant: « Vous avez vu la bagarre ici ? Moi aussi. Tout. Le noir avait raison. Eh bien, quand on l'a descendu en bas, je m'y suis faufilé — je suis le balayeur, savez-vous ? et le balayeur peut passer là où les autres ne passent pas. »

Je lui donnai une allumette, et il me remercia. Il la frotta contre son pantalon avec un geste vif et pompeux, tira profondément sur sa pipe, qui sifflait, et enfin dirigea en l'air un petit nuage de fumée; puis un autre; et un autre. Satisfait, il poursuivit son histoire, sa main valide serrant la pipe entre l'index et le médius et reposant sur un petit genou, les jambes croisées, le petit corps voûté en avant, la minuscule figure mal rasée près de la mienne — poursuivit sur le ton de confidence que l'on prend lorsqu'on narre un miracle incroyable à des amis intimes:

« Monsieur Jean, j'ai suivi. Ils l'ont fait arriver jusqu'au cabinot. La porte était ouverte. Juste à ce moment-là, les femmes descendaient, pour la corvée d'eau, vous savez. Ils les a vues, le noir. L'une criait de l'escalier: « Est-ce qu'un Fran-« çais est plus fort que toi, Jean? » Les plantons l'entouraient, le Surveillant était en arrière. Il a pris le planton le plus près, l'a jeté tout le long du couloir contre la porte au bout. Il a ra-massé deux autres, un sous chaque bras, et il les a foutus en l'air. Ils sont allés tomber sur le premier. Le dernier a essayé de l'attraper, alors Jean, il l'a pris par le cou (le Balayeur se saisit le cou pour nous faire voir le geste) et ce planton, il l'a fait tomber sur les trois autres, qui cherchaient à se relever. Vous auriez dû voir le Surveillant. Il avait fiché le camp, et il disait, « Attrapez-le, attrapez-le! » Les plantons se sont jetés sur Jean, tous les quatre à la fois. Il les harponnait comme ils venaient, et il les envoyait dinguer les uns après les autres. Il y en a un qui a fait tomber le Surveillant. Les femmes, elles criaient: « Vive Jean », et elles applaudissaient. Le Surveillant criait aux plantons d'attraper Jean, mais ils n'ont plus voulu l'approcher, ils ont dit que c'était un diable noir. Les femmes se foutaient d'eux. Ils étaient fous. Et ils pouvaient rien faire. Jean, il riait. Il n'avait presque plus de chemise. Il leur a demandé, aux plantons, de venir le prendre. « Si vous plaît. » Le Surveillant aussi. « Si vous « plaît. » Les femmes, elles avaient posé leurs seaux et elles dan-saient sur les deux pieds et elles criaient comme tout. Alors Monsieur-le-Directeur, il est descendu et il les a fait déguerpir. Le Surveillant et ses plantons, ils ne pouvaient rien faire, c'était comme s'ils étaient des enfants. Monsieur Jean: quelque chose! »

Je lui donnai une autre allumette. « Merci, Monsieur Jean. » Il la frotta, ralluma sa pipe, la baissa, et poursuivit:

« Ils ne savaient rien faire, et c'étaient des hommes. Moi, je suis petit. J'ai qu'un seul bras, sais-tu. Je suis allé jusqu'à Jean, et j'ai dit: « Jean, tu me connais, je suis ton ami. » Il a dit: « Oui. » J'ai dit aux plantons: « Donnez-moi cette corde. » Ils m'ont donné la corde qu'ils auraient voulu lui mettre. Il m'a tendu les poignets. Je lui ai attaché les mains derrière le dos. Il était comme un agneau. Les plantons sont venus en courant lui lier les pieds. Ensuite ils lui ont lié les mains aux

pieds. Ils lui ont pris les lacets des chaussures de peur qu'il
s'en serve pour s'étrangler. Ils l'ont mis debout dans un angle
du cabinot, pendant une heure. Il était censé y rester toute la
nuit, mais le Surveillant s'est rendu compte qu'il y serait mort,
parce qu'il était presque nu, et vous savez, Monsieur Jean, il y
faisait froid, sais-tu. Et humide. Au matin un homme tout
habillé y serait mort. Et lui, il était nu... Monsieur Jean —
un géant ! »

Ce même petit Belge avait souvent protesté qu'« il est fou,
le noir. Il veut toujours jouer quand les hommes raisonnables
cherchent à dormir. » Ces dernières heures avaient métamorphosé le fou en géant, avaient amené le petit Sicambre à adorer
ce qu'il avait brûlé. Et à partir de ce jour-là, le Bonhomme-
au-bras-cassé n'allait plus renier son nouveau dieu. Si, dans
l'exécution de ses fonctions de balayeur, il arrivait à mettre la
main sur un morceau de pain ou de viande, il le portait, comme
avant, à nos lits, mais on appelait toujours Jean pour partager
ces fruits défendus.

Quant à Jean lui-même, on ne l'aurait guère reconnu.
C'était comme si l'enfant s'était enfui à jamais dans les profondeurs de son âme. Avec le passage des jours, au lieu de chercher à jouer comme avant, il se cloîtra dans sa solitude; ou au
mieux rechercha la compagnie de B. et de moi et du petit
Belge, pour une cigarette ou un bout de causette. Le lendemain
des trois bagarres il ne parut pas dans la cour pour la promenade du matin. En vain les femmes tiraient le cou et se fati-
guaient les yeux à chercher le noir qui était plus fort que six
Français. Et B. et moi, on remarqua notre literie qui s'aérait
sur les rebords des fenêtres. En montant, nous trouvâmes Jean
qui lissait nos couvertures, avec pour la première fois de sa vie
l'air d'avoir commis quelque crime inqualifiable. Mais rien n'avait
disparu. Jean dit: « Moi fixer lits tous les jours. » Et tous les
matins il aérait et faisait nos lits, et en montant de la promenade on le trouvait qui lissait avec amour quelque dernier pli,
oblitérant avec une solennité imposante la trace microscopique
d'un froissement. On lui donnait des cigarettes quand il en demandait (presque jamais) et on lui en offrait quand on savait
qu'il n'en avait plus ou qu'on le voyait en demander à quelqu'un d'autre qu'il estimait moins. Il ne nous demanda jamais
un service. Il nous aimait trop.

Quand B. est parti, Jean était presque aussi désolé que moi. Une quinzaine de jours plus tard, un jour que la neige fondue, grise et sale, cachait le monde noir et crasseux derrière nos fenêtres, et que les gens gardaient leurs lits malodorants, il advint que, sur l'ordre de César Auguste, je descendis avec mes amis particuliers — le Zoulou, Jean, Mexique — et tous les autres misérables de La Ferté, pour subir notre bain bi-hebdomadaire. Je me rappelle avoir fixé stupidement la nudité chocolat de Jean qui déambulait vers le baquet, une texture ondoyante de miracle musculaire. Tout le monde s'était baigné (même le Zoulou qui, voulant se dérober in extremis, avait été repéré par le planton chargé de compter les têtes et de veiller à ce que nul n'échappât à l'épreuve), et tout le monde grelottait dans le vestibule, suppliant qu'on leur permît de remonter et de se remettre au lit — lorsque le Baigneur (c'est-à-dire le successeur énergique de Monsieur Richard) ameuta tout le monde parce qu'il manquait une serviette.

On mande l'Escrimeur. Il arrive; entend l'affaire; et fait un discours. Si le coupable rend sur-le-champ la serviette volée, lui — l'Escrimeur — lui garantit son pardon; sinon, on fouillera tout le monde, et l'homme sur qui on trouve la serviette en aura pour quinze jours de cabinot. Après cette éloquence d'une efficacité nulle, l'Escrimeur exhorte le coupable à être un homme et à rendre à César ce qui est à César. Rien. On nous fait mettre en file devant la porte, et on nous fouille l'un après l'autre; mais nous sommes tellement dévorés par la curiosité qu'aussitôt visités, ceux qui naguère étaient si désireux de retrouver leurs lits — et j'en étais — s'attroupent sur les côtés pour regarder leurs compagnons plutôt que de profiter de la possibilité de remonter. L'un après l'autre on se présente devant l'Escrimeur; on tend les bras; on se fait visiter les poches et fouiller les vêtements; on est exonéré. Lorsque César trouve Jean devant lui, les yeux de César s'éclairent et ses tâtonnages et bourrades, jusqu'ici superficiels, se font méthodiques. Par deux fois il examine le corps tout entier de Jean, tandis que celui-ci, ses bras levés d'un geste indifférent, sa figure totalement inexpressive, souffre avec superbe la visite de sa personne. Une troisième fois, l'Escrimeur désespéré s'y met; ses mains, commençant au cou de Jean, arrivent jusqu'à sa cuisse — et s'arrêtent. Les mains roulent jusqu'au genou la jambe du pantalon.

Elles remontent la jambe du caleçon — et voilà, posée parfaitement à plat contre la peau, la serviette disparue. Tandis que
l'Escrimeur s'en saisit, Jean éclate de rire — le rire total de
jadis — et les spectateurs s'esclaffent. Avec un grand sourire,
l'Escrimeur proclame: « Je savais bien où je la trouverais »
ajoutant, plus content de lui que jamais: « Maintenant, montez
tous à la chambre. »

Nous remontâmes, contents de retrouver nos lits; mais personne ne fut plus content que Jean-le-Nègre. Ce n'était pas que
la menace du cabinot ne s'était pas réalisée — à tout moment
un planton pouvait l'appeler à subir son châtiment, et en fait
tout le monde s'y attendait. C'était que l'incident avait enlevé
à jamais cette contrainte qui (depuis le jour où Jean « le noir »
était devenu Jean « le géant ») avait retenu prisonnier l'enfant
qui était son âme et son destin. Dès cet instant, et jusqu'au
jour où je le quittai, c'était le vieux Jean — plaisantant, men-
tant, riant, toujours jouant — Jean-l'Enfant.

Et je pense à Jean-le-Nègre... tu es matière à songe, Jean;
été et hiver (oiseaux et obscurité) tu déambules dans ma tête;
tu es une chose soudaine, couleur de chocolat; dans tes mains
tu tiens d'habitude six ou huit plantons (que tu es sur le point
de foutre en l'air), et la chair de ton corps est comme la chair
d'un cigare très profond. Que je fume encore et toujours, tranquillement: dont encore et toujours je respire les muscles parfaitement odorants et remarquables. Mais je doute que je t'aurai
jamais terminé, que jamais je te jetterai de mon cœur dans la
sciure de l'oubli. Mon grand gars, mon petit gars, je voudrais
pouvoir te le dire: la guerre est finie.

Oh oui, Jean: je n'oublie pas, je me rappelle Bien; la neige
va venir, de nouveau la neige jettera son ombre très grande et
douce dans l'Enorme Chambrée et dans tes yeux et les miens
qui l'arpentent toujours et merveilleusement...

Mon petit gars, mon grand gars, Nègre aux muscles bala-
deurs — reprends-moi dans ton esprit une fois ou deux avant
que je ne meure (tu sais pourquoi: parce que mes yeux et les
tiens seront un jour remplis de terre). Reprends-moi vite dans
l'enfant brillant de ton esprit, avant que soudain, tous les deux,
nous soyons tout flasques et ridicules (tu sais la sensation que

ça aura). Reprends-moi (précautionneusement; comme si j'étais
un jouet) et joue soigneusement avec moi, une fois ou deux,
avant que toi et moi, nous soyons soudain tout mous et bêtes.
Une fois ou deux avant de disparaître dans les roses et l'ivoire
(une fois ou deux, mon gars, avant que, ensemble, nous descendions merveilleusement dans l'Enorme Terre, riant, gobés par
l'ultime obscurité).

XII

TROIS SAGES

C'est sans doute à la fin de novembre que La Commission est venue. Ainsi que je l'ai déjà dit, elle visitait La Ferté tous les trois mois. C'est dire qu'en choisissant bien le moment de notre arrivée, nous avions échappé de justesse à ses griffes.

La Commission arriva tôt un matin et se mit tout de suite au travail. Des listes séparées des hommes et des femmes qu'elle devait entendre étaient confiées au planton à la main de bois. Pour éviter tout retard, on interdit aux hommes dont les noms se trouvaient dans la première moitié de la liste, de jouir des normales activités stimulatrices qu'offrait l'environnement incomparable de La Ferté: en effet, ils étaient consignés à l'Enorme Chambrée, d'où on pouvait les convoquer d'un instant à l'autre — et qui plus est, on ne les convoquait pas un à la fois, mais par groupes de trois ou quatre, pour que La Commission ne coure aucun risque de perdre son temps. Autrement dit, il y avait toujours huit à dix hommes qui attendaient dans le corridor supérieur, face à une porte d'une sécheresse désagréable qui ouvrait sur cette pièce mystérieuse où La Commission traitait ses affaires inestimables. A deux ou trois mètres de là, dix ou huit femmes attendaient leur tour. Monsieur-le-Directeur avait interdit de la façon la plus féroce toute conversation entre les hommes et les femmes; néanmoins, des conversations intermittentes avaient bien lieu, grâce au tempérament indulgent de Main-de-bois. Main-de-bois devait être dingue — il en avait l'air; je ne peux pas autrement expliquer son indulgence.

B. et moi, nous passâmes une matinée dans l'Enorme Chambrée sans rien faire que de laisser croître en nous une nervosité étonnante. Après La Soupe, vers midi, ou nous conduisit en haut, on nous fit déposer cuillers et pain, et on nous descendit au corridor, en compagnie de plusieurs autres dont les noms se trouvaient à trois lieues de celui du dernier appelé. Nous attendîmes pendant tout l'après-midi. Et pendant tout le lendemain matin. Nous passâmes le temps à bavarder tranquillement avec une Belge plantureuse, aux joues roses, qui assistait l'une des femmes en tant qu'interprète. Elle habitait La Ferté à titre permanent, partageant une chambre avec une autre femme honnête; ses frères étaient au front en Belgique; elle parlait couramment plusieurs langues (dont l'anglais et l'allemand), ce qui la rendait précieuse à ces messieurs de La Commission; elle n'avait commis aucun crime, étant détenue en tant que suspecte, et elle n'était pas complètement malheureuse. Elle m'a tout de suite paru non seulement intelligente mais vive. Elle nous questionna en anglais au sujet de nos actes délictueux, semblant très contente d'apprendre que nous n'avions — selon toute apparence — rien à nous reprocher.

De temps en temps des admonestations de la part de Main-de-bois venaient interrompre notre entretien discret. Par deux fois la porte s'ouvrit avec un VLAN! et Monsieur-le-Directeur sortit en trombe, écumant et menaçant tout le monde d'un cabinot infini, sous prétexte que notre tenue — ou manque de tenue — troublait la tranquillité des commissaires. Chaque fois, l'Etui Noir parut dans le fond et poursuivit l'œuvre d'intimidation de son maître jusqu'à ce que tout le monde fût complètement terrifié — après quoi on nous laissa de nouveau à nous-mêmes et à Main-de-bois.

Ce dernier individu — ce jour-là, du moins, c'était un individu et non pas un simple planton — permit à B. et à moi de regarder, par-dessus son épaule, la liste des hommes. Même, il alla jusqu'à indiquer à nos esprits séditieux la distance qui les séparait de leur audition par le moyen, simple mais efficace, d'un de ses doigts de chair posé en face du nom de celui qui se trouvait actuellement à l'intérieur, soumis à la justice inexorable du Gouvernement Français. Je ne peux pas dire de bonne foi que de découvrir la proximité de nos destins respectifs nous apportât un plaisir sans mélange; et pourtant nous étions si fatigués d'attendre que certainement cela ne nous déplut pas tout à fait. A tout prendre, je crois que je n'ai jamais été si mal à l'aise qu'en attendant que la lame métaphorique tombe sur nos gorges rauques.

Nous parlions encore avec la Belge lorsqu'un homme sortit en vacillant de la porte, avec l'air d'avoir subi plusieurs essayages ardus d'une jambe de bois sur un moignon incomplètement cicatrisé. Main-de-bois, faisant un signe de tête à B., dit vivement, d'un ton bas:

« Allez ! »

Et B., souriant à la Belge et à moi, y entra, talonné (sans doute pour des raisons de sécurité) par Main-de-bois.

La vingtaine de minutes, plus ou moins, qui suivirent furent de loin les plus énervantes que j'avais jamais éprouvées. La Belge me dit:

« Il est gentil, votre ami »

et j'étais d'accord. Et mon sang bombardait les racines de mes orteils et les sommets de mes cheveux.

Après (nul besoin de le dire) deux ou trois mille siècles, B. sortit. Je n'eus pas le temps d'échanger avec lui un regard, ni à plus forte raison une parole, parce que Main-de-bois disait de la porte:

« Venez, l'autre Américain »

et j'y entrai, dans un état de confusion dépassant l'imagination; entrai dans la salle de torture, entrai dans les griffes de l'Inquisition, entrai entre les tentacules de cette méduse sournoise et rayonnante: le Gouvernement Français...

En entrant, je me disais, presque à haute voix: Ce qu'il faut faire, c'est les regarder droit dans les yeux et garder son calme quoi qu'il arrive, ne pas oublier un instant qu'ils sont faits de merde, qu'ils sont tous faits de merde et de rien d'autre. Je ne sais pas combien d'inquisiteurs je m'attendais à voir, mais sans doute je m'étais préparé pour une quinzaine, dont le président Poincaré lui-même. Je chantonnai en moi-même:

> « *Si vous passez par ma ville,*
> *n'oubliez pas ma maison:*
> *on y mange d'la bonne soupe, ton ton taine,*
> *faite de merde et d'oignons, ton ton taine, ton ton ton*

me rappelant du merveilleux forgeron de Chevancourt qui chantait cela, ou quelque chose d'approchant, debout sur une table, pour le seul plaisir des deux Américains, qui ensuite donnaient leur interprétation de *Itse à longue ouais tout Type-à-rai-rit*, rien que pour faire plaisir à une salle pleine de ce que Mr. A. se plaisait à appeler « ces salopards », autrement dit les « sales » Français, autrement dit les poilus, les divins poilus...

Une salle petite. Le bureau du Directeur? Ou du Surveillant? Du confort. Ah oui, très, très confortable. Sur ma droite: une table. Derrière la table: trois personnes. Ça me rappelle un peu Noyon, sans désagrément, bien entendu. Trois personnes: de gauche à droite en les regardant: un tas tassé, torpide, mou, en cape et képi de gendarme, très âgé, capitaine de gendarmerie, parfaitement indifférent, figure grossière et ridée, méchant seulement à demi, des mains grandes, dures, maladroites, abandonnées mollement sur la table; un homme rusé, bien mis, en civil, plume à la main, de toute évidence un avocat genre avocassier, début de calvitie, politesse hypocrite, fleurant l'eau de Cologne bon marché ou la savonnette parfumée; un minuscule rouquin, également civil, figure plissée, préoccupée, excitée, petit corps et petites mains amusants, sec et nerveux, personnage de Dickens, ferait mieux de passer son temps à faire voler des cerfs-volants par-dessus les toits par grand vent. Derrière les Trois, enveloppé de déférence et d'infériorité, doux et gélatineux: Apollyon.

Le lecteur, voudrait-il savoir ce qu'on me demanda?

Si seulement je le savais ! Je ne me rappelle que vaguement ces moments — je ne me rappelle que vaguement avoir fixé, à travers l'avocat, le col impeccable d'Apollyon — je ne me rappelle que vaguement l'effondrement progressif du capitaine de gendarmerie, la manière dont il sombrait lentement dans la somnolence, la manière dont sa tête porcine se tassait toujours davantage, jusqu'à ce qu'elle rencontre une main dont le coude, appuyé ferme sur la table, soutînt sa torpeur engourdie — je ne me rappelle que vaguement les singeries enthousiastes que faisait le petit rouquin chaque fois que je parlais, avec toute la ferveur d'un patriote, des torts que La France faisait à mon ami et moi — je ne me rappelle que vaguement, à ma droite, l'immobilité de Main-de-bois, qui faisait penser à un mannequin de tailleur, ou à une poupée articulée, grandeur nature, qu'on ne pourrait activer sans connaître le truc... Dès le début on me demanda si je voulais un interprète. Voyant l'aspect du Secrétaire, ses yeux pâles et son teint jaune citron, je dis que non. Je fus interrogé surtout par l'avocat, un peu par le Dickens, et jamais par le capitaine (qui dormait) ni par le Directeur (timide en présence de ces délégués tout-puissants et bienveillants de cette

espérance, de cette foi et de cette charité qu'apportait le Gouvernement Français). Je me rappelle que, Dieu sait pourquoi,
je gardai tout mon sang-froid. Je plaçai six ou huit répliques
bien senties sans jamais me départir de mon calme, ce qui
m'étonnait et me plaisait et me rehaussait dans ma propre estime.
Je reçus chaque demande à mi-chemin, dégoisant mon meilleur
— ou pire — français d'une façon qui fit l'admiration du minuscule demi-dieu rouquin. Des yeux, de la voix et de la tenue,
je défiai Apollyon Lui-Même, et Apollyon Lui-Même se contenta de se rétrécir, ramassant son corps velu entre ses membres
comme le fait parfois une araignée devant le danger. J'exprimai
à ces messieurs et au Gouvernement Français ma reconnaissance
infinie de m'avoir permis de voir et entendre et goûter et flairer
et toucher les choses qui habitaient La Ferté-Macé (Orne),
France. Je doute que La Commission prît grand plaisir à ma
compagnie. Elle m'informa, par la bouche de son président à
la savonnette parfumée, que mon ami était un criminel — ceci
dès mon entrée — et je l'informai avec une infinité de politesses choisies que je ne partageais pas cet avis. En disant comment et pourquoi, je crois avoir réussi à enfoncer la pelle de
mon imagination dans le bourbier de leurs intelligences. Une
ou deux fois au moins.

Assez fatigant — de se tenir là et d'entendre: « Votre ami
ne vaut rien; qu'est-ce que vous avez à dire pour votre défense? »
— Et de dire beaucoup pour vous-même et pour votre ami et
pour les hommes de La Ferté — ou d'essayer de le dire — et
de se faire contredire, et d'entendre: « Laissez cela, ce que nous
voulons savoir, c'est » et « Ne sortez pas de la question », et
cétéra, à l'infini. Ensuite ils se demandèrent les uns aux autres
si les uns ou les autres avaient d'autres questions à poser à
l'homme devant eux, et ni les uns ni les autres n'en ayant, ils
dirent:

« C'est tout. »

Comme à Noyon, j'avais fait sans aucun doute bonne impression sur l'un de mes trois examinateurs. Dans le cas présent, il s'agissait du petit rouquin, qui fut, ma foi, assez correct.
Je n'irais pas jusqu'à le saluer en reconnaissance de cette correction; je lui fais plutôt un signe de tête, comme je le ferais
à quelqu'un qui se dirait navré de ne pas pouvoir me donner
du feu, mais il-y-a-un-bureau-de-tabac-au-coin-vous-savez.

Au son de « C'est tout », Monsieur-le-Directeur prit le devant de la scène, donnant brutalement un ordre à Main-de-bois — qui salua, ouvrit vite la porte, et me regarda avec (oserai-je le dire?) admiration. Plutôt que de profiter de cette échappatoire je me tournai vers le petit monsieur aux cerfs-volants et dis:
« S'il vous plaît, Monsieur, voulez-vous me dire ce que va devenir mon ami? »

Le petit monsieur n'eut pas le temps de répondre, car la présence parfumée déclara sèchement et distinctement:
« Nous ne pouvons rien vous dire à ce propos. »

Je lui fis un sourire agréable qui disait: si je pouvais voir vos intestins s'enrouler très lentement autour d'un gros tambour de bois qu'activerait une petite manivelle de fer tournée, attentivement et avec douceur, par moi-même, je serais extraordinairement heureux — et avec douceur et attentivement je saluai Monsieur-le-Directeur et passai la porte, faisant appel à chaque pouce de verticalité que le bon Dieu m'avait donné.

Une fois dehors je me mis à trembler comme un peuplier en automne,

« *L'automne humide et monotone.* »

« Allez en bas, pour la soupe, dit Main-de-bois, sans dureté. (Je regardai autour de moi.) Il n'y aura plus personne pour la Commission avant demain. Allez manger à la cuisine. »
Je descendis.

Afrique était la curiosité faite homme: qu'est-ce qu'ils ont dit? qu'est-ce que j'avais dit? — tandis qu'il posait devant moi une assiette imposante, parfaitement imposante, impardonnablement imposante, de quelque chose qui était plus que de la graisse tiède... Nous mangeâmes, B. et moi, à une toute petite table à la cuisine, échangeant fiévreusement nos impressions tandis que nous engloutissions la potée brûlante... « Du pain: prenez-en, mes amis, dit Afrique. — Mangez tant que vous voulez » dit le Cuisinier, bienveillant, nous regardant par-dessus son épaule placide... Et nous mangeâmes en effet. On aurait pu bouffer le Gouvernement Français tout entier.

Le lendemain matin nous descendîmes de nouveau pour la promenade. Ce n'était ni agréable ni désagréable de nous promener dans la cour pendant que quelqu'un d'autre souffrait dans la Chambre aux Soupirs. En fait, c'était assez grisant.

Au cours de l'après-midi du même jour, on était tous en haut dans l'Enorme Chambrée quand, soudain, La Commission y fit son entrée, suivie d'Apollyon, qui se pavanait et zézayait et expliquait et minimisait et agitait avec grâce ses épais bras maléfiques.

Tout le monde dans l'Enorme Chambrée sauta sur les pieds et ôta le chapeau — à l'exception des deux Américains, qui gardèrent le leur, et du Zoulou, qui avait perdu le sien et qui le cherchait depuis quelque temps. La Commission réagit à l'Enorme Chambrée d'une façon intéressante: le capitaine de gendarmerie regarda autour de lui avec son air torpide, et ne vit rien avec beaucoup de mépris; la savonnette parfumée grimaça et fit: « Pouah » ou qui sait ce que dit un avocat bourgeois français en présence de la puanteur (La Commission se tenait à la porte et par voie de conséquence tout près du cabinet); mais le petit rouquin lanceur de cerfs-volants avait l'air véritablement horrifié.

« Y a-t-il ici quelqu'un de nationalité autrichienne? »

Le Silencieux s'avança doucement.

« Pourquoi êtes-vous ici?

— Je ne sais pas, dit-il, les larmes aux yeux.

— RIDICULE ! Vous êtes ici pour une très bonne raison, et vous la connaissez très bien, et vous pourriez le dire si vous le vouliez, espèce d'imbécile, d'incorrigible, de criminel ! » s'écria Apollyon; puis, se tournant vers l'avocat et le petit rouquin: « C'est un étranger dangereux, il l'avoue, il l'a avoué — N'EST-CE PAS QUE VOUS L'AVOUEZ, HEIN? rugit-il à l'adresse du Silencieux (qui tripotait sa casquette noire sans lever les yeux ni abandonner en rien sa dignité simple et suprême). Il est incorrigible, dit Monsieur-le-Directeur d'un ton hargneux. Allons-nous-en, Messieurs, quand vous en aurez assez vu. » Mais le rouquin était en train de contempler le sol près de la porte, où se tenaient solennellement six seaux d'urine, dont trois débordaient sur le plancher nauséabond... Et on fit comprendre au Directeur qu'il fallait que les hommes disposent pour uriner d'une cuvette en fer-blanc, pour des motifs d'hygiène; et qu'il fallait que cette cuvette fût installée immédiatement, qu'elle fût installée sans retard aucun — « Oh oui, certainement, Messieurs, minauda Apollyon, excellente suggestion; on va le faire tout de suite; oui, certainement. Laissez-moi vous faire voir le — » et

habilement il les fit sortir, avec force révérences. Et la porte
fit: VLAN ! derrière Apollyon et les Trois Sages.

Tout cela se passa, ainsi que je l'ai déjà dit, vers la fin de
novembre.

Pendant huit jours, nous attendîmes.

Jan nous avait déjà quittés. Fritz, ayant attendu pendant
des mois que le consul danois réponde aux lettres qu'il écrivait
de temps et envoyait par l'entremise du bureau — c'est-à-dire,
du Secrétaire — avait fini par faire savoir au consulat, par des
moyens illicites, où il se trouvait; et aussitôt il fut libéré et
invité à rejoindre un navire au port le plus proche. J'ai déjà
raconté son départ (le plus joyeux que j'aie vu) à propos de la
troisième des Délicieuses-Montagnes, comme le départ, à destination de Précigné, de Pompon et de Harrie. Parmi les autres
amis que La Commission entendit en même temps que nous
étaient Bill-le-Hollandais, Monsieur Pé-tairsse, Mexique, le Fils
du vent, le petit Bricoleur, Pete, Jean-le-Nègre, le Zoulou, et
Monsieur Auguste, ce dernier pour la deuxième fois. Avec nous
et ces gens merveilleux on a jugé des messieurs tels que le
Youpin Bagarreur et l'Imper-cintré. On se serait attendu que la
Justice (sous la forme des Trois Sages) décrétât des destins dif-
férents pour le Fils du vent, par exemple, et le Youpin Bagarreur. Au contraire. Mais j'ai déjà relevé que les voies du tout-
puissant et bienveillant Gouvernement Français, comme celles
du Seigneur, sont impénétrables.

Bill-le-Hollandais, que nous avions fini par aimer bien,
même si, au début, on avait eu tendance à le craindre; Bill-le-
Hollandais qui en nous lavant quelques serviettes et mouchoirs
et autres colifichets, les avait fait virer au rose clair; Bill-le-Hollandais, qui avait tant fait pour apprendre au Jeune Polonais
la leçon que seul le Youpin Bagarreur put lui faire comprendre,
nous quitta une semaine environ après la visite de La Commission. Si j'ai bien compris, elle avait décidé de le renvoyer, sous
bonne garde, en Hollande, pour que son pays pût emprisonner
ce déserteur. La générosité du Gouvernement Français dans
cette affaire est chose belle à contempler. Pour autant qu'il
eût aimé châtier Bill pour son propre compte et son propre
plaisir, il le livra — avec un sourire de charité chrétienne —
aux griffes punisseuses d'un gouvernement frère (ou sœur): re-
nonçant sans une plainte à l'encens de sa souffrance et à la

musique de ses malheurs. De même, que d'inspiration peut-on trouver à observer la collaboration parfaite entre la justice française et la justice hollandaise à un moment si critique de l'histoire universelle ! Pour sûr, Bill eût dû se sentir grandement honoré d'illustrer par son exemple cet accord merveilleux, cette entente exquise, entre les bras séculiers de deux nations qui ne semblaient que peu apparentées, du moins quant à la langue et aux coutumes. Malheureusement, Bill n'apprécia point l'utilité intrinsèque de son destin. Il me souvient qu'il quitta La Ferté d'une humeur assez Gottverdummereuse. Ignorance...

Le pauvre Monsieur Pé-tairsse sortit de son audience devant La Commission avec un air complètement ahuri. A nos questions, il répondit que son penchant à inventer des pompes foulantes avait prédisposé ces messieurs contre lui; secoua sa pauvre vieille tête; et renifla de découragement. Mexique, par contre, en sortit dans un état de belle humeur placide; il haussa les épaules et déclara:

« Moi, je fais rien. Ceux-là, ils me disent vous attendez quelques jours, après libre »

tandis que Pete, l'aspect pâle et résolu, ne dit rien, sauf au Jeune Cap'taine et à son second; qui, eux, passèrent par La Commission comme une idée aurait passé par leur tête: à peu près sûrement, ils recouvreraient la liberté sous peu, vu que les Trois Sages avaient été incapables de prouver même qu'ils étaient suspects. Le Zoulou énonça quelques gestes impénétrables faits intégralement de silence et voulut qu'on célébra l'heureux franchissement de cette épreuve en s'achetant un fromage chacun pour nous-mêmes et pour lui. Son ami le Jeune Polonais parut avoir été momentanément paralysé par la terreur; il ne put pas dire si lui-même et « mon ami » allaient nous quitter; dans leur cas, La Commission s'était imposé un mutisme impressionnant. Jean-le-Nègre, un des derniers à être reçus, avait passé un moment immensément excitant, les instruments affûtés du Gouvernement Français ayant échoué à entamer son mystère — que ce fût en français ou en anglais; il vint vers nous en dansant et en chantant; puis, supprimant soudain toute trace d'émotion, il nous tendit solennellement un chiffon de papier qui portait le mot:

CALAIS

et demanda: « Qu'est-ce que ça veut dire ? » Quand nous lui

eûmes lu le mot: « M'en vais à Calais, moi, travailler à Calais, très bon ! » — et avec un bond et un éclat de rire il empocha le chiffon et entonna la chanson des chansons:

« *Après la guerre finie...* »

Le Fils du vent, le Bricoleur, et Monsieur Auguste formaient un trio qui souffrit, et souffrit beaucoup, aux mains des Trois Sages. On insulta le premier à propos de la mère de Chocolat (également appelée à témoigner), et il rétorqua, paraît-il, par quelques observations choisies à propos de la Justice (ô Fils du vent, être honoré ne signifie pas qu'on soit honorable !). On avait fait taire le Bricoleur, lancé dans un appel passionné à la miséricorde, ou du moins au *fair play*, sinon à son égard du moins à l'égard de sa femme, angoissée au plus haut point par son absence. On demanda à Monsieur Auguste, comme La Commission précédente le lui avait demandé trois mois auparavant, pourquoi il n'était pas rentré en Russie avec sa femme et son enfant au début de la guerre, à quoi il répondit, les larmes aux yeux, avec cette douce férocité dont il était parfois capable:

« Par-ce que je n'en a-vais pas les moy-ens. Je ne suis pas un mil-lion-naire, Mes-sieurs. »

Leur passage devant La Commission n'eut pas le moindre effet apparent sur les personnalités déplaisantes du Voleur-d'enfants, de l'Imper-cintré, du Télégraphiste, du Youpin Bagarreur et d'autres de la même farine.

Ce fut peu de temps après le départ de Bill-le-Hollandais que nous perdîmes ces deux Délicieuses-Montagnes: le Fils du vent et Supplice. Restaient le Zoulou et Jean-le-Nègre... B. et moi passions le plus clair de notre temps de promenade à réunir dans la cour une collection de feuilles aux couleurs éclatantes, que nous insérions dans un de mes carnets, avec toutes les couleurs qu'on pouvait trouver sur des boîtes à cigarettes, des emballages de chocolat, des étiquettes diverses et même des timbres-poste. (On obtint un rouge très brillant d'un certain bout de tissu.) Nos efforts intriguaient excessivement tout le monde (y compris les plantons); ce qui était normal, car tout le monde ignorait que par ce moyen extrêmement simple nous étudiions la couleur elle-même, à propos de la peinture communément dite « abstraite » ou « non figurative ». Malgré cette perplexité normale, tout le monde (excepté les plantons) était extraordinairement gentil et nous apportait des contributions, souvent précieuses, à notre collection chromatique. Si je jouissais, en ce moment et dans la ville de New York, de la confiance totale de vingt fois moins de personnes, j'aurais moins tendance à voir dans Le Grand Public Américain l'organisation la plus inepte, sur le plan de l'esthétique, qu'on ait jamais créée en vue d'assurer la survivance d'idées et d'idéals défunts. Mais, bien entendu, Le Grand Public Américain souffre d'un handicap dont la plupart de mes amis à La Ferté étaient exempts: l'éducation. Que personne ne hurle d'indignation. Je fais allusion au fait que, pour l'homme éduqué, créer consiste tout d'abord à détruire — qu'il n'y a pas, qu'il ne saurait y avoir, d'art authentique tant que les bons trucs (au moyen desquels on nous apprend à voir ce soi-disant monde et à l'imiter sur la toile ou dans la pierre ou en paroles) n'auront pas été entièrement et complètement et totalement annihilés à travers ce procédé immense et pénible de Non-penser qui s'achève parfois en un minuscule brin, purement personnel, de Sentir. Minuscule brin qui est l'Art.

Eh bien, la révolution — je parle bien entendu de la révolution de l'intelligence — est en marche; n'est peut-être pas aussi loin que l'on ne le croit; heurte peut-être déjà à la porte du Grand Monsieur Anatole France et de la Grande Mademoiselle Delly. D'ici dix mille ans on pourra peut-être trouver des Délicieuses-Montagnes sans aller les chercher en prison — pardon, Monsieur le Surveillant: en captivité — on pourra peut-être rencontrer des Délicieuses-Montagnes qui ne seront pas en prison...

L'automne s'écoula lentement.

De temps en temps il ne pleuvait pas; de temps en temps une espèce de quasi-lumière malsaine suintait du large cadavre flasque du ciel et restaurait à nos yeux le paysage en ruines. De temps en temps l'œil, traversant attentivement, avec une certaine peur désagréable et soudaine, des distances inallongées d'air brouillasse et édulcoré, s'arrêtait sur la proximité incroyable de l'immobile automne ravagé. Une clarté maladroite et solennelle, amplifiant les cris inutiles, les rires rauques des putains invisibles dans leur cour fangeuse, et pointant un doigt imperturbable et actuel sur le groupe ridicule et féroce d'êtres anthropoïdes, blottis dans la boue, abrités sous quatre ou cinq petits arbres, en vint, assez étrangement, à me suggérer plaisamment les grotesqueries risibles, hideuses et belles des fous. Souvent je me découvrais une maîtrise de moi-même si absolue qu'elle me permettait de réduire la promenade à un mécanisme de récente invention; ou bien à la démonstration d'une collection de jouets vifs et disgracieux autour desquels tournaient bizarrement et sans cesse, les gardant avec un héroïsme impossible, des plantons purement irréels, qui marchaient, toujours et absurdement: les poupées estropiées et stupides de mon imagination. Une fois, assis seul sur la longue barre de silencieux fer, j'eus soudain, l'expérience progressive, complète, unique de la mort...

Le temps vira étonnament au froid.

Un soir, B. et moi et (à ce que je crois) le Bricoleur partagions la chaleur d'une bougie entre nos lits de camp, lorsque la porte s'ouvrit, un planton entra, et une liste de noms (dont on ne reconnut aucun) fut lue en vitesse, suivie (comme dans le cas des derniers départs, dont ceux du Fils du vent et de Supplice) de l'avertissement:

« Soyez prêts à partir demain matin de bonne heure », et la porte se ferma avec bruit et vivacité. Or, l'un des noms qu'on avait lus ressemblait un peu à « Broume », et pour cette raison une inquiétude étrange nous saisit. Aurait-ce pu être « Brown »? nous demandâmes à certains amis qui s'étaient trouvés plus proches du planton que nous. On nous dit que Pete et l'Imper-cintré et le Youpin Bagarreur et Rockyfeller devaient sûrement partir, mais de « Brown » on ne pouvait rien savoir. Non pas que des opinions en la matière manquassent — il y en eut, mais elles se contredisaient d'une façon pénible. En fait, les opinions étaient partagées à peu près également entre ceux qui considéraient que le bruit occulte était censé signifier « Brown» et ceux qui croyaient que le planton asthmatisant avait poussé, involontairement, un grognement ou soupir spontané, qu'on avait pris à tort pour un nom propre. Notre incertitude était renforcée par la confusion qui émanait d'un autre coin de l'Enorme Chambrée, où le Youpin Bagarreur haranguait un groupe de spectateurs sur le sujet fécond: Ce-que-moi-je-vais-leur-faire-voir-à-Préciné-une-fois-que-j'y-serai. J'aperçus, en grande conversation avec Jean-le-Baigneur, le même jeune homme qui, quelque temps auparavant, avait gravité vers une place à côté de moi à La Soupe — Pete le Fantôme, blanc et résolu, blond et fragile: Pete l'Ombre...

Je ne sais plus qui ce fut, mais quelqu'un — sans doute le petit Bricoleur — établit finalement qu'un Américain devait partir le lendemain matin. Que, par-dessus le marché, le nom du dit Américain était Brun.

Sur ce, B. et moi devînmes extraordinairement occupés.

Le Zoulou et Jean-le-Nègre, apprenant que B. était parmi les partants, vinrent jusqu'à nos lits et s'assirent sans un mot. Le premier, par une certaine orchestration timide de silence, communiqua parfaitement et sans effort sa douleur devant le départ; le second, avec sa tête baissée et une très délicate contrainte qui se manifestait dans le port totalement exquis de son corps ferme, alerte, proclama à tout le moins un univers de douleur.

Le petit Bricoleur était saisi d'une indignation extrême, non seulement de ce que son ami allait partir pour un repaire de brigands, mais de ce que cet ami allait partir dans une compagnie qui comprenait « cette crapule » (c'est-à-dire, Rockyfeller) et « les deux mangeurs de blanc » (à savoir, l'Imper-cintré et le Youpin Bagarreur). « C'est malheureux, répétait-il, secouant sa pauvre petite tête de fureur et désespoir, c'est malheureux. C'est pas un endroit, ça, pour un jeune homme qui n'a jamais fait de mal à personne, le renfermer avec des maquereaux et des assassins, pour la durée de la guerre: le gouvernement français a bien travaillé ! » et il essuya une larme avec un petit geste rapide, désespéré... Mais ce qui l'indignait le plus, c'est qu'on allait nous séparer, B. et moi — « M'sieu Jean (me touchant doucement le genou), ils n'ont pas de cœur, la commission; c'est pas seulement qu'ils sont injustes, ils sont cruels, savez-vous? Les hommes, c'est pas ça; c'est pas des hommes, ce sont Nom de Dieu je ne sais pas quoi, ils sont pires que des bêtes; et ils prétendent rendre la justice (frissonnant de la tête aux pieds, avec un ricanement indescriptible) — la Justice ! Mon Dieu, la Justice ! »

Tout cela, je ne sais pourquoi, n'était pas tout à fait pour nous réconforter.

Et, les bagages préparés, nous trinquâmes ensemble pour la dernière fois, le Zoulou et Jean-le-Nègre et le Bricoleur et B. et moi — et Pete l'Ombre vint tranquillement, plus blanc, je crois, que jamais, et me dit simplement:

« Moi, je m'occuperai de ton camarade, Johnny »

... et puis enfin ce fut l'extinction des feux; et les deux Américains, couchés dans le noir froid et pourri, parlaient à voix basse du passé, de *Pétrouchka*, de Paris, de cette chose brillante et extraordinaire et impossible: la Vie.

Le matin. Blanchâtre. Inévitable. Un froid de mort.

Il y avait beaucoup de presse et de remue-ménage dans l'Enorme Chambrée. Des gens couraient en tous sens dans la semi-obscurité pesante. Des gens étaient en train de dire adieu à des gens. A des amis. A eux-mêmes. Couchés, nous avalâmes à petites gorgées le breuvage noir, sinistre, épais, qui n'était certainement pas du café; allongés sur nos lits, habillés, tremblants de froid, à attendre. Attendre. Plusieurs hommes que nous connaissions à peine vinrent serrer la main de B. et dire au revoir et bonne chance. L'obscurité quittait rapidement l'air épais, noir, sinistre, empuanti. B. se rendit tout d'un coup compte qu'il n'avait pas de cadeau pour le Zoulou; il demanda à un très gentil Norvégien à qui il avait donné sa ceinture de cuir de bien vouloir la lui rendre, parce qu'un ami très cher avait été oublié. Le Norvégien, avec un sourire agréable, défit la ceinture et dit: «Bien sûr.»... On l'avait arrêté à Bordeaux, où son navire faisait escale, pour avoir volé trois boîtes de sardines, étant ivre... un très grand criminel, un criminel dangereux... il dit: «Bien sûr» et sourit agréablement à B., le plus agréablement du monde. B. écrivit son nom et son adresse à l'intérieur de la ceinture et expliqua en français au Jeune Polonais que si jamais le Zoulou voulait le retrouver, il n'avait qu'à consulter la ceinture; le Jeune Polonais traduisit; le Zoulou fit un signe de tête; le Norvégien sourit avec satisfaction; le Zoulou reçut la ceinture avec un geste que les mots ne sauraient décrire —

Un planton se tenait dans l'Enorme Chambrée, un planton qui rugissait et jurait et criait: «Dépêchez-vous, ceux qui vont partir !» B. serra la main de Jean et de Mexique et du Bricoleur et du Jeune Cap'taine et de Jean-le-Baigneur (auquel il avait donné sa blouse d'ambulancier, et qui en était fou d'orgueil) et du Norvégien et du Revendeur-de-machines-à-laver et du Chapeau, et de beaucoup d'hommes que nous connaissions à peine. — L'Etui Noir rugissait:

«Allons, nom de Dieu, l'Américain ! »

Je descendis la Chambrée avec B. et Pete, et leur serrai la main à la porte. Les autres partants étaient déjà dans l'escalier. L'Etui Noir nous maudit — moi en particulier — et me claqua la porte furieusement au nez —

A travers le judas je les aperçus qui arrivaient dans la rue. J'allai à mon lit et me couchai sans bruit dans ma grande pelisse. Les clameurs et la crasse de la Chambrée prirent de l'éclat. s'éloignèrent, s'évanouirent. J'entendis la voix de l'Alsacien enjoué me dire:

« Courage, mon ami, votre camarade n'est pas mort; vous le reverrez »; et après, rien. Devant et dans et sur mes yeux demeurait subitement un silence violent et doux et noir.

Les Trois Sages avait fait leur travail. Mais la sagesse ne connaît pas de repos...

Vraisemblablement, à ce même moment ils tenaient leur cour dans une autre Ferté, renvoyant vers une angoisse incomparable quelques criminels qui n'étaient que parfaitement misérables: petits et grands, tremblants et courageux — tous blancs et sans paroles, tous aux lèvres serrées et bleuâtres et aux gros yeux chuchoteurs, tous aux doigts épuisés et difformes et extraordinairement vieux... des doigts désespérés; qui, en se fermant, sentent le dernier fragment tiède de la vie qui glisse avec adresse et douceur dans l'oubli.

XIII

JE FAIS MES ADIEUX A LA MISERE

Pour que le lecteur soit convaincu que cette histoire n'est qu'une fiction (et, par-dessus le marché, une fiction assez vulgairement violente), il ne manque peut-être plus que cette antique formule tant du romancier sentimental que de l'auteur de romans à sensation: l'heureux dénouement. En l'occurrence, que celui qui m'a accompagné jusqu'ici dans mes voyages croie ou non qu'ils sont et que je suis (comme le dirait cet animal mystérieux: « le public ») « vrais », cela m'indiffère au plus haut point. Par contre, je m'élève très énergiquement contre la supposition, de la part de quiconque, que l'intitulé de ce dernier chapitre implique rien d'heureux. En évoquant (d'une manière assez maladroite et, Dieu sait, parfaitement inadéquate) ce qui m'arriva entre la fin du mois d'août 1917 et le premier janvier 1918, je me suis convaincu, si je n'ai convaincu personne d'autre, qu'à La Ferté-Macé, entouré des Délicieuses-Montagnes, j'étais plus heureux que même les paroles les plus vives puissent dire. Sans doute que tout se réduit à la définition du bonheur. Et je ne compte certainement pas essayer de définir le bonheur; mais je peux dire ceci: que quitter La Misère tout en sachant et — pire — tout en sentant que certains parmi les gens les plus merveilleux du monde sont condamnés à y demeurer prisonniers pendant qui sait combien de temps — qu'ils sont condamnés à poursuivre (peut-être pendant des années et des dizaines d'années et toutes les années qui terriblement les séparent de leur mort) l'Inexistence grise et indivisible que, d'une manière éhontée, on est soi-même en train de quitter en faveur de la Réalité — je dis que c'est inconcevable que quitter La Misère dans ces conditions puisse constituer le dénouement heureux d'une grande aventure personnelle. Si tant est que j'écris ce chapitre, donc, c'est tout simplement dans l'espoir, sans doute injustifié, qu'à raconter certains événements je pourrai éparpiller un peu de lumière supplémentaire dans une obscurité très terrible...

Je dirai dès le début que tout ce qui se passa à la suite du départ, pour Précigné, de B. et de Pete et des Youpins et de Rockyfeller s'entoure chez moi d'un vague assez ridicule; attribuable, je dois l'avouer, à la dépression dans laquelle ce départ plongea ma nature bien trop humaine. Le jugement des Trois Sages m'avait — pour employer une expression particulièrement vigoureuse, et même vivante — foutu par terre. Je passai les jours qui s'écoulèrent entre ma séparation de « votre camarade » et mon départ quelque peu surnaturel vers la liberté à essayer de me remonter, du moins en partie. Quand finalement je fis ma sortie, ce qu'on est convenu d'appeler mon « esprit » était toujours quelque peu faussé, sinon franchement tordu. Il fallut que plusieurs semaines de régime alimentaire américain eussent révolutionné mon extérieur pour que mon intérieur pût reprendre en entier les contours de la normalité. Je ne suis ni particulièrement honteux ni particulièrement fier de cette (pourrait-on presque dire) catastrophe mentale. Pas plus honteux ni fier, en fait, que de l'infection de trois doigts que j'emportai en Amérique comme petit témoignage de l'estime de La Ferté. A ce dernier égard je n'ai certainement aucun droit de me vanter, même si j'en avais envie; car B. emporta avec lui à Précigné ce que son père, quand B. rentra au Pays des Braves, diagnostiqua comme un cas de scorbut, à côté duquel mes mutilations n'avaient l'air de rien, ou encore moins. L'un de mes souvenirs les plus vifs de La Ferté est d'une suite de craquements qui accompagnaient le déshabillage de mon ami. Je me souviens que nous fîmes appel à Monsieur Richard, B. en faveur de son scorbut et moi de ma main et d'une drôle de petite série de boutons qui s'étaient mis à orner la partie de ma figure qui faisait alors de son mieux pour s'orner d'une moustache. Je me rappelle que Monsieur Richard décréta un bain pour B., bain qui comportait son immersion dans un grand baquet en fer-blanc, rempli partiellement d'eau pas tout à fait tiède. Pour ma part, ayant eu droit à une gouttelette de pommade à l'oxyde de zinc sur un minuscule bout de coton, je m'estimai particulièrement heureux. Détails qui ne sauraient offenser le sens esthétique du lecteur dans une plus grande mesure que ne l'ont déjà fait certaines précisions concernant les dispositions sanitaires du petit foyer que Monsieur-le-Directeur maintenait pour les sans-logis — et donc je ne me donnerai pas la peine de m'en excuser, me contentant de poursuivre mon histoire proprement ou malproprement dite.

« Mais qu'est-ce que vous avez ? » demanda Monsieur-le-Surveillant, sur un ton d'étonnement profond mais bienveillant, tandis que je m'acheminais, solitaire, vers La Soupe, quelques jours après la disparition des « partis ».

Je me tins là, le regardant stupidement sans répondre, n'ayant rien à dire.

« Mais pourquoi êtes-vous si triste ? demanda-t-il.

— Sans doute parce que mon ami me manque, je hasardai.

— Mais — mais (il haletait et soufflait comme un très gros vieillard qui essaye de persuader une bicyclette de grimper une colline) — mais, vous avez de la chance !

— Sans doute.

— Mais — mais — parfaitement ! Vous avez de la chance — euh-ah, euh-ah, parce que — comprenez-vous — votre camarade — euh-ah — il est allé en prison !

— Euh-ah, dis-je, d'un ton las.

— Tandis que, poursuivit-il, vous, non. Vous devriez être extraordinairement reconnaissant et particulièrement heureux !

— J'aurais préféré aller en prison avec mon ami » déclarai-je sur un ton cassant; et pénétrai dans le réfectoire, laissant Monsieur-le-Surveillant pousser ses euh-ah, rien moins qu'ahuri.

Pour incroyable que cela puisse paraître, je pense vraiment que mon état le préoccupait. A l'époque je ne me préoccupais, ni ordinairement ni extraordinairement, ni de Monsieur-le-Surveillant ni même de « l'autre Américain » que j'étais. Obscurément, à travers un brouillard d'inappréhension inintéressée, je me rendais compte que tout le monde — à l'exception des plantons et bien entendu d'Apollyon — faisait de son mieux pour m'aider; que le Zoulou, Jean, le Bricoleur, Mexique, le Jeune Cap'taine, et même le Revendeur-de-machines-à-laver (avec lequel je me promenais souvent, quand on était seuls à prendre l'air totalement inagréable) étaient gentils, très gentils, plus gentils que je ne pourrais dire. Quant à Afrique et au Cuisinier, à cette époque rien n'était trop bon pour moi. Je demandai à celui-ci de me laisser couper du bois, et non seulement il me prit comme scieur mais il m'encouragea en me promettant le meilleur café, avec du vrai sucre dedans. Dans la courette devant la cuisine, entre le bâtiment et la cour, je passais mes matinées à scier, à mon grand contentement, faisant de temps en temps sonner mes sabots tandis que je m'acheminais vers le domaine du Cuisinier en réponse à un signe discret d'Afrique. L'après-midi, je m'asseyais avec Jean ou Mexique ou le Zoulou sur la longue barre de silencieux fer, réfléchissant profondément à rien du tout, répondant à leurs questions ou réagissant à leurs observations tout à fait comme un automate. Je me sentais, enfin, une poupée — qu'on sortait de temps en temps et qu'on flattait et qu'on remettait dans sa boîte en lui disant de faire dodo...

Un après-midi j'étais couché sur mon lit, pensant au Rien habituel, lorsqu'un cri aigu s'éleva à travers l'Enorme Chambrée:
« Il tombe de la neige — Noël ! Noël ! »
Je me redressai. Le Garde-champêtre se tenait devant la fenêtre la plus proche, trépignant assez horriblement et criant:
« Noël ! Noël ! »
Je regardai par une autre fenêtre. C'était vrai. La neige tombait, tombait graduellement et merveilleusement, tombait silencieusement à travers l'épaisseur de l'automne assourdi... Elle me semblait suprêmement belle, la neige. Elle avait quelque chose d'indiciblement défini et exquis, quelque chose de parfait et de minuscule et de doux et de fatal... Le cri du Garde-champêtre fit démarrer dans ma tête un poème, un poème sur la neige, un poème en français, qui commençait: *Il tombe de la neige, Noël, Noël.* Je contemplai la neige. Après longtemps, je m'en retournai à mon lit et m'y couchai, fermant les yeux et sentant le frôlement minuscule et défini de la neige qui tombait douce et exquise, qui tombait parfaite et soudaine, à travers l'automne épais et assourdi de mon imagination...

« L'Américain ! L'Américain ! »
Quelqu'un me parle.
« Le petit Belge avec le bras cassé est là-bas, à la porte, il a besoin de vous parler... »
Je traverse l'Enorme Chambrée, qui est remplie d'une obscurité neuve et belle, l'obscurité de la neige dehors, qui tombe et tombe et tombe avec ce geste silencieux et actuel qui a frôlé

le pays assourdi de mon esprit comme un enfant frôle son jouet préféré...

A travers la porte cadenassée, j'entends un chuchotement nerveux : « Dis à l'Américain que je veux lui parler. — Me voici, dis-je.

— Mettez-vous l'oreille contre le trou de la serrure, M'sieu Jean, dit la voix du Bricoleur. La voix du petit Bricoleur, terriblement excitée. J'obéis.

— Alors. Qu'est-ce que c'est, mon ami ?

— M'sieu Jean : le Directeur va vous appeler tout de suite ! Il faut vous préparer en vitesse ! Vous laver, vous raser, hein ? Il va vous appeler tout de suite. Et n'oubliez pas : Oloron ! Vous allez demander d'aller à Oloron-Ste-Marie, où vous pourrez peindre ! Oloron-Ste-Marie, Basses-Pyrénées ! N'oubliez pas, M'sieu Jean ! Et dépêchez-vous !

— Merci bien, mon ami ! » Il me souvient maintenant. Le petit Bricoleur m'en a parlé. A ce qu'il paraît, La Commission a décidé que je ne suis pas un criminel : rien qu'un suspect. En tant que tel, on va m'envoyer quelque part en France, où je voudrais, à condition que ce ne fût pas près de la mer. Sans doute pour pas que j'essaie de m'évader de France. Le Bricoleur m'a conseillé de demander Oloron-Ste-Marie. Il faut que je dise que, étant peintre, les Pyrénées me plaisent particulièrement. « Et ce qu'il fait beau, là-bas ! La neige sur la montagne ! Et il n'y fait pas froid. Et quelles montagnes ! Vous pouvez y vivre très bon marché. Comme suspect, tout ce qu'il vous faudra faire, c'est vous présenter une fois par mois au brigadier de gendarmerie d'Oloron, et lui, c'est un vieux camarade ! C'est un bon gros, aux joues rouges, très gentil. Il vous rendra la vie facile, M'sieu Jean, il fera tout ce qu'il faut, quand vous lui direz que vous êtes l'ami du petit Belge au bras cassé. Dites-lui que c'est moi qui vous envoie. Vous vous y plairez énormément, et vous pourrez peindre : quels paysages qu'il y a à peindre ! Mon Dieu, c'est pas comme ce qu'on voit de ces fenêtres, sais-tu. A tout prix il faut demander d'aller à Oloron. »

En y pensant, je me savonnais devant le miroir de Judas.

« Vous ne frottez pas assez, conseilla l'Alsacien. Il faut frotter bien ! » Un certain nombre de codétenus suivaient ma toilette avec étonnement et satisfaction. Je découvris dans le miroir une barbe prodigieuse et une bonne épaisseur de crasse. Je m'affairai, conseillé par plusieurs voix, censuré par l'Alsacien, encouragé par Judas lui-même. Rasage et lavage achevés, je me sentis bien mieux.

VLAN !

« L'Américain en bas ! » C'était l'Etui Noir. J'ajustai ma blouse avec soin et obéis.

Monsieur-le-Directeur et Monsieur-le-Surveillant étaient en train de se consulter lorsque je pénétrai dans le bureau. Apollyon, assis derrière la table, m'examina d'un air féroce. Son adjoint se balançait d'avant en arrière, serrant et desserrant ses mains derrière son dos, et me contemplait avec une expression de presque bienveillance. L'Etui Noir défendit la porte.

M'attaquant férocement : « Votre ami est mauvais, très mauvais, VOUS LE SAVEZ? cria Monsieur-le-Directeur.

— Oui? Je ne le savais pas, répondis-je calmement.

— C'est un misérable, un criminel, un traître, la honte de la civilisation ! hurla Apollyon.

— Oui? dis-je de nouveau.

— Faites attention ! cria Monsieur-le-Directeur. Savez-vous ce que votre ami est devenu?

— Sais pas, je répondis.

— Il est allé où il le mérite, en prison ! rugit Apollyon. Vous comprenez ce que ça veut dire?

— Peut-être, dis-je, avec hélas ! quelque insolence.

— Vous avez de la chance de ne pas y être avec lui ! Vous comprenez? tonna Monsieur-le-Directeur, et la prochaine fois je vous conseille de mieux choisir vos amis, faites attention, vous dis-je, ou vous finirez là où il est — EN PRISON POUR LA DURÉE DE LA GUERRE !

— Avec mon ami je serais bien content d'être en prison » dis-je sereinement, m'efforçant de regarder, à travers lui, le mur derrière son gros corps noir d'araignée.

« Nom de Dieu quel imbécile ! » mugit Monsieur-le-Directeur, hors de lui — et Monsieur-le-Surveillant observa, pour le calmer : « Il aime trop son camarade, voilà tout. — Mais son camarade est un traître et un lâche ! réplique le Démon, hargneux, de toute sa voix rauque. Comprenez-vous : votre ami est UN SALAUD !

Il semble craindre que je ne le suive pas, me dis-je. « Je comprends ce que vous dites, je l'assurai.

— Et vous ne le croyez pas » il hurla, montrant ses crocs et ressemblant parfaitement à un maniaque excessivement dangereux.

« Je ne le crois pas, Monsieur.

— Ah, nom de Dieu ! cria-t-il. Quel idiot, quel sacré idiot ! » Et il fit quelque chose à travers ses lèvres baveuses, quelque chose qui rappelait vaguement un rire.

Sur ce, Monsieur-le-Surveillant intervint de nouveau. J'avais tort. C'était lamentable. Je ne comprendrais jamais. Très vrai. Mais on m'avait convoqué — « Vous savez, on a décidé que vous êtes un suspect (Monsieur-le-Surveillant se tourna vers moi) et maintenant vous pouvez choisir où en France vous voulez qu'on vous envoie. » Apollyon soufflait et grondait et marmonnait... serrant ses énormes poings rosâtres.

Sans faire attention à lui, je m'adressai au Surveillant: « J'aimerais, si possible, aller à Oloron-Ste-Marie.

— Pourquoi voulez-vous aller là-bas ? » explosa, menaçant, Monsieur-le-Directeur.

J'expliquai que j'étais de mon métier peintre, et que j'avais toujours voulu voir les Pyrénées. « Les alentours d'Oloron seraient très stimulants pour un artiste —

— Savez-vous que c'est près de l'Espagne ? » demanda-t-il vivement, me regardant droit dans les yeux.

Je le savais bien, et donc je répondai avec un air d'ignorance soigneusement puérile: « L'Espagne ? Tiens ! Très intéressant !

— Vous voulez vous évader de France, c'est cela ? grogna Monsieur-le-Directeur.

— Oh, je ne dirais pas cela, intervint Monsieur-le-Surveillant, d'un ton apaisant. C'est un artiste, et Oloron est un endroit très agréable pour un artiste. Très agréable. Je ne crois pas que son choix d'Oloron soit suspect. Je dirais au contraire que pour lui c'est tout à fait naturel. » — Son chef cessa de grogner.

Après quelques questions supplémentaires, je signai quelques papiers, et Apollyon me dit de foutre le camp.

« Quand est-ce que je peux compter partir ? demandai-je au Surveillant.

— Oh, d'ici quelques jours, tout au plus quelques semaines, m'assura-t-il, bienveillant.

— Vous partirez quand ce sera le moment ! éclata Apollyon. Vous comprenez ?

— Oui, certainement. Je vous remercie beaucoup » répondis-je en m'inclinant, et je sortis. En route pour l'Enorme Chambrée, l'Etui Noir me demanda d'un ton dur :

« Vous allez partir ?

— Oui. »

Il me lança un regard qui aurait changé un pied de piano d'acajou en un tas de cendres fumantes, et engagea brutalement la clef dans la serrure.

Tout le monde m'entourait. « Quoi de neuf ?

— J'ai demandé qu'on m'envoie à Oloron comme suspect.

— Vous auriez mieux fait de m'écouter et de demander Cannes, me dit le gros Alsacien sur un ton de reproche. (En effet, il m'avait abreuvé de conseils — mais je faisais confiance au petit Bricoleur.)

— Partir ? demanda Jean-le-Nègre, les yeux gros, me touchant le bras.

— Non, non. Plus tard, peut-être. Pas maintenant » je l'assurai. Et il me tapa sur l'épaule et sourit : « Bon ! » Et nous prîmes une cigarette en l'honneur de la neige, que Jean — à la différence de la majorité des hommes — hautement et infiniment approuvait. « C'est joli ! » disait-il, riant merveilleusement. Et le lendemain matin nous descendîmes seuls à la promenade, moi dans mes sabots, Jean dans une nouvelle paire de pantoufles qu'il avait reçue (à la suite de nombreuses demandes) de Monsieur-le-Gestionnaire. Et nous arpentâmes la cour bourbeuse, admirant la neige, sans parler.

Un jour, après la neige, je reçus de Paris les œuvres complètes de Shakespeare dans la collection de poche Everyman. J'avais complètement oublié que B. et moi, n'ayant pas pu recevoir les œuvres de William Blake, avions commandé et payé celles du William plus connu, commande et communication qui devaient beaucoup à la collaboration de Monsieur Pé-tairsse. Ce fut avec un sentiment curieux et intéressant que je repris *Comme il vous plaira* pour la première fois depuis longtemps... Les volumes avaient été attentivement scrutés par le Secrétaire, afin d'écarter toute possibilité qu'ils recèlent rien de précieux ou de redoutable. Et à ce propos, j'ajouterai que le Secrétaire ou (sinon lui) ses chefs hiérarchiques étaient bons juges du pré-

cieux, sinon du redoutable. La preuve: chaque fois que ma
famille m'envoya des chaussettes, en y joignant des cigarettes,
je reçus invariablement celles-là sans celles-ci. Il est peut-être
injuste de soupçonner les responsables de La Ferté de ce larcin
particulièrement minable; vraisemblablement, je devrais mettre
en cause l'honneur du même censeur français qui, en intercep-
tant les lettres de B., avait motivé notre renvoi de la Section
Sanitaire. Dieu sait que je tiens, comme les Trois Sages, à
rendre justice à chacun.

Quoi qu'il en soit, la lecture de Shakespeare ne tentait
guère mon esprit dérangé. Une ou deux fois je m'y essayai à
Hamlet et à *Jules César,* mais je laissai tomber, après avoir
informé un curieux (« Cha-qué-spar, qui c'est, Cha-qué-spar? »)
que Monsieur S. était le Homère des peuples de langue anglaise
— observation qui, à mon étonnement, non seulement parut
communiquer une idée très précise au curieux, mais le satisfit
parfaitement. Pendant la plupart du temps intemporel je me
promenais avec Jean-le-Nègre sous la pluie et la neige fondue,
ou causais avec Mexique, ou échangeais de gros cadeaux de
silence avec le Zoulou. Quant à Oloron: je n'y croyais pas, et
ça m'était égal. Si j'y allais, très bien; si je restais, tant que
Jean et le Zoulou et Mexique étaient là, très bien. « Je m'en
fous pas mal » résumait assez bien mon point de vue.

Du moins, Monsieur-le-Surveillant me fichait la paix au
sujet de Soi-Même. Après ma courte visite chez Satan, je me
vautrai dans une abondance parfaite de crasse. Et personne n'y
trouva rien à redire. Au contraire, tout le monde, reconnaissant
que la jouissance de la crasse peut être considérée comme un
des beaux-arts, voyait avec une pointe d'admiration ma mine
toujours plus barbare. En outre, le fait d'être plus sale que
d'habitude représentait pour moi un moyen très satisfaisant de
protester contre tout ce qui était ordonné et propre et bigot et
solennel et fondé sur la douleur de mes merveilleux amis.
Et mes merveilleux amis, étant mes merveilleux amis, comprenaient.

J'arrivais à peine au sommet du crasseux — d'après le
calendrier, ça devait être vers le 21 décembre — quand l'Etui
Noir fit irruption dans l'Enorme Chambrée, énervé et furieux, et
proclama d'une voix de stentor:

« L'Américain ! Allez chez le Directeur, de suite ! »

Je protestai calmement que j'étais sale —

« N'importe. Venez avec moi »
et voilà que je descendais, étonnant tout le monde et m'amusant au plus haut point. « Merde, quand il me verra cette fois-ci » je me dis à mi-voix...

Monsieur-le-Directeur ne dit rien quand j'entrai.

Monsieur-le-Directeur tendit une feuille de papier, que je lus.

Monsieur-le-Directeur dit, cherchant à faire l'aimable: « Alors, vous allez sortir. »

Je le contemplai, ébahi à cent dix pour cent. Je me tenais dans le bureau de Monsieur le Directeur du Camp de Triage de La Ferté-Macé (Orne), France, et j'avais à la main une feuille de papier qui disait que si un certain Edward E. Cummings s'y trouvait, il devait se rendre sans délai auprès de l'ambassade américaine à Paris, et je venais d'entendre les paroles:

« Alors, vous allez sortir »

paroles prononcées d'une voix si radoucie, si contrainte, si tranquille, si tout à fait engageante, que je m'imaginais mal qui en était le propriétaire. Certainement pas le Démon, Apollyon, le Prince de l'Enfer, Satan, Monsieur le Directeur du Camp de Triage de La Ferté-Macé —

« Préparez-vous. Vous allez partir tout de suite. »

Je remarquai alors le Surveillant. Sur sa figure je vis un presque sourire. Il me rendit mon regard et observa:

« Euh-ah, euh-ah, Oui.

— C'est tout, dit le Directeur. Vous passerez prendre votre argent au bureau du Gestionnaire avant de partir.

— Allez vous préparer, dit l'Escrimeur, et certainement je vis un sourire...

— Je? Vais? Aller? A? Paris? observa, en une espèce de chuchotement, quelqu'un qui n'était sûrement pas moi.

— Parfaitement. » Air chagrin. Apollyon. Mais combien changé. Qui diable suis-je? Où diable suis-je? Qu'est-ce que Paris — un lieu, un quelque part, une ville, vie, vivre: infinitif. Première personne du singulier, temps présent: je vis. Tu vis. Le Directeur. Le Surveillant. La Ferté-Macé (Orne), France. « Edward E. Cummings se rendra sans délai. » Edward E. Cummings. Le Surveillant. Une feuille de papier jaune. Le Directeur.

Une cravate. Paris. La vie. La liberté. *Freedom.* « La Liberté »
— je hurlais presque d'angoisse.

« Dépêchez-vous. Vous savez, vous allez partir tout de suite.
Cet après-midi. Pour Paris. »

Je virai, je virai si vite que je faillis renverser l'Etui Noir,
étui noir et tout ; je virai vers la porte, je virai sur l'Etui Noir,
je virai en Edward E. Cummings, je virai en ce qui était mort
et maintenant est vivant, je virai en une ville, je virai en un
rêve —

Je me tiens pour la dernière fois dans l'Enorme Chambrée.
Je dis au revoir. Non, ce n'est pas moi qui dis au revoir. En
fait, c'est quelqu'un d'autre, peut-être moi-même. Peut-être que
moi-même a serré la main d'une petite créature au bras atrophié, petite créature dans les yeux de qui se tiennent pour
quelque raison des larmes ; d'un jeune homme placide (Mexique ?)
qui sourit et dit d'une voix incertaine :

« *Good-bye, Johnny, I no for-get you* » ;
d'un vieux dingue qui d'une façon ou d'une autre s'est inséré
dans la blouse de B. et gesticule et crie et rit ; d'un garçon aux
yeux francs qui me tape dans le dos et dit :

« *Good-bye and good luck t'you* »
(serait-ce par hasard le Jeune Cap'taine ?) ; de beaucoup de gens
affamés, misérables, magnifiques — voilà que j'ai donné mon
lit au Zoulou, et à ce moment même il monte la garde dessus,
et son ami le Jeune Polonais m'a donné l'adresse de « mon
ami », et il y a des larmes dans les yeux du Jeune Polonais,
et il me semble que je suis démesurément grand et tout à fait
sans larmes — et voici le gentil Norvégien, qui s'est soûlé à
Bordeaux et a volé trois (ou peut-être quatre ?) boîtes de sardines... et maintenant je sens devant moi quelqu'un qui, lui
aussi, a les larmes aux yeux, quelqu'un en effet qui pleure,
quelqu'un dont je ressens la grande force et jeunesse tandis qu'il
me serre dans ses bras fermes, alertes, et qu'il m'embrasse sur
les deux joues et sur la bouche...

« *Goo'bye, boy* »,
— Oh, *good-bye, good-bye*, je m'en vais, Jean ; amuse-toi bien,
ris merveilleusement quand vient la neige...

Et je me tiens quelque part, les bras en l'air. « Si tu as une
lettre, sais-tu, il faut le dire. Parce que si je te trouve une lettre dessus, ça ira mal pour l'homme qui te l'a donnée. » —

Noir. Voire, l'Etui Noir. Ne visite pas mes bagages. Je me demande pourquoi. «Allez!» La lettre de Jean à sa gonzesse à Paris encore en sûreté dans le gousset ménagé sous ma ceinture. Ha, ha! pardi, bien fait pour ta gueule, espèce d'Etui Noir, d'Etui Très Noir. Elle est bien bonne. Content d'avoir dit adieu au Cuisinier. Pourquoi je n'ai donné que six francs au petit cordonnier ami de Monsieur Auguste, qui m'a ressemelé les chaussures? Il avait l'air si déçu. Je suis idiot, et je sors dans la rue, et je vais tout seul sans planton dans la petite rue de la petite ville de La Ferté-Macé qui est une petite, une toute petite ville de France, où jadis j'attrapai l'eau pour un vieillard...

J'ai déjà serré la main du Cuisinier, et du cordonnier qui m'a magnifiquement arrangé les chaussures. Je dis au revoir aux deux balayeurs. De nouveau je serre la main du petit (du tout petit) Bricoleur. Je lui ai donné un franc et j'ai donné un franc à Garibaldi. Il y a un instant je nous ai payé à boire. Le bistro est juste en face de la gare, où bientôt il y aura un train. Je monterai dans le bientôt du train et me ferai porter vers le maintenant de Paris. Non, il faut que je change à Briouze, vous dites? Au revoir, mes amis, et bonne chance! Ils disparaissent, tirant et poussant une charrette à bras, les deux balayeurs... de mes deux... Tiens, quel curieux bruit de fer-blanc qui entre en gare, voyez le conducteur en bois, il fait un drôle de geste composé entièrement (composé silencieusement et uniquement) de merde. Merde! Merde! Un coup de sifflet minuscule, microscopique, absurde qui vient de nulle part, d'un ailleurs. Deux messieurs en face. Secousse. Quelques maisons, une haie, un mur, un peu de neige passent follement et rentrent par une fenêtre. Ces messieurs semblent ignorer l'existence de La Misère. Parlent politique. Croient que je ne comprends pas. Elle est bien bonne, celle-là. «Pardon, messieurs, c'est à la prochaine qu'il faut changer pour Paris?» Etonnés, je le pensais bien. «Oui, monsieur, à la prochaine.» J'ai bien épaté quelqu'un, pardi...

Qui sont ces mille, ce million, ce milliard de jeunes hommes? Tous debout. Moi debout. Nous sommes encaqués l'un dans et sur et par-dessus et par-dessous l'autre. Sardines. Connu une fois un homme qu'on avait arrêté pour vol de sardines. Moi, sardine, je regarde trois sardines, trois millions de sardines, toute une voiture de sardines. Comment suis-je arrivé ici? Ah oui, bien sûr. Briouze. Nom affreux, Briouze. Tente le coup de voyager en deuxième avec le billet de troisième que les deux balayeurs m'ont acheté. Des messieurs dans le compartiment me parlent en français jusqu'au moment où le contrôleur paraît. « Les billets, messieurs. » Je tends le mien sans rien dire. Il me donne un regard. « Comment ! Ceci est un billet de troisième ! » Je prends un air d'ignorance intelligente. « Il ne comprend pas le français, dit un monsieur. — Ah bon, dit le contrôleur. *Tisse ise eille sœur-de classe ti-quette. Iou arrhes ine tille c'est-con-de classe. Iou huile gô ine-tout tille sœur-de classe huile iou iesse plisse à touânce ?* » Alors c'est fichu. La troisième est certainement plus amusante, mais il y fait bougrement chaud avec toutes ces sardines, y compris moi-même, bien sûr. Oh oui, bien sûr. Des poilus en permission. Certains très âgés. D'autres, rien que des enfants. Vu une fois un planton qui n'avait jamais connu un rasoir. Et réformé pourtant. C'est la guerre. A plusieurs, nous descendons nous dégourdir les jambes dans un petit village à château d'eau. Locomotive qui gronde, là-bas, en avant, dans le noir. Attente. Ils se font remplir leurs bidons. Si j'avais un bidon, un *dis-donc, bidon, faut pas t'en faire*, qui chantait ou disait ça ?

TOUIIIIT-t...

En route.

Je dors presque. Ou moi-même. Qu'est-ce qui ne va pas, ici ? Des sardines qui se tortillent, arrêtez ça, pas de place ici pour ce genre de chose. Secousse.

« Paris. »

Le matin. Le matin à Paris. Ce matin j'ai trouvé mon lit couvert de puces, et je n'ai pas pu les attraper, bien que j'aie fait de mon mieux parce que j'avais honte qu'on trouve des puces dans mon lit qui est à l'Hôtel des Saints-Pères, où je suis allé en fiacre et le cocher ne savait pas où c'était. Merveilleux. Voici l'ambassade américaine. Je dois avoir un drôle d'air avec ma pelisse. Heureusement que j'ai pris le petit déjeuner quelque part... jolie fille, parisienne, au standard. « *Go right in, sir.* » Excellent anglais. Et voici la personne auprès de laquelle Edward E. Cummings doit se rendre sans délai.

« C'est M. Cummings ?

— Oui. (Homme plutôt jeune, très jeune en fait. Dieu, je dois avoir une drôle de gueule.)

— Asseyez-vous ! Nous vous avons cherché partout.

— Oui?

— Des cigarettes?

— Oui. »

Incroyable, il me passe un sac de haché-fin Bull Durham. Prodigues qu'ils sont, à l'ambassade américaine. Est-ce que je peux en rouler une? Je peux en rouler une. J'en roule une.

Entretien: Heureux de me voir. Pensait que j'étais définitivement perdu. Cherchait par tous les moyens à me retrouver. Vient de découvrir où j'étais. Comment c'était? Non, vraiment? Pas vrai! Invraisemblable! Voyons: ce B., qu'est-ce que c'est comme type? Eh bien, c'est intéressant, ce que vous dites là. Voyez ses lettres. Il m'a bien semblé qu'un type qui savait écrire comme ça ne pouvait pas être dangereux. Sans doute un peu inconscient. Dites-moi, n'a-t-il pas été un peu imprudent? Bien ce que je pensais. Maintenant, je vous conseillerais de quitter la France aussitôt que possible. Ils sont en train de ramasser des ambulanciers à droite et à gauche, des hommes qui n'ont aucune raison de se trouver à Paris. Voulez-vous partir par le prochain paquebot? Je le conseillerais. Bien. Vous avez de l'argent? Sinon, nous payerons votre passage. Ou la moitié. Tout ce qu'il faut? Norton-Harjes, je vois. Vous dérange d'aller en deuxième? Bien. Peu de différence sur cette ligne. Maintenant, prenez ces documents et allez à... Pas de temps à perdre, il appareille demain. C'est ça. Prenez-vous un taxi, et faites vite. Quand vous aurez ces signatures, portez-les-moi et je ferai le nécessaire. Prenez d'abord votre billet, voici une lettre au directeur de la Compagnie Générale. Puis la préfecture. En vous dépêchant, vous aurez le temps. A tout à l'heure. Faites vite, hein? Au revoir!

Les rues. Les rues de Paris. Je passe devant Notre-Dame. J'achète du tabac. Des juifs colportent des objets avec des marques de fabrique américaines, sans doute parce que c'est Noël d'ici deux ou trois jours. Dieu, ce qu'il fait froid. Neige sale. Gens pelotonnés. La guerre. Toujours la guerre. Et humide. Traverse ces grosses mitaines. Demain je serai en mer. Comme sur des roulettes, ce passeport. Toute la journée dans un taxi à deux cylindres, qui roule sur un seul. Partout des files d'attente. Je passe devant tout le monde et suis servi par les fonctionnaires du tout-puissant et bienveillant Gouvernement Français. Elle est bien bonne. Bien fait pour la gueule du Gouvernement Fran-

çais. Bien bonne. Les rues sont tristes. Peut-être qu'il n'y aura
pas de Noël, peut-être que le Gouvernement Français a interdit Noël. Guichetier chez Norton-Harjes semble étonné de me
voir. Bon Dieu, ce qu'il peut faire froid à Paris. A la lumière
des lampes, tout le monde a l'air dur, sans doute parce que
c'est l'hiver. Tout le monde pressé. Tout le monde dur. Tout
le monde gelé. Tout le monde pelotonné. Tout le monde vivant;
vivant; vivant.

Dois-je donner cinq francs à ce monsieur pour avoir pansé
ma main? Il a bien dit: « Ce que vous voulez, monsieur. »
Médecin à bord, probablement bien payé. Probablement pas.
Me dépêcher avant que mon déjeuner... Puanteur majestueuse
parce que c'est à l'avant. Petit membre de l'équipage qui im-
merge son petit membre dans un flacon de quelque chose, grogne de temps en temps et titube quand le navire donne de la
gîte. « Merci bien, monsieur ! » C'était donc ce qu'il fallait.
Maintenant le — n'y arriverai jamais à temps — voici celui
de première — levez-vous vite, orages désirés... Ça va mieux.
Manqué de peu un officier américain mais y arrivai juste. Etait-ce
hier ou avant-hier qu'on a vu le *Vaterland*, ou comment s'appelle-t-il maintenant, ce plus gros du monde navire. Foutrement
houleuse. Neige qui tombe. Ai failli glisser par le bastingage,
ce coup-là. Neige. La neige tombe dans la mer; qui la reçoit
sans bruit; et dans laquelle elle disparaît paisible et parfaite.
Universitaire qui rentre d'Espagne, pas désagréable, parle en
espagnol avec ce gros, qui est argentinien. — Tinien? — Tinois,
peut-être. Peu importe. Tin en tout cas. A table personne ne
sait que je parle anglais ou que je suis Américain. Bien bonne.
Bien fait pour la gueule de personne. Pensent que je suis Français. Parle la plupart du temps avec ces trois ou quatre Français
qui partent en permission quelque part en passant par New
York. L'un d'eux a un accordéon. Me plaît, la deuxième classe.
Attendez de voir les gratte-ciel, je leur dis. Ils disent « Oui? »
et ne croient pas. Je leur ferai voir. L'Amérique. L'amer. L'âme
erre. La mer. Mon humeur s'améliore sans cesse. Drôle de
Noël, le deuxième jour. Me demande si on débarquera pour
le jour de l'an. Dieu, quelle gîte à tribord. On dit qu'un des
garçons du restaurant s'est cassé le bras quand c'est arrivé, le
lest s'est désarrimé. N'y crois pas. Quelque chose qui ne va pas.
Je sais que j'ai failli tomber dans l'escalier...

Bon Dieu, quelle île affreuse. Espère qu'on reste pas ici longtemps. Tous les sang-bleu en première très excités de voir la terre. Moi, je trouve affreux.

Tiens.

La haute, impossiblement haute, incomparablement haute, ville, ascendant épaulamment dans le soleil dur, pencha un peu à travers les octaves de ses arêtes parallèles, penchamment, ascendamment marcha à grandes enjambées vers le soleil solide, dur, neigeux; les bruits de l'Amérique pulsèrent approchamment avec des fumées et des points grouillants; des hommes et des femmes et des choses neuves et curieuses et dures et étranges et vibrantes et immenses, se levant d'un grand pas onduleux solidement dans le soleil immortel...

TABLE

TABLE

Cet ouvrage a été achevé d'imprimer
sur les presses de la Tipografia Fausto FAILLI à Rome
le 15 mars 1979
pour Christian BOURGOIS, éditeur à Paris
(1/79)

Numéro d'éditeur: 440
Dépôt légal: 1re trimestre 1979